골프는 전쟁이다

필드 난중일기

한갑택 시화집 詩畵集

박상태

추천의 글

백로 한 마리 무논(물이 늘 차 있거나 쉽게 물을 댈 수 있는 논)에 무심히 왼발로 서 있는 모습은 아름다움의 극치를 이룹니다. 한 장군님의 30여 년의 구력에 지난 20여 년 동안 첫 새벽부터 밤늦게까지 필드에서 살아온 그의 골프 인생은 마침내 최고봉을 이루어 한 마리 백로의 아름답기를 넘어 경이롭습니다.

그가 골프 인생 최고봉을 오르기까지 함께한 LPGA 여전사들, 연인원 2천여 명이 넘는 신입 캐디교육, 골프장에서 일하는 아이들의 애환, 골퍼들의 손맛과 아픔 등을 가슴으로 빚어낸 한 장군님의 책 『골프는 전쟁이다.』는 한쪽 한쪽마다 충분히 만족하여 기쁨을 느끼는 흐뭇한 상태에 계속 풍덩 빠질 수 있었습니다.

한 장군님의 책 『골프는 전쟁이다.』에 담긴 그의 골프 인생을 엿보았습니다.

그의 책은 사람 사는 냄새가 나는 골퍼 이야기를 쏟아내고 있습니다.

수행은 깊어질수록 그 깊고 진한 맛을 볼 수 있는 것인데 이 책 곳곳에서 그의 속 맛이 깊은 사람 사는 냄새를 느낄 수 있었습니다. 사람도 나이가 들수록 적당히 곰삭아야 정이란 감정이 느껴지게 됩니다. 세월을 두르면 외향이야 거기서 거기겠지만 속 맛이 깊은 사람은 자꾸 그리워하게 됩니다. 20여 년 동안 일상이 된 골프 인생에서 그가 가르친 캐디들이 그의 곰삭은 정과 속 맛이 깊은 사람 사는 냄새를 잊지 못하고 필드에서 새해 새 배를 할 정도로 그는 그들의 우상이요, 아버지가 되었습니다. 그는 그가 삶이라는 과정에서 쓰고 달고 맵고, 갖가지 맛이 온몸에 적당히 밴 은근하고 곰 삭힌 맛을 신입 캐디들과 플레이 동반자들을 아버지 심정으로 건사할 수 있었기에 그들이 그의 사람 사는 냄새를 그리워하는 이런저런 모습들을 이 책에서 쉽게 만나 볼 수 있습니다.

그의 책은 초보자, 중급자, 고급자 골퍼들 모두에게 귀감이 되는 이야기를 잘 풀어내고 있습니다.

한 장군님의 골프 기술력은 언더파, 사이클 버디, 홀인원, 앨버트로스, 퍼팩트 스코아 두루 섭렵한 골프 고수입니다. 이런 화려한 경력을 가진 그가 빚어낸 그의 책은 골프에 막 입문한 초보자, 한창 재미를 붙인 중급자, 필드에서 산전수전 다 겪은 고급자 모두에게 각각 다른 의미로 다가오는 책입니다. 초보자에게는 꼼꼼한 골프 길라잡이가 되고, 중급자에게는 모르지는 않지만, 안다고 하기에는 정확하지 않은 골프 지식을 재정리하는 기회를 선사합니다. 그리고 고급자에게는 한 번쯤 그처럼 정리해 보고픈 자신의 골프 역사의 희로애락을 보는 즐거움을 줄 것입니다.

그의 책은 품격 있는 골프 이야기를 심도 있게 다루고 있습니다.

그는 '인생도 골프도 마찬가지다. 골프는 수행이다.' 라고 말합니다. 그 인생 수행 길에서 우리가 나 자신을 사랑하듯 골프를 품격 있게 사랑하는 사람이어야 한다고 힘주어 이야기하고 있습니다. 그의 책에서 스코어만 좋은 골프 기술자는 결코 존경받지 못하며, 좋은 매너로 플레이해야 성숙한 골퍼로 인정받고, 거기에 동반자까지 잘 섬기면 인기 좋은 골퍼가 되고, 훈훈한 정취까지 불어 넣어 줄 수 있다면, 그때 진정한 의미의 품격 있는 골퍼로 거듭날 것이라고 말하고 있습니다. 이 책을 통하여 그가 말하는 품격 있는 골퍼의 모습을 듬뿍 느낄 수 있을 것입니다.

이 책은 그의 골프 인생 30여 년을 총망라한 결과물입니다.

나는 이 책이 저자 본인에게나 오랜 수고의 과정들을 곁에서 지켜봐 온 가족들 그리고 나처럼 한 장군님을 통해 골프에 흥미와 자신감을 얻게 된 수많은 친구에게 모두가 축하하고 기념할 만한 멋진 선물이라고 말하고 싶습니다. 많은 독자가 이 책을 통해 골프를 더 가까이, 더 즐겁게, 더 멋지게 알아가는 '품격 있는 곰삭은 사람 사는 향기 나는 골퍼 그리고 더 행복한 골퍼' 가 되기를 기원하며, 다시 한번 장군님에게 이 책의 출판을 맞아 큰 축하의 기립박수를 보내며 신용평가정보회사의 대표이사를 한 사람으로서 그의 골프 인생에 대해 평가점수의 최고점인 AAA를 드립니다.

2021년 11월

박 상 태

전 한국신용평가정보 사장

김영재

추천의 글

생각을 읽으며 걸었던 '가을산책' 에 오늘은 '골프는 전쟁이다'를 읽었습니다.

허허벌판, 폐염전, 갯벌과 바다 그리고 흉물스러웠던 석산을 골프장으로 만들기 위해 첫 삽을 뜬 이래 오늘에 이르기까지 17여 년, 이 책을 통해 제 인생에 가장 설레고 두려웠던 지나간 잠시 잊어버렸던 SKY72의 역사와 내통을 하는 것 같은 느낌을 받았습니다.

저자는 우리 스카이72의 하늘과 바다의 산증인이기도 합니다. 개장 이래 새벽부터 밤늦게까지 스카이72와 함께하셨으며, 전 세계 랭킹 70위까지 참가할 수 있는 LPGA 챔피언십, SK텔레콤 대회, 박세리 명예의 전당 대회 등 수많은 대회에 SKY72의 모든 스텝과 함께하셨습니다.

SKY72가 세상에 뿌리가 되고 싶은 마음을 성금으로 사회복지재단에 전하였던 '하늘천사' 행사와 캐디분들의 '천국의 밤' 등 모든 행사에 한 번도 빠짐없이 함께 해 주시어, 카메라 셔터로 SKY72를 가장 멋지고 빛나는 날로 만들어 주셨던 분이십니다.

전쟁 같았던 날들도 결국은 평화를 위한 거란 걸 알 수 있게 해주시는 것 같은 열정이 있어야 전쟁도 치를 수 있고 싸움도 할 수 있다는 것을 알려주시는 저자의 마음에 잔잔한 감동을 느끼며, 저에게 이 책만큼은 저자의 손끝에서 나온 감정들이 쉽게 잊히지 않고 오랫동안 그대로 남아 있을 것입니다. 사비를 들여 이 책 몇 권을 사서 친구들에게 나누어 주겠습니다.

'골프는 전쟁이다' 의 저자는 제가 가장 존경하는 분이십니다.

2021년 11월

김 영 재

스카이72 대표이사 / nest hotel 이사회 의장

구자철

추천의 글

"골프가 프로들이나 일부 매니어들의 전유물이던 시절이 엊그제 같은데
골퍼 600만 시대를 맞이했습니다.
골프가 우리들의 일상으로 자리매김한 것입니다.

우리 선수들이
PGA나 LPGA에서 새로운 역사를 써 내려가고 있는 것 또한 우리 골퍼들의
"샷에 대한 열정" 들을 담아내고 있지 않나 하는 생각이 듭니다.

"골프는 전쟁이다." 는
한 골퍼의 '골프 사랑'을 담아낸 것이지만,
"우리 골퍼들의 이야기" 이기도 하였습니다.
저자의 골프사랑 그리고 그 풍자와 해학에 박수를 보냅니다.

2021년 11월

구자철
KPGA 회장

추천의 글

김순미

"그 사람의 됨됨이는 18홀이면 충분히 알 수 있다." 는

스코틀랜드의 속담처럼

골프는 인격형성에 많은 지혜를 주는 스포츠임은 분명한 것 같습니다.

골프를 통한 인생 수행법을 알려주는 "인생지침서" 를 읽은 것 같습니다.

골프를 업으로 하는 프로가 아닌 아마추어 골퍼로서 3,000회 이상의 경이적인 라운드 횟수와 그 열정들……

지난 20여 년 동안의 필드 여정을 담담하게 기록한 저자의 필드일지에 박수를 보내고 싶습니다.

특히나 지난 10여 년간 스카이72에서 펼쳐졌던 LPGA 대회를 스케치한 저자의 카메라와 글들과 전지훈련캠프에서의 일상 등이 잔잔한 감동을 주기에 충분하였습니다.

"골프는 전쟁이다." 를 접하면서 알았습니다.

"골프는 수행" 의 여정과 깨달음의 기록임을……

이 책이 우리들의 샷을 다시 한번 뒤돌아보고 가다듬는 기회가 되었으면 하는 기대를 담아 봅니다.

2021년 11월

김순미

KLPGA 수석부회장

최상호

추천의 글

골프는 수행의 과정입니다.

따라서

골프는 기본에 충실해야 합니다.

그립이 올발라야 하고,

볼을 끝까지 보며 스윙을 하여야 하며,

스텐스와 에이밍을 정확하게 하여야 합니다.

또한 수행, 정진을 통하여 부단히 기량을 연마하여야 합니다.

같이 한 동반 골퍼들과 즐긴 골프 노하우와 철학은

골프 후학들에게 길잡이로써 귀감이 될 **"골퍼의 기본서"** 입니다.

2021년 11월

최상호

KPGA 프로 ; 투어 최다승 기록

이미향

추천의 글

'골프는 전쟁이다' 라는 한 장군님의 책을 보며, 감히 추천사를 제안하셔서 큰 영광을 느낍니다. 저는 구력으로는 무려 26년, 꼬맹이 세 살짜리 골퍼가 LPGA의 선수까지 된 지 10년이 되었습니다. 장군님의 추천사 제안을 받아 골프 선수로의 길면서도 짧은 세월까지도 눈앞에 떠오릅니다.

세 살부터 시작되었던 골프 생활. 아빠는 원래 제가 선수 되는 것을 반대하셨습니다. 어리고 약한 꼬마 여자아이에게 운동선수의 인생은 무척 걱정스러우셨을 겁니다. 그저 연습 잘하면 햄버거 사준다는 어린 시절부터, 서서히 골프에 대한 집념과 오기(?)까지 겹쳐, 저는 고생을 사서 한다는 운동선수가 되었습니다.

초등학생이 되어, 영종도로 이사를 한 것은 전적으로 저를 가르치신 아빠의 결정이었습니다. 그곳은 스카이72라는 멋진 골프장과 스승이 되어주신 양찬국 프로님, 그리고 이 책을 쓰신 한 장군님이 계신 곳이었습니다. 물론 선수가 되기까지 저를 이끌고 도와주신 어르신들과 친구들은 헤아릴 수 없을 정도로 많았습니다. 그중에서도 고향으로는 스카이72라는 영종도, 그곳에서 저를 도와주시던 캐디님들과 운영진, 스승님과 장군님이 제일 먼저 떠오릅니다. 얼마나 큰 도움을 받았는지를 언제나 생각합니다.

무모할 정도의 용기로, 갓 스무 살의 어린 선수가 아빠와 단둘이서 시작된 미국에서의 LPGA 선수 생활. 처음에는 메이저 선수가 아닌 2부 선수였습니다. 갑자기 2012년 LPGA 2부 투어 시메트라 클래식 우승을 하며, 메이저 선수가 될 때까지의 외롭고 힘든 시간이 지금도 선명하게 생각납니다.

이 책을 지으신 한 장군님은, 제가 초등학교 시절부터 스카이72에서 저를 필드에서 이끌어주셨던 분입니다. 기회만 되면 저를 함께 필드에 데려가셔서 때로는 조언, 때로는 응원과 격려로 힘들 때마다 포기하지 않도록 18홀 끝날 때마다 길을 보여주셨던 어른이십니다. 그분께 저는 실패가 있어도 좌절하지 않고, 오히려 한 걸음 더 딛는 용기를 배웠습니다. 프로가 아니지만, 프로보다 더 큰 가르침을 주신 어른.

저를 이렇게 사랑으로 키우신 분은 무조건 아빠. 그런데 저를 여기까지 이끌어주신 분들은 정말 손으로 꼽을 수조차 어렵게 많은 분이셨습니다. 그중에서도 스카이72 골프장의 많은 분과, 한 장군님을 잊지 않습니다.

앞으로도 이어질 후배들의 모습도 생각합니다. 외롭고 힘들고 때로는 숨어서 흘리던 저의 눈물들도 떠오릅니다. 그리고 진정한 골프를 알게 해주신 한 장군님의 말씀들을, 이 책을 보며 다시 생각합니다. 완성이 없는 골프의 길을 걷고 있는 모든 골퍼 동지분들을 보면서, 저는 한 장군님의 책을 추천합니다. 비단 골프만이 아니라, 인생의 여정에서도 큰 가르침을 볼 수 있는 책입니다. 저와 함께 해주셔서 한 장군님, 정말 고맙습니다.

2021년 11월

이미향
LPGA 프로

책을 펴내며

연암 박지원이 청에 가는 조선사절단의 일원으로
압록강을 건너 심양, 북경을 거쳐 열하를 여행하면서,
본 것, 그들과 나눴던 이야기, 느낀 바들을 쓴 글이 열하일기인데
저는 제 나이 예순이 넘어 그것을 다시 읽었습니다.

제 구력 30여 년 중
지난 15년여 나의 일상이자 수행이 되어 준 골프 여행을 하면서,
나누었던 이야기, 본 것, 생각했던 것들을 한 컷 한 컷과 영상에 담아 페이스북에 올려왔는데 그것을 정리하여 이 책을 쓰게 되었습니다.

한때는 몰래 숨어서 쳐야만 했던 골프!
1년이면 몇 차례씩 발동 되었지만,
결코 해제한 적이 없었던 "골프금지령"
그 해제가 무슨 시혜조치 마냥 이뤄졌던 시절도 있었지만,
이제 볼치는 사람들이 600만에 이르고 있다고 합니다.
골프가 우리들의 일상이 됐습니다.

골프는 전쟁입니다.
600만 대한의 진사들이 싸우는……
우리들의 필드도 전장이지만,
제가 지난 10여 년간 보아왔던 LPGA 챔피언십에서
각축을 벌이는 여전사님들에게도 전장이었습니다.

연인원 1,000여 명이 넘는 신입 캐디들을 교육하면서는
연암이 하루 아홉 개의 강을 건너는 강행군을 했듯이
저도 하루 72홀 강행군도 마다하지 않았습니다.
제가 가르치는 것보다 그분들에게서 제가 더 많은 것들을 배웠습니다.

해외 전지훈련 캠프!
골프를 배우는 학동들에게는 그곳이 희망이자 미래였지만,
즐기는 골퍼들에게는 그곳이 되레 한숨과 탄식이기도 하였습니다.
전지훈련 캠프를 베이스캠프로 삼고 여행한 태국, 라오스, 캄보디아, 베트남 등
우리들에겐 낯선 그들의 삶도 적어 보았습니다.

싸움은 이겨야 합니다.
그런데 손자병법, 삼국지, 마키아벨리가 쓴 군주론 그 어디를 봐도
장수나 임금이 싸워 이기거나 다스리는 법은 숱하게 언급되어 있지만,
이제 600만 명에 이르는 골퍼 대군,
그 개개 병사들이 싸워 살아나는 법을 찾는 데는 힘이 들었습니다.

샷은 수행입니다.
초등학생 마음으로 그림이 있는 동시들의 숙성을 기다리는 마음으로,
이제 노후화한 제 샷을 다시 가다듬어 봅니다.

연암은 열하일기에서
오늘을 사는 저에게
근거 없이 남을 깔보거나, 쓸데없는 자존심을 버리고, 자신을 낮추는 것을
수치스럽게 생각하지 말라 하고 있는데,
오늘 저의 샷도 이를 본받기로 했습니다.

언제나 그 자리 그 모양인 님의 샷이
혹여 이 책이 힘이 되고 다소나마 위로를 받을 수 있었으면 하는
기대를 담아 봅니다.

2021년 11월

한 갑 덕

목 차

1 골프 세계 전쟁

직캠 LPGA 챔피언십 스케치

LPGA의 여전사들
LPGA의 이미향
KLPGA 스케치
KPGA 챔피언십

골프는 두 눈 사이에서 벌어지는 5인치 코스의 게임이다.
-바비 존스, 1930년에 4대 메이저를 달성한 그랜드슬래머-

LPGA의 여전사들

갤러리를 맞히는 수가 줄어드는 걸로 보아 내 골프 실력이 나아지고 있음을 알겠다.

- 제럴드 포드, 미국 38대 대통령 -

대통령을 그만두니까 골프에서 나를 이기는 사람이 많아지더라.

- 드와이트 아이젠하워, 미국 34대 대통령 -

싸우면 이기는 우리 여전사들

2021년 8월 22일

수년 전, LPGA 챔피언십 취재 차, 한국을 찾은 일본 기자가 내게 묻는다. "한국의 여전사들이 LPGA를 휩쓰는데 무슨 특별한 이유가 있느냐?" "훈련과정 등은 이미 취재를 하지만, 특별한 것 같지 않다."

나는 대답한다. "한국 역사를 보면, 고조선 때 한사군 설치, 몽골군의 고려 침탈, 임진왜란, 정유재란, 일제의 조선 병탈 등등…… 끝없이 외세 침략을 받는데 남자들은 전쟁에 나가 죽으면 그만이지만, 전쟁 중이나 패전이 되면 여자들이 겪어야 하는 고통은 죽음보다 더 가혹하다."

"당신들과 첨예하게 대립각을 세우는 위안부 문제가 바로 그것 아닌가?" 부끄러웠지만 환향녀에 대한 이야기도 덧붙였다. "6~70년대, 한창 멋을 부리고 싶을 때인 10대에 기르던 머리를 잘라 가발을 만들었고, 가리봉동, 청계천 등에서 하루 20시간 넘게 재봉틀로 옷 등을 만들어 동생이며 오빠들을 공부시켰다. 그리하여 오늘의 한국을 만들었다."

"한국 여성들에겐 아주 특별한 DNA가 있다. 싸움에선 반드시 이겨야 한다는…… 그것이 오늘의 한국을 이뤄내고 LPGA에서의 쾌거다."

"김연아를 아는가? 그녀에게서 한순간의 흔들림이나 단 한치의 빈틈을 발견 할 수 있었는가? LPGA, 지금 우리가 그 역사를 다시 쓰고 있지만, 앞으로도 계속 더 쓰일 것이다. 우리 남자들에겐, 견뎌내는 유전자, 여성들에겐 싸워 이기는 유전자! 그 DNA가 소멸하지 않는 한……"

⇨ 2012년 LPGA

미모와 뛰어난 실력의 여전사들

2012년10월22일

하나 · 외환 LPGA 챔피언십. 갤러리들이 구름 떼를 이룬다. 스카이72 오션 코스 마지막 18번 홀. 연장전. 예쁜 마음만큼이나 뛰어난 실력의 여전사들. 수잔 페테르센의 벙커 샷! 침착하게 시합에 임하는 그녀의 모습이 참 감동이다. 위기가 그녀에겐 기회다.

⇨ 2013년 LPGA

2013 하나-외환 LPGA 챔피언십 대회 이틀째

2013년10월19일

2013 하나 · 외환 LPGA 챔피언십 대회 이틀째. 갤러리들은 선수들의 호쾌한 드라이버 샷에 환호하며 아낌없이 환호한다. 선수들과 갤러리들의 한마당 축제에 갤러리들은 선수들의 동작 하나하나에 숨죽인다. 선수들은 몸을 낮춰 고개 숙이며 답례한다. 골퍼들이여! 나도 저런 박수 받을 샷을 날려볼 수 없을까?…

챔프 백규정 프로와 우승자 카트에서 행복 만끽!

2014년10월19일

2014 LPGA 하나 · 외환 챔피언십 대회 마지막 날.
챔프 백규정 프로와
노장불패 양찬국 프로님과 함께 우승자 카트에서 한 컷.
챔프 백규정!
그 담대한 샷이
경기 내내 압권이다.
축하합니다.
백 프로의 롱런을
기원합니다.

폴라 크리머와 2014 LPGA 하나-외환 챔피언십

2014년10월18일

2014 LPGA 하나 외환 챔피언십. 폴라 크리머 성적이 좀 부진하다.
하지만 하나하나에 최선을 다하는 모습이 아름다운 귀감이다.

⇨ 에피소드 2014년　폴리 크리머

LPGA 폴라 크리머의 잃어버린 가방

2014년10월17일

LPGA 스타 폴라 크리머의 잃어버린 가방과 아름다운 대한민국.

폴라 크리머는 한국에도 많은 팬을 갖고 있다. 입국하면서 공항 입국장에서 그만 옷 가방을 잃는다. 당장 시합에 입을 옷가지가 없는 황당한 상황에 놓인다. 공항 당국이 백방으로 찾았으나 허사다.

사연인즉, 장애인올림픽에 참가하는 선수단들이 같은 비행기로 입국한다. 그 선수단이 자기들 가방인 줄 오인해 버스에 싣고 간다. 목적지에 내려 선수별 짐을 챙긴 후에 주인 없는 가방을 발견한다. 착한 기사가 이를 공항에 가져온다. 드디어 가방은 주인 폴라 크리머에게 돌아온다.

폴라 크리머는 울먹인다. ֍ "대한민국! 아름다운 나라입니다." 그래선지 그녀의 초반 샷이 매우 흔들린다. 오션 코스는 어제와 오늘 바람이 심하게 분다. 붐비는 갤러리가 세계적 대회임을 온 몸으로 말한다. 선수들의 호쾌한 샷에 갤러리들은 아낌 없는 박수와 환호로 대답한다.

그린이 풍성하다. 가슴이 뛴다. 행복이 퍼진다.

2014 LPGA 하나-외환 챔피언십

2014년10월14일

그녀들의 꿈과 희망인 쾌청한 결실의 가을 하늘 아래
펼쳐질 미녀들의 환상적인 샷과 함께
이 가을을 만끽해 보지 않으시렵니까?

⇨ 지혜의 샘 2014년

내샷 - 골프는 끊임없는 비극의 연속

2014년7월27일

골프는 끊임없는 비극의 연속이다.
가끔 파랑새 기적이 환희의 꽃다발로 비극을 덮는다.
비극이 웃음꽃 되는 기적에, 지금 나는 행복한 샷을 한다.

그렇다. 인생이 그러하듯, 골프도 클럽을 잡는 순간부터 스트레스다. 비극이 시작된다. 인간의 탐욕은 그 끝이 없다. 골프도 회한과 아쉬움의 연속이다. 언제 한번 이만하면 됐다 싶을 때가 거의 없다. 나 자신조차도 믿을 수 없다. 이처럼 내 샷을 내가 어찌하지 못하는, 그 어처구니없음이, 어제도 오늘도 계속된다. 또 내일이라 해서, 그 악순환이 마침표 되리라는 보장도 없다.

골프는 비극이다.
눈물이다.

어쩌다 한번 그 「기적」을 기적처럼 접할 때!
골프는 희극이다.
행복이다.

⇨ 2015년 LPGA

러프 속 미셸 위의 볼은 어디에

2015년 10월 15일

2015년 LPGA KEB · Hana Bank Campionship. 스카이72 오션코스. LPGA 스타들이 망라된 대회 첫 째날. 대성황이다. 박인비, 이미향, 미셸위, 전인지 프로의 오늘이다. 1번 홀 티샷, 러프에 간 미셸 위의 볼을 함께 찾는 선수들의 모습이 파란 가을 하늘과 함께 너무 아름답다.

2015년 10월 16일

LPGA KEB · HanaBank Championship. 대회 이틀째, 짙은 안개로 좀 늦게 시작. 박희영, 폴라 크리머, 이정민의 드라이버 샷이 호쾌하다. 시합을 앞두고 샷을 가다듬어 날을 세운다. 미녀들의 향연이 절정에 이르고 있다. 인산인해다.

프로 전사들이 익어가는 LPGA

2015년 10월 18일

2015 LPGA KEB · Hana Championship. 오늘 스카이72 오션코스의 가을이 절정이다.

동반 프로 : LPGA의 추억

박선영

그해의 LPGA 일정을 한 장군님께 말씀드리는 것으로 LPGA 대회 준비가 시작되었습니다. 일 년 내내 정성을 다해 갈고 닦은 코스를 선수들에게, 세계에 선보이는 그 시간의 처음과 끝을 한 장군님께서 맡아 주셔서 늘 든든했습니다.

매년 같은 코스에서 열리는 대회이더라도 우리는 매년 달랐습니다. 보이지 않는 곳에서 수고롭게 진행되는 코스 세팅은 우리의 땀과 노력이자 자존심이었습니다. 코스 관리는 물론이고, 해저드에 뿌리는 물감까지 찾아봤고 마스터즈에서 쓴다는 검은색 물감을 구해 오션코스 해저드에 뿌렸습니다. 대회 때마다 오션코스 해저드가 유독 더 깊고 푸르게 보였던 이유입니다. 어떤 해는 러프가 너무 길어서 고객분들의 원성이 자자했고, 또 어느 해에는 페어웨이가 너무 좁아져서 고객불만이 많았습니다. 그렇지만 대회를 찾은 구름 갤러리와 시청자 모두 '라운드하고 싶은' 코스가 되었습니다. 그렇게 오션코스와 LPGA는 일심동체가 되었고, 우리의 기억 속에 남았습니다.

스카이72 홍보마케팅 팀장

⇨ 2016년 LPGA

으악새도 박수치는 프로들의 아름다운 샷!

2016년 10월 13일

2016 LPGA KEB•Hana Bank Championship. 대회 첫째 날.

전인지와 박성현이다.

LPGA 박세리 프로의 은퇴 경기

2016년 10월 14일

2016 LPGA KEB · HanaBank CHAMPIONSHIP.

어제 박세리 프로의 은퇴 경기 후, 대회 이틀째 갤러리는 인산인해(人山人海)를 이루어 함께 행복을 나누고 있다.

⇨ 2016년 LPGA

깊은 가을 금발의 웃음

2016년 10월 15일

가을이 홍시 속에 농 익는다. 엘리슨 리. 금발의 활짝 웃는 모습이 이 가을 만큼이나 상큼하다.

빗속의 샷, 불타는 갤러리

2016년 10월 16일

2016 LPGA KEB · HanaBank Championship 마지막 날.

엘리슨 리를 내심 열심 응원하는데 아쉽다. 빗속인데도 갤러리들 응원열기로 오션코스가 뜨겁다.

⇨ 2017년 LPGA

내샷 - 보고, 익히고, 느껴놨다가……

2017년10월4일

선무당이 사람 잡고, 돌팔이가 병을 더 깊게 한다. 내 샷이나 제대로 하면 될 듯하다. 그런데, 다듬어도 한참을 더 다듬어야 할 사람들이 레슨 하는 꼴이 가관이다. 가을이 깊어간다. 누굴 그렇게 가르치려 들지 말고, 시간 내 한번 와서 보고, 느끼고, 익혀 놨다가 내 샷에 적용하는 것이 어떨까?

신들린 샷, 버디 퍼팅

2017년10월15일

LPGA KEB · Hana Bank 챔피언십. 스카이72 오션코스 5번 홀 신들린 듯한 샷. 박성현. 고진영. 전인지의 버디퍼팅이다.

⇨ 2017년 LPGA

갑자기 추워진 날씨에 워밍업

2017년 10월 12일

LPGA KEB · HanaBank Championship 대회 첫날, 갑자기 날씨가 추워졌다. 출전에 나서는 선수들의 워밍업이 한창이다.

마술사 같은 프로들의 향연에 구름 갤러리

2017년 10월 13일

LPGA KEB · HanaBank Championship 대회 이틀째. 높고 푸른 가을하늘 아래, 세계 최고의 마술사같은 프로들의 향연에 구름 갤러리다.

⇨ 2017년 LPGA

내샷 - 언더파들보다 익숙한 내 100

2017년10월16일

LPGA! 나흘간의 대장정이 막을 내린다. 그 세계적 수준의 샷을 접하다가 내 샷을 보니 초라하기 그지없다. 전광판의 차고 넘치는 언더 파들보다 내 스코어 100이 내겐 더 익숙하고 편하다. 어쩌다 함께하는 이들이 인증 샷 한다고 카메라를 들이대면, 신경이 쓰여 샷이 개운치 않다. 한 선수에게 물어봤다. 긴장되는 것은 마찬가지란다. 특히, 짧은 퍼팅을 할 때, 그녀들의 중압감은 말이 아니란다.

⇨ 2018년 LPGA

내샷 - 저 수준 낮은 자들 때문일 게야……

2018년10월14일

이제부터 내가 걱정이다. 세계적인 선수들의 샷을 보면서 내 눈도 거의 세계적 수준이다. 그런데, 그 수준에 내 샷이 턱없이 모자란다. 어림없는 일이다. 뚫어지라 숨죽이며 본들 따르지 못할 것이 뻔하다. 며칠 동안 끼니까지 걸렀다. 그리하면 더 잘 보이고, 더 멀리 바르게 보낼 수 있을 것 같아서다. 그런데도, 제대로 되지 않는다. ֍ "나는 저들처럼 저렇게 좋은 친구들과 함께할 수 없기 때문일 게야." ֍ "그건 분명, 저 수준 낮은 저 친구들 때문일 것이다." 이렇게 읊조리는 핑계며, 남탓병만 도진다.

⇨ 2018년 LPGA

전인지와 이미향

2018년10월11일

LPGA KEB · HanaBank Championship 첫째 날. 스카이72 오션코스 6번 홀. 리디아 고와 미셸 위의 티샷. -2의 전인지. 그리고 이미향 프로.

구름 갤러리의 박성현.

2018년10월11일

2018 LPGA KEB · HanaBank Championship.

고진영, 렉시 탐슨. 시간다의 티샷. 구름 갤러리의 박성현. 아이언 티샷을 하는 쭈타누간. 가을 하늘도 숨죽이며 지켜보는 스카이72 오션코스.

LPGA 이미향과 함께

좋은 묘목 새싹이 자라 골프계 거목이 될 미향
골프는 전쟁이다! 골퍼는 전사이다!
- 도원 -

LPGA 이미향의 드라이버 샷과 퍼팅

2012년11월1일

2012년 LPGA 챔피언 투어 시즌을 마친
LPGA 새내기 프로 이미향의 드라이버 샷과 퍼팅

LPGA 이미향의 어프로치 샷

2014년7월28일

이미향 프로의 어프로치 샷. 잠깐 귀국한 그녀와의 만남에서 한층 더 숙성한 향내음이 온누리를 적시고 있음을 느낀다. 나는 이제 그녀가 이루어 낼 「놀라운 기적」을 굳게 믿고 성원한다. 이미향 프로! 화이팅!

이미향 프로의 샷은 절정을 향해 질주

2014년9월29일

프로의 샷은 절정을 향해 치닫는다. 샷이며 퍼팅 하나하나에서 그녀의 놀라운 집중력이 보인다. 스카이72 하늘코스에서 이미향 프로와 함께 한 연습 라운드. 다음 주 베이징 대회, 그다음 주에는 말레이시아, 그리고 스카이72 오션코스 LPGA에서 첫 승을 예감한다. 이른 아침 연습 라운드 컨디션이 너무 좋다. 한 녀석은 LPGA 프로보다 내가 더 무섭단다.

2014 LPGA 미즈노클래식 우승 이미향

2014년11월10일

2014 LPGA 미즈노클래식 우승 이미향. 어제 2014년 11월 9일 일본 미에현 시마시 긴데쓰 가시고지마 골프장에서 열린 미즈노 클래식 최종라운드에서 이미향이 연장 접전 끝에 우승을 차지했다. 그녀의 선전에 박수와 환호를 보낸다. 그간의 부상으로 많은 마음고생을 하였고, 제 기량을 발휘하지 못해 안타까웠는데, 드디어 LPGA 첫 승이다. 연장 3차전은 나도 숨을 죽였지만, 본인도 소름이 돋았단다. 녀석의 꼬마 시절에 함께 라운드했던 녀석들이 내게 축하를 계속 전해 온다.

LPGA 여전사 이미향, 최운정의 망중한

2017년 10월 06일

시즌 중이지만
이미향, 최운정 프로와 아빠들의 한판 승부.
딸들의 아빠사랑,
아빠들의 딸사랑이 나의 눈을 시리게 한다.

이미향 프로와 함께 한 추억도……

이미향 프로의 잠시 귀국한 틈을 이용한 우리들의 만남의 장도 아름답다.

이 프로의 퍼팅도 멋있고, 캐디의 세밀한 보살핌도 멋있다.

프로암 대회의 시상품 “드라이버”

2017년10월12일

어제, 프로암대회에 초청된 친구가 시상으로 드라이버 하나를 탔다. 친구는 어찌하면 온 동네 깊숙이 소문이 퍼지게 할 것인가를 궁리한다. 전철역으로 말한다면 교대역쯤 되는 녀석에게 쓰라며 준다. 그런데, 그 정을 모르는 친구 녀석, 새벽같이 나를 찾더니 프로암서 쫄지 않고 -17을 친 어른이 받아 준 것이라며 자랑 뚱딴지에 싱글벙글한다.

“드라이버만 타신 것 아닌데…… 트로피도 엄청 좋아요…… 글구 박성현 박세리하고도 사진 많이 찍어 드렸거든요.”

한편 친구는, 출근하자마자 내게 전화를 해서 “대회가 시작되었어?” “누가 선두를 달리고 있어?” “그 교대역한테 무슨 소식 못 들었어?” 는 등. 정작 하고 싶은 말은 감춰놓고 이것저것 묻는다.

나는, “그 친구 요새 버릇이 없어 만나지 않는다” 고 완전 거짓말을 해 버린다. 친구는 교대역에게 일곱 차례도 넘게 전화를 했다는 것. 별 현안도 없는데도. “나 드라이버 탄 것 어서 빨리 이야기해 주어” 라는 것이겠죠? 이렇듯 볼을 치는 사람들은 구력에 비례하여 점점 더 어린아이가 된다.

“교대역이든 강남역이든 2호선을 몇 바퀴 돌아도 제자리죠? 그렇죠? ㅎㅎ 그래도 기차는 탔으니까요~^^ 차도 오래 타고, 재밌었겠어요? 어린애처럼.” 이렇게 댓글 단 친구도 교대역쯤이야……

KLPGA 스케치

골프경기를 관전만 하면 그건 재미다.
골프를 플레이하면 그때는 레크레이션이다.
그것에 열중할 때 진짜 골퍼가 된다.
- 봅 호프, 미국의 전설적인 코미디언 -

꼬마 갤러리의 LPGA 챔피언십 관전기

2019년10월3일

태풍 언저리지만 코스모스가 한창이다. 네 살 녀석이 할아버지한테 골프장에 가자고 졸라댄다. 언젠가 LPGA 하나은행 챔피언십 대회 마지막 날에 녀석과 함께 갤러리를 했는데, 녀석이 그것을 기억하고 있는 듯하다. 그때는 녀석이 말을 못 했는데, 이젠 선수들이 샷을 할 때면 쉿 조용히 하라며 손가락으로 할아버지 입을 막는다. KLPGA 하나금융그룹 챔피언십으로 치르는 대회, 첫날이라 갤러리는 많지 않다. 덕분에 손주 녀석과 오붓하게 즐긴 투어가 됐다.

LPGA 이미향 프로의 12번 홀 파 3 버디 퍼트다.

KLPGA KB STAR 챔피언십

2013년 10월 27일

KLPGA KB STAR 챔피언십 스카이72 하늘코스. 검투사들보다 갤러리들이 더 긴장하며 가슴을 졸인다.

KPGA 챔피언십

하루를 연습 안 하면 내가 알고,
이틀을 안 하면 갤러리가 알고,
사흘을 안 하면 온 세상이 안다.
- 벤 호건, 메이저 9승, PGA투어 63승 -

샷은 이렇듯 부드러워야

2018년5월20일

2018 SK Telecom 대회 마지막 날. 스카이72 하늘코스. 마지막 홀인 18번 홀 파 5. 챔피언조의 3rd 샷, 연장전에 들어간다. 샷은 이렇듯 부드러워야 한다. 취재 경쟁도 선수들 못지않게 숨 가쁘다.

투어 골퍼 : 2000 ~ 2010 ~ 2020 전설의 골퍼 애환

문경준

2005년 영종도에 넘어와 스카이72에서 붕어빵 구우며 젊음과 열정을 바치고 골프를 수련했던 한 사람으로서 스카이72의 전설 한 장군님의 골프 애환을 담은 “골프는 전쟁이다 -필드 난중일기-” 에서 지혜를 얻기를 기원합니다. 한 장군님을 응원합니다! 화이팅!

KPGA프로 KB금융리뷰참피언십 우승(2021)

투어 골퍼 : 골프 인생의 지혜

김기환

장군님과 10년을 알고 지내면서,
로스트 볼 속에서 캐내 주신
금싸라기 같은 수많은 지혜를 얻고 배웠습니다.
앞으로 인생도 이 책을 통해서
더 많이 배우고 성장하겠습니다.

KPGA프로 60회 KPGA선수권대회 2위(2017)

KPGA 스타들의 제전

2014년 7월 10일

KPGA 스타들의 제전, 스카이72 하늘코스. 문경준 프로! 그가 왔다.

대회 이틀째 -10 PAR 선두. 문 프로는 스카이72 연습생 출신. 참 부지런하고 운동을 열심히 했던 친구인데, 그 결실을 보고 있다. 그의 선전과 영예를 기원하며, 숨죽여 그의 경기를 지켜본다. 최고의 선수들에게도 해저드가 있고 OB가 있다.

KPGA의 아쉬움

2014년 7월 13일

쉰일곱 번째라는 KPGA 선수권 대회. 훌륭한 선수들의 손에 땀을 쥐게 하는 샷들! 그런데 갤러리들의 성원이 아쉽다. 우리 선수들이 PGA에서도 좋은 활약을 하고 있다. KPGA의 발전을 기원해 본다.

2 전사 훈련 캠프

신입 캐디 교육 라운드

가르치며 배운다

캐디들과의 일상

골프는 아침에 자신을 얻었다고 생각하면 저녁에는 자신을 잃게 하는 게임이다.

- 해리 바든, 바든 그립을 개발한 영국의 프로 골퍼 -

가르치며 배운다

나이스 샷은 우연일 뿐, 배드 샷이 좋은 연습이 됨을 모르면 골프를 마스터할 수 없다.

- 유진 R. 블랙, 1950년대 세계은행 총재 역임 -

가르쳐 달라고 하기 전에 먼저 가르치려고 하지 마라.

(Don't give your advice before you are called upon.) - 스코틀랜드 명언 -

1 Caddie 4 Bags Service 유네스코 등재 문화유산!

2013년 5월 31일

1 Caddie 4 Bags Service
지난 7년여 신입 캐디 교육을 해 오면서
매일매일 기적을 체험한다.
난생처음 골프를 접하는 친구들이
2개월 남짓 교육을 받고 플레이어 4명을 서비스 하는 기적을……
십수 년이나 되는 구력의 플레이어는 밥 먹듯
뒤땅에, 오비며 온갖 버라이어티 쇼를 하는데……
대한민국 천사 친구들의 1 Caddie 4 Bags Service.
유네스코에 등재 시켜야 할 문화유산 아닐까?

1 캐디가 4 플레이어의 서비스를
세계 어느 골프장들에서 단 한 번이라도 체험해 본 적 있는가?

골프장 사람들 : 칭찬과 격려, 하늘천사와 함께한 축하의 기억들

송지헌

신입 교육생들에게 장군님께선 언제나 칭찬이었습니다.
처음엔 다들 굼뜨고 어설펐다면서,
다들 힘들어했다며,
넌 이겨낼 수 있다고.

신입 캐디 교육은 물론이거니와 연말 우리 캐디들의 송년 기부 행사인 "하늘천사"와 우정을 나누는 "천국의 밤"에도 한해를 거르지 않고, 자리를 함께하시며 축하해주셨던 기억들이 새록새록 납니다. 올 '하늘천사의 밤'에도 꼭 참석해 주실 거죠?

송지헌 스카이72 바다코스 부지배인

공중부양 캐디 교육

2013년10월11일

공중부양. 스카이72 신입 캐디 교육 라운드 중 망중한. 제67기 교육생. 제13기부터 이들과 함께 해왔으니 줄잡아 7여 년. 1,000여 꽃송이들을 키웠다.

"아름다운 친구들아! 이처럼 명랑하게 인생을 가꾸어 나가시게나."

열심히 공부 중인 신입들……

2018년3월13일

좀 바쁘다. 단독 비행사들이 많아져서인데, 겨우내 2개월 훈련했던 새내기 친구들이 4플레이어 함께 최초로 필드에 출장하는 실전(實戰) 배치를 돕기 위해서다. 얼마 전 해병(海兵) 복무를 마치고, 곧바로 날 찾아와 일을 한번 해 보겠다는 친구다. 또래 녀석들과 달리 속이 꽉 찬 친구다. 멀리서 보니 신병 훈련소 병사들처럼 무리에 끼어 열심히 공부 중이다.

어제 처음 단독 비행을 한 친구는 연신 미안하다는 거다.

"죄송해요, 너무 서툴러서." "아니야! 지금 잘하고 있는데 뭘."

"모든 게 다 자신감인 것 같아." 긴장이 풀린 후반에는 이 친구가 제법 썩 잘한다.

"출가" 시키는 날

2014년10월6일

신입 캐디 테스트를 하는 날, 합격! "출가" 시키는 날! 이곳에 새로이 둥지를 튼 천사 친구들을 세상으로 내보내는 날이다. 교육 기간 내내 잘 참고 이겨내 줘서 감사하다. 고맙다. 친구들이여! 이제 세상에 나가 힘이 들고, 마음고생이 좀 되더라도 이 악물고 참자. 너희 아빠 엄마는 너희들 키우며 많이 힘들어도 보람차다.

합격이다!
새 출발 축하한다!
새내기들 힘내자!

목동은 가르치면서 배운다

2012년6월5일

목동은 다리를 절며 무리들을 제대로 따라가지 못하는 양을 보살핀다.
저 양같은 친구에게 골프는, 더구나 캐디는 아주 낯선 일이다.

캐디는

① 고객들 클럽 서브해야지,
② 카트 운행해야지,
③ 타구 방향 봐줘야지,
④ 오비 난 볼 찾아줘야지,
⑤ 퍼터 챙겨야지,
⑥ 볼 닦아야지,
⑦ 라이 봐줘야지,
⑧ 스코어 카드 기록해야지,
⑨ 굿~샷! 외쳐줘야지,
⑩ 어떨 땐 레슨 까지.

여기까진 괜찮다. 다 그 친구들 "일" 이니까…… 하지만, "핑계 댈 것 없으면 캐디 탓" 이다. 여기에 짓궂은 녀석(者)의 못된 짓까지 감내한다. 신출내기인 어린 신입 친구가 그만 눈물을 터트린다. 나는 이 상황을 아이에게 어찌 설명할지 아득하다. 그래 그렇게 너희 엄마나 아빠가 너희를 키웠다 하려다 꾹 참는다. 저 친구들을 위해 내가 있음이라.

신입 캐디 교육 라운드.
새내기는 통상 2 ~ 3개월의 교육과정을 이수한 후 현장에 투입되는데,
나는 이 친구들이 교육을 마칠 때쯤 되면 늘 기적을 체험한다.
그 짧은 교육 기간인데 플레이어 넷을 커버한다.
플레이어들은 십 년씩이나 볼을 치고도,
제 샷 하나 제대로 하는 녀석(者) 찾기 힘 드는데…

"나는 가르치고 있지만, 저 친구들에게서 더 많은 것을 배운다."
이 세상 어디에 이처럼 땀 흘리며 일하는 아름다운 모습이 또 있을까?

처녀 단독비행에 나서는 신병

2018년3월12일

골프에 대해 아무것도 모르는 친구들이 물어물어 골프장을 찾아온다.

① 카트 운행을 배우고,

② 코스를 익히고,

③ 화법(話法)을 익히고,

④ 서브하는 것을 배우고,

⑤ 서비스 마인드를 무장하고,

⑥ 참관 실습을 거치고,

⑦ 단독비행을 거치기까지 2개월여,

그리고 마침내 기적이 일어난다.

캐디라는 한 사람의 전문 직업인이 탄생한다.

선배 캐디들의 지적이 날카롭다.
겸연쩍어 얼굴이 벌게진 적 한두 번이 아니고,

서러워 눈물 흘리기를 몇 차례……
참고 이겨내야 한다.
힘들지만 익숙해지면 좀 수월해진다.

이 친구가 잘 해낼 수 있을까?
되레 내가 더 떨리고 설렌다.

캐디 추억 : 자존감을 높여주신 따뜻한 아빠의 땀방울

김나리

10년을 해왔던 농구선수 길을 마무리 하고,
감독님의 추천으로 운동선수가 아닌
캐디를 하기 위해 스카이72에 첫발을 내디뎠습니다.
2008년 7월 10일 37기수로 20명이 입사하였습니다.
동기들은 교육이 너무 힘들다며 저 혼자 남았지만
그때 장군님을 만나게 되었습니다~

저는 운동만 했기에 운동밖에 몰랐고, 아빠 몰래 대학 시절 운동을 관두었고, 아빠에게 다리 부러질까 봐, 엄마가 그 당시 어려운 살림에 고시원을 얻어줘서 생활해 왔는데, 저는 스카이72에 들어와 여기서 포기하면 나에게 길이 없다고 생각하여 정말 열심히 했습니다. 하지만 열심히 한다고 되는 게 아닌 게 캐디입니다. 밤새워 코스 공부를 한 후, 다음날 새벽 첫 팀 앞으로 현장 실습을 나가게 되는데, 그때 만난 어른이 장군님입니다.

저는 13년이 지난 지금도 아침마다 저희 밥 못 먹었을까 봐 장군님이 주신 두유가 아직도 생생합니다. 긴장하고 나간 저희에게 아빠처럼 따뜻이 다가와 해주시던 장군님~~ 제가 그때 버틸 수 있었던 건 장군님 덕분이었습니다.

캐디가 쉽다 생각하시는 고객님들이 많은데 우리나라 캐디님들 정말 대단하십니다! 외국분들이 오시면 항상 너무 대단하다고 말씀하시고 친구처럼 인사로 포옹하고 마치시려는 외국인들이 다수입니다. 문화 차이지만 제가 생각해도 한국 캐디분들 대단하고 멋집니다!

교육을 받으면 받을수록 자존감이 낮아지는 저희에게 아빠 같은 따뜻함, 격려와 칭찬으로 낮아진 자존감을 다시 세워 주신 장군님은 골퍼로서 저희의 우상이고 정말 감사하고 본받고 싶습니다. 아직도 열심히 볼을 닦고 있지만 저는 저의 길을 열심히 응원합니다. 장군님! 항상 저희 곁에서 이렇게 있어 주세요! 스카이72 캐디들의 아버지 한 장군님!

장군님은 저희 캐디들의 아버지였습니다.

그 힘 들었던 신입교육(2008.7. 제37기)을 견딜 수 있게 한 어른이셨습니다.♡

365CC 메니저

캐디 추억 : 신나고 재미난 행복한 삶의 해피바이러스

정순령

안 보면 보고 싶고 만나면 원수 같다던 >..< 내가 너무 악성 구질이지 라며 하얀 이를 드러내며 웃으시던 모습 ^----^ 울 장군님의 수많은 어록들과 함께 했던 지난날들 이야기보따리에 미소를 지어봅니다. 새벽 아침이면 어김없이 오셔서 저희와 1년 365일을 함께하셨던 수많은 날을, 아름다운 이야기로 만들어 지나간 기억을, 한쪽 한쪽 꺼내어 추억하도록 만들어 주셨네요. 지금까지 지내 오셨던 것처럼 앞으로의 많은 날들을 저를 비롯하여 어른신과의 인연이 된 사람들 모두에게 많이 신나고! 더 재미나고! 아주 행복한 삶을 살아가도록 우리 모두의 해피바이러스가 되어주세요. 장군님 사랑합니다.^^

전) 스카이72 바다코스 캐디교육메니저

캐디 추억 : 옥구슬로 반짝이는 그리움의 추억들

엄진순

엄지공주는 오늘도 어제도, 새벽에 눈 비비고 일어나면 2008년 어느 날의 순령 언니, 영미 언니, 덕이와 선화가 그립고 그립습니다. 많은 시간이 흘렀음에도 생생하게 기억이 나는데…… 골프 정박아 수장이신 어른께서 책을 쓰시니 얼마나 가슴이 벅차오르는지…… 장군님 그레잇 샷만큼이나 멋지고 아름다운 옥구슬로 반짝이는 그리움의 추억들…… 정말 존경하고 사랑합니다.

스카이72 바다코스 캐디 팀장

캐디 추억 : 고맙습니다. 감사합니다. 사랑합니다.

진선화

어르신을 생각하면 세 단어가 먼저 떠오르고 마무리도 이 세 단어로 귀결됩니다. 고맙습니다. 감사합니다. 사랑합니다.

캐디 추억 : 따뜻한 감성과 새 삶을 주는 지성

문정아

안녕하세요. 처음으로 장군님께 감사 인사를 글로 전하게 되어서 부끄럽고도 영광입니다. 벌써 캐디 13년 차가 되었지만, 옛날 그 교육생 때 장군님의 따뜻한 표정과 말씀이 잊히질 않네요. 축구선수로 오랫동안 운동을 해오다 부상으로 축구와 작별 후, 스카이72에 입사를 하였고 골프에 골자도 모르던 저에게 골프를 알게 해 주신 스승님이십니다.

항상 미소와 함께 이름을 부르시며. 언성 한번 높이지 않았던 장군님…… 교육생에서 신입 캐디로 근무를 하게 되었을 때는 고깃집에 축하자리까지 마련해주시고, 장군님이 따라 주시는 대로 술을 다 마셔서 엄청 취해 기억이 사라진 그 날도 이젠 추억이 되었습니다.^^

교육생에서 지금은 후배가 더 많아진 선배까지 되기까지 스카이72에 오랫동안 근무하고 있는 것도 장군님이 계셨기 때문이라고 생각합니다. 장군님 항상 건강하시고 행복하시길 바랍니다. 사랑합니다. ♥

캐디 추억 : 편안함, 존재감, 다정함, 무뚝뚝, 직진남

권오영

세대 차이가 느껴지지 않는 편안함.
인생을 배우며 공부할 수 있는 존재감.
때론 아빠처럼 다정함이 뚝뚝뚝.
언제나 먼저 다가오는 직진남.
항상 응원하고 감사합니다.

캐디 추억 : 보살피고, 챙겨주고, 아껴주시는 필드의 아빠

김근혜

27살 캐디란 직업을 시작하면서 한 장군님을 뵌 지도 벌써 12년이란 세월이 흘렀네요. 아무것도 모르는 저에게 따뜻하게 반겨주시고, 자상하게 대해주신 장군님을 만나 영광입니다. 항상 마주칠 때마다 밥은 먹었는지…… 별일은 없는지…… 하나하나 저희 캐디들을 친자식처럼 걱정하고 챙겨주시고 장난치는 저희에게도 허허 웃어주시던 모습이 아직도 생생합니다.

항상 작은 일, 큰일 옆에서 챙겨주시는 자상한 아버지 같은 장군님! 먼 타지에서 일하는 저희 캐디에게 항상 밝은 빛이 되어 주신 장군님! 감사합니다. 항상 건강하세요.

캐디들과의 일상

골퍼들에게 있어 가장 적합하지 않은 기질이 시인(詩人) 기질이다.
- 버나드 다윈, 찰스 다윈의 손자, 골프 극작가 -
캐디가 당신을 도울 수 있다고 생각한다면 당신은 아직도 골프를 모른다.
- 단 젠킨스, [골프다이제스트] 칼럼니스트, 2012년 '골프 명예의 전당'에 헌액-

새벽을 여는 조출자들

2018년3월14일

나는 이른 새벽부터 일한다. 3시면 일어나 하루를 준비한다. 골프장 조출자들의 새벽은 바쁘다. 골프백 내려주는 친구들, 손님맞이를 준비하는 프런트 친구들, 식당 조리사들의 손길은 이른 새벽부터 부산하다. 목욕탕도 '어제 먹은 술 덜 깬 플레이어들' 을 위해 따뜻한 물이 넘실거린다. 코스의 그린키퍼들은 이미 임지(臨地)로 향한 지 한참이다. 진행을 맡는 친구들은 주변 정리 정돈과 청소를 마치고, 예약상황을 체크한다. 다른 한쪽에선 붕어빵이며 어묵 식자재를 챙겨 내달린다. 캐디들은 카트와 준비물 등을 챙기고, 화장을 고치며 출격을 준비한다. 골프장의 새벽은 이렇게 밝아온다. 이들 모두와 매일 아침 나누는 인사는 내게 큰 활력이다. 교관으로 나선 선배 캐디들의 신입 교육과 수준 높은 샷이 신입들의 서브와 어우러져 필드를 수 놓는다.

5월, 카네이션의 추억. 아빠 같다던 천사

2019년6월2일

볼에 푹 빠졌던 시절, 5월은 내게 아주 특별한 추억이 있다. 스승의 날이다. 골프장엔 캐디로 일하는 천사 친구들이 300여 명 넘는다. 지금은 겨우 한두 녀석에 불과 하지만, 그땐, 단 한 녀석도 빠짐없이 인사를 건넨다. 내 과업(?) 이었던 신입 캐디 교육. 신입이 들어오면 2개월여 교육을 받는다. 그 일이 내 몫이다. 그때 캐디 교육도 엄격했는데 20대 초반 친구들이 참 잘도 견뎌 낸다. 마음 아파 우는 친구들 달래주고, 낯선 일에 어색해하는 친구들 보듬어 주고…… 그렇게 인연이 된 친구들이 스승의 날이면 대거 몰려든다.

֍ "선생님 고맙습니다" 며. 얼마 전엔 어떤 골프장에 갔었는데 한 캐디가 깜짝 반긴다. ֍ "장군님 아니세요?" 10년 전 친구인데, 지금은 두 아이의 엄마란다. 이 친구는 날 그때 그 시절로 보내 준다. 그날, 그 친구는 돌아오는 나를 기다리고 있다가 어디서 구했는지, 카네이션을 달아준다. ֍ "장군님은 내게 아빠 같았던 어른" 이라며……

감쪽같이 좋아졌어…… 밥 살게 같이 할까?

2017년9월10일

신입 캐디 교육 라운드. 평소 말수가 적고 야무진 캐디인데, 후배 교육엔 사근사근하다.

"자넨, 꽤 됐지?"

"네, 벌써 10년이 넘었어요."

"그래."

결혼도 미룬 채 동생을 둘씩이나 건사하고 있는 친구로 요새 젊은이 같지 않은 참 보석 같은 친구다.

"다 큰 동생들 그만 돌보고, 이제 자네도 예쁘게 하고 멋도 좀 내고 그리 지내."

"네."

"어서 좋은 친구 만나 결혼도 하고."

"네."

하지만 이 친구의 눈은 아직 할 일이 많이 남아있다.

이런 천사 친구를, 언니! 언니 하면서 그렇게 함부로 대하지 맙시다.

"나는 지금 내 몸 하나도 제대로 건사하지 못하고 있는데……"

세계 최고 캐디 서비스

2014년 7월 5일

플레이어들은 라운드할 때 좋은 코스며 페어웨이, 그린은 기본이고, 좋은 동반자 못지않게 캐디도 잘 만나야 한다.

골프를 즐길 때,
양질의 페어웨이, 그린 등 하드웨어 못지않게,
캐디 서비스는 매끄러운 경기 진행도 중요한 요소다.
스카이72 캐디 서비스는 고객 불만 제로! 가히 최고 수준이다.
참 고마운 캐디들이다.

덕분에 "한 장군이 잘 가르쳐 그렇다." 라는 칭찬도 듣는다.

불과 며칠 전 내게 전투 중 구제금융까지 받았던 친구인데,

"올해 들어 처음 나온 라운드라 잘 맞을지 모르겠다." 며,

첫 홀 티 박스에 오르는 녀석. 티샷 한 볼 해저드 보내고, 모래찜질 두 번 하고, 그린에 올라와 오늘따라 안 맞는단다.

"네가 언제는 잘 맞았어?" 할 뻔했다.

쓰리 퍼트를 몇 개씩이나 하면서도 웬 쓰리 퍼트? 또 시력도 안 좋은 녀석이 러프에 들어간 볼은 왜 그렇게 잘도 찾아내는지.

아름다운 샷보다 마음씨가 더 고운 천사

2014년 6월 2일

세계적 수준의 서비스만큼 샷도 아름답고, 그 샷보다 마음씨가 더 고운 친구들이다. '신입 캐디 교육 라운드 중 망중한', 이런 자리엔 자기들도 불러 달라는 댓글들이 쇄도한다.

20년 구력에 1년 365일 단 하루를 거르지 않고, 이 "일"을 하면서도

밥 먹듯 뒤땅이다. 해저드가 있으면 그냥은 못 지나가고,

3퍼트 땐 으레 구겨 놓은 그린 탓이라.

어쩌다 버디라도 낚으면 얘들처럼 싱글벙글하는 모습이 좀 덜떨어진 노인인 듯.

하늘 천사의 밤

2014년 12월 30일

숨소리조차 죽여야 하는 팽팽한 긴장 속에서 하루하루를 사는 캐디들.

접때, 어떤 친구처럼 아무 잘못도 없이 무릎 꿇고 매를 맞아도

어디 하소연 한번 못하던 가족들과

함께 한 해를 마무리한다.

자기는 타수 속여, 죽은 볼 살려내는 신통력까지 발휘하면서,

"라이 잘못 봤다!"

"???"

"클럽 잘못 줬다!" 그 난리를 치는 어르신……

"어르신! 그래도 우린 어르신을 사랑하고 존경합니다."

"새해 복 많이 받으세요."

"어르신들~"

3 나의 골프 전쟁

전지훈련캠프 스케치

동안거(冬安居)
하안거(夏安居)
한국어학당과 한•태 문화교류
현지인들의 일상(日常)
캠프의 볼거리와 먹거리
캠프의 추억

골프의 요체는 살아있다는 것이 얼마나 좋은가 하는 느낌이 들게 하는 것이다.
- 피터 도브라이너, 영국인 [가이언 & 옵저버] 골프기자, 작가 -

동안거(冬安居)

머리의 마른 깨달음 보다, 몸의 동고동락 깨달음의 영향력이 더 크다

- 지선스님 -

골프에서 50%는 심상, 40%는 셋업, 그리고 나머지 10%가 스윙이다.

- 잭 니클라우스, 메이저 18승을 한 현대 골프의 거장 -

커닝이 안 되는 골프

2017년12월30일

골프는 커닝할 수 없다.
커닝 페이퍼를 보거나, 다른 이의 답안을 보고 베낄 수 없다.

한 친구가 처방된 듯 보이는 약을 입에 털어 넣고 물을 마신다.
"무슨 약?"
"종합 비타민인데…… 비거리가 좀 더 나가더라고……"
"나도 한 봉지 줘봐"
"응, 그래……"
두 홀 정도를 지났을까? 약을 얻어 먹은 친구가 갑자기 배탈이다.
변비로 고생을 하는 그 친구가 먹는 변비약이었던 것.

한 친구가 클럽 헤드를 너무 열고 샷을 해 자꾸 볼이 빗나가길래
"헤드를 좀 닫고 치시면 좋습니다." 라 일러줬더니,
곁에서 이를 진지하게 듣고 있던 다른 친구가 잘 맞던 볼이 엉망진창이다.
라운드를 마치며,
"오늘 왜 이렇게 안 맞아요?"
"넌 잘 맞고 있던 볼, 클럽 헤드를 너무 닫았잖아."
"진즉 말씀을 해 주시지요……"
"응, 난 묻지 않는 것은 말을 안 해."

"다만, 한마디 한다면 커닝이 안 되는 게 골프라네."

최상호 챔프의 재능기부

2018년1월25일

최상호 프로님은 8~90년대 대한민국 프로의 간판스타.

그가 작년에 이어 올해에도 이곳에서 동계 전지훈련을 한다.
훈련은 꼭 그의 부인과 함께한다.
최 챔프는, 매일같이 이곳으로 전지훈련 온 학생들이나,
겨울 골프를 온 사람들과 함께 라운드한다.

재능기부다.
챔프는 언제나 과묵하고 말수가 적다.
하지만 함께 라운드하는 골퍼의 굿 샷에는 아낌없이 박수하고 격려했고
홀컵 스치는 퍼팅에는 이내 아쉬워한다.
프로의 샷은,
챔프 시절 못지않게 아직도 남국 태양 아래 번뜩이고,
과녁을 향하는 화살처럼 정확히 핀 방향을 향한다.
샷은 화려하진 않았으나 빈틈이 없고 견고하다.
챔프는 절대 서두르지 않고 또 기다려 준다.

또 챔프는 나처럼 결코 아내를 가르치려 하지 않는다.
묵묵히 지켜보며 박수할 뿐이다.
챔프의 샷처럼 흐트러짐이 없는 일상은,
아이들은 물론 캠프의 모든 이에게 본보기이다.
챔프의 카리스마보다 더 빛나는 것은
말없이 챔프를 뒤따르며 누구를 보든 먼저 인사하는 챔프의 아내다.

최상호 챔프, 골프계의 큰별

2019년1월11일

"일어서지 말라."
18홀 함께 하면서 딱 한 말씀.
큰 가르침이다.
KPGA 투어 최다승 기록 보유자
우리 골프계의 큰 어르신.
올해로 함께 한 전훈 3년째인데, 아이들이 자릴 양보한다.
"아니야, 아직 우리 차례가……"
최 챔프께선 언제나 아내와 함께하며
아이들에겐 내내 칭찬과 격려를 아끼지 않았고,
샷 못지않게 일상에서도 우리들의 큰 별이다.

노장불패? 아직 살아있는 노인의 샷!

2019년 12월 20일

노장불패(老將不敗) 80대 어르신께서 40대를 제압하고 있는 현장이다.

또박또박 노인의 페이스에 걸려 멀쩡한 녀석들이 갈팡질팡 18홀 내내 허우적거린다. 거리야 친구들에게 미치지 못하지만, 어르신께선 볼은 힘으로 치는 게 아니란 것을 몸소 보여주신다.

"노장(老長)은 죽지 않는다" 던 맥아더의 말을 증명하듯 빈틈없는 노(老) 골퍼의 샷에 나름 한 샷 한다는 녀석들이 속절없이 무너져 내린다. 보기 플레이어, 퍼팅 서른여섯 개 치자. 쉰네 번 샷에 드라이버 열두 번. 무엇을 잘해야 하는지 그 답이 나온다. 드라이버로 한 타를 줄이는 게 그리 쉽지 않다. 하지만 두세 타를 잃는 것은 눈 깜짝할 사이이다.

전전긍긍, 로스트볼 찾기, 안절부절 강아지

2019년 12월 18일

골프 마니아들의 전지훈련. 겨우살이를 위해 이곳에 온 사람들은 체류 일정이 길어질수록 점점 더 단순해진다. 오늘보다는 내일 샷이 좀 더 나아지는 것이 최대 바람이자 현안이다. 가지고 온 볼이 바닥을 보이기 시작하면 너나 할 것 없이 안절부절 강아지 꼴이 되어 로스트 볼 찾기에 전전긍긍한다.

얻어터지는 이는 어찌하면 덜 깨질 것인지를,
흰 이빨을 자주 드러내는 이는 그저 마사지 비용 정도를 건지는 것.
바람이라곤 그 정도다.

멀쩡한 어른들이 초등학생의 지능으로 귀국 비행기를 타는 것이 골프 마니아들의 전지훈련이다. 카드를 즐기는 이들은 방과 후 학습차 카지노에도 가끔 간다. 한 어르신께선 벌 쏘여 운동 못 하는 내가 안 돼 보였는지, "치료비 좀 보태주려는데 잘 안 된다." 며 안타까워하신다.

큰 사부 : 총탄 빗발치는 참호 속의 보고서

양찬국

[모든 골퍼께 일독을 강력히 추천합니다.]

♪~가랑잎이 휘날리는 전선(戰線)의 달밤 ~♫♬으로 시작되는 옛 노래 "전선야곡(戰線夜曲)" 의 제목으로 이 옥저(玉著)를 추천합니다.

골프에 관한 수많은 책이 책상에 앉아
잉크 냄새 속에 쓰였다면
"골프는 전쟁" 이라고 제목을 붙인 이 글들은
"전선의 참호에서 백전노장에 의해 쓰인"
"전선야곡" 같은 글입니다.
본업과는 상관없이 새벽에는 새내기 캐디 지망생들에게
새 일의 기본과 요령을 가르치고, 아침 목욕과 식사 뒤에는
"나이가 깡패" 라고, 젊은 패기(霸氣)만으로 노인에게 도전하는
젊은 청년(!)들을 응징(膺懲)하시며 날마다 기록한 글 들입니다.
상황 보고서일 수도 있고, 작전 일지도, 전과 보고일 수도 있습니다.
셀 수 없이 수많은 승패를 "상승(常勝)의 기백(氣魄)" 만으로
점철(點綴)될 듯해도 현장을 지켜본 사람만이 공감하는 진솔함은
읽는 이들에게 큰 울림을 줄 것입니다.
총탄(銃彈)이 빗발치는 참호(塹壕) 속에서 쓰인 글들이라
때로는 굉음(轟音)도 들리고, 대포 연기(砲煙)도 묻어져 나옵니다.
평생을 골프 교습가로 살아온 저는 기본을 가르쳐 실무로 보내는
훈련단의 눈이 아닌 최일선의 전선을 누비는 노장(老將)의 소회를 접하면서
앞으로의 교습 계획을 수정합니다.
부디 몇 번 거듭거듭 읽으시면서 공감이 형성되시기를 기대합니다.
저자와 저는 요즈음 말로 "깐부" 이거든요
많은 사연을 같이 겪고 새겼기에 짧지만 강력하게 추천의 글을 올립니다.
2021년 가을의 가운데 날 노장불패 양싸부가 한밤중에 썼습니다.

노장불패 원장

샷이 미래인 아이들

2020년1월4일

"몇 학년?"

"네, 이제 중학교에 들어갑니다."

엄마와 함께 전지훈련 캠프에 온 아이.

"LPGA 이미향 프로 아니?"

"네."

"널 보니까, 이미향 프로 어릴 적 생각이 떠올라서……"

"저도 이 프로 팬인데요."

엄마가 나선다.

"너보다 더 어릴 때부터, 이미향 프로는 아무리 추운 겨울이나 그 찌는 듯한 무더위 속에서도 언제나 연습장에 있었단다."

"어린 이 프로는, 너처럼 이런 전지훈련 한번 하지 못했었어……"

엄마가 귀가 번쩍 뜨이는지 묻고 또 묻는다.

본 대로 아는 대로 얘길 해준다.

곁에서 우리 이야길 듣던 한 아이가 나선다.

"어? 우리 학교 선배님인데요……"

"그림, 함평고등학교?"

"네."

"훌륭한 선배가 자랑스럽지?"

"네!"

골프는 여행이다

2020년1월15일

나도 언제든 버디며 이글을 하고 홀인원이라는 행운을 낚을 수 있듯이, 더블, 트리플 보기를 하고 때론 더블파까지도 범한다. 나의 이글이나 홀인원이 전혀 이상하지 않듯, 때론 트리플이나 더블파도 감내해야 한다. 골프는 여행이다. 따라다니는 여행이 아닌, 내가 찾아가는 여행이다. 차려진 음식에 숟가락만 드는 밥상이 아닌, 내가 차려 챙겨 먹어야 하는 여행이다. 같은 여정이지만, 여든 친 이보다 백을 친 이가 더 많은 곳을 보고 다닌다. 저 이가 입고 있는 빨간 티셔츠가 좋아 보인다고 부러워할 필요까진 없듯, 멀쩡한 내 샷을 아쉬워하거나 안타까워할 이유가 없다.

여행에서 선두나 꼴찌가 없듯, 골프에서도 우열이 존재할 수 없다. 빨간색, 파란색 등등. 그저 컬러와 무늬만 있을 뿐.

할아버지의 샷은 호신용 보검

2020년2월5일

초등학생과는 달리 고등학생 샷은 전장(戰場)에 나가기 위해 가는 칼이고,

60대 골퍼들의 샷은 제 몸을 보호키 위한 보검(寶劍)을 닦는 것이다.

하지만 비지땀에 힘들기는 매 한 가지이다.

태국 농카이 Victory park C.C

시끌벅적한 아주 특별한 사람들

2019년12월15일

여남은 되는 무리가 새로 내장을 한다. 시끌벅적하다. 우리는 너희하고는 다른 "아주 특별한 사람들"이란 것을 알리기 위함이란 걸 난 경험을 통해 안다. TV가 안 나오고 무슨 도마뱀이 이렇게 많냐는 둥. 마사지를 받고 열대과일 등을 먹어야 하는데 마켓이 너무 멀다는 둥. 그러나 하루 이틀이 지나면 다들 조용해진다. 먼저 온 분들도 그들만큼이나 "아주 특별한 분들"이라는 것을 알게 되고, TV는 작동법을 몰랐던 것이고, 도마뱀은 모기나 해충을 잡아먹어 우리에게 이로운 동물이라는 것도, 어디든 골프장은 시내로부터 다소 떨어져 있는 곳에 소재하고 있다는 것을 알게 되기 때문이다. 익숙하지 않아서 불편하게 느껴지는 것이지, 좀 익숙해지면 괜찮아…… 그 불편마저 즐길 수 있어야 진정한 마니아가 된다.

샷에도 철학이 있어야……

2013년 3월 4일

"190cm, 115kg에 평균 비거리 190m이면, kg당 얼마나 나갈까?"

"1.4m?~"

"구력 20년 연평균 40회 출격 플레이어라면 골프 정박아지?"

"네. …… 그래도 저는 철학을 가지고 샷을 합니다."

"무슨 철학? 그래?…… 인제 그만 접으라!" 고 일렀다.

동반 골퍼 : 연비 안 좋은 골프 정박아 전문의

조영환

1990년대 초
외국계 컴퓨터 회사 영업사원으로 일하며,
필드를 호령하는 장군님을 처음 조우했습니다.
호탕한 사부님과 제자로서 이제 30년 지기가 되었습니다.
이후 최근 코로나 사태로 자주 뵙지를 못했습니다.
그래도 일 년에 서너 번 꾸준히 뵈었습니다.
필드에서의 어른께선 항상 좌중을 즐겁게 이끄시고,
많은 가르침을 주셨습니다.

저는 항상 연비가 안 좋은 골프 정박아로서

그간 사부님께 받아왔던 안수 레슨을

더 오래오래 받고 싶은 마음 간절합니다.

책 출간을 진심으로 축하드리고 앞으로도 승승장구하시기를 바랍니다.

㈜ 나무아이앤씨 대표

겁 없는 사내의 생존법?

2013년 3월 11일

이 친구는 일주일에 두세 번 정도 볼을 치는 친구다.
참 겁 없는 사내다. 아내가 퍼팅 셋업 중인데 훌아웃한다고. …… .

만날 때마다 "몇 개월 만에 샷을 하게 되었습니다." 라는 친구다.

"부럽다!" 저렇게 하고도 살아남을 수 있다는 것이…….

이기려 하지 않으려는 순간 편해지는 골프

2020년1월18일

"대체 무엇이 잘못된 겁니까?"

"다 잘 되고 있는데요, 뭘…… 옛적엔 누구 결혼식에 가거나, 외식하러 나갈 때, 라운드를 나갈 때, 언제나 부인 보다 앞장섰지요?"

"네."

"하지만 지금은 이렇듯 뒤따르고 있지 않습니까?"

"네?……"

"지금껏 부인께 이기고 살았지만, 이젠 지고 살아야 할 때가 되었습니다."

"샷도 마찬가지입니다. 부인께 지고 사는 삶이 이렇게 자연스럽듯, 골프도 이기려 들지 않으면 아주 편해집니다. 뜨거운 커피를 마시면서도 한기(寒氣)를 느끼는 그럴 나이 입니다. 지금 이 만큼으로도 충분히 행복한 것입니다."

"샷이 아닌 인생을 배웠습니다." 란다.

"내년에도 꼭 캠프를 지켜 주세요……"

최고의 서비스는 칭찬!

2020년12월28일

볼을 치는 사람에게,

"요즘 잘 맞냐?" 라고 묻지 않으면 결례다.

물으면 또 죽는소리부터 나온다.

뜻밖에 예고도 없이 한 친구가 불쑥 나타난다.

"아이고, 오랜만일세."

해외를 왔다 갔다 하며 일하는 친구인데 '죽을 쑤고 있다.'

안 물어볼 수 없어 또 묻는다. '역시 죽는소리이다.'

하지만, 이내 얼굴이 환해진다.

"네가 볼을 치지 않으니까, 우선 너한테 시달리지 않아 좋다." 는 것.

휴대폰에서 뭘 뒤적뒤적 찾아 내민다.

이글 인증서다.

친구 녀석은 이걸 나한테 자랑하고 싶어 온 것이다.

김빠지게 초칠 수 없어

"난 확 줄었는데, 거리가 많이 늘었나 봐?"

"싱글도 가끔 하고 90대 안쪽으론 친다."

"멀리건 없이?" 하려다 꾹 참는데 '죽을 것' 같다.

그냥 놔두면 이야기가 길어질 것 같아 끼어든다.

"나와 같이 안치니까, 편해서 그런가 보고만……"

이 친구는, 얼굴색이 변하더니 김이 확 빠지는 것 같다.

볼 치는 이들에겐 불문율이 있다

'맛 갈 때, 아주 완벽히 보내버리라' 는.

그리하여 한마디 더 해준다.

"190m에 110kg인 체구에 드라이버 비거리 180m인,
잘 맞지 않으면 '엄마야!' 소리치는
그 어처구니없는 친구는 잘 있어?"

학이시습지 불역열호라!

2019년12월9일

어르신께 여쭈었다. "신발은요?" "300mm." "내가 260mm이니까 40mm차이다." 지금은 더러 있지만 5~60년 전까지지는 없어 애를 먹었단다. 키 193cm. 나도 그리 작지 않은 키인데 고목에 붙은 매미 꼴이다.

"웬 구스 재킷이냐?" 어르신이라서가 아니라 이른 아침 기온이 11도다. 열대라 난방시설이 안 돼, 밤엔 전기담요 신세를 단단히 지는 형국이다……

어르신의 곧은 허리만큼 샷도 곧고 바르다. 1964년 동경 올림픽 농구 국가대표 선수. 골프를 늦게 배웠다는데 구력 50년이다. 샷이나 얼핏얼핏 보이는 모습에서 국가대표, 감독, "그것이 알고 싶다" 원조 PD 등, 30여 년간의 방송인 생활. 그 카리스마가 짙게 배어난다.

나와 4년째 함께 하는 동안거인데, 좀 더 잘하려고 매년 이곳에 오기 전, 레슨을 2개월씩 받고 온다는데, 잘 맞지 않는단다.

"학이시습지 불역열호(學而時習之不亦說乎)" 란
"배우고 때로 익히면 이 또한 즐겁지 아니한가!" (논어)

가슴앓이들? 흘린 땀의 보답!

2019년1월28일 ·

일단의 광주 여사님들도 한 달여 캠프 생활을 마치고, 귀국한다. 볼에 대한 열정이나 훈련 강도가 아들 딸뻘인 이곳 아이들보다 부족함이 없다. 캠프에 보내 준, 20년 넘게 모시는 시어머니와 남편에게 늘 감사해한다.

배구, 배드민턴, 수영, 마라톤 등 안 해 본 운동이 없다는 처자. 배구나 배드민턴은 내가 보내려는 방향으로 볼을 보낼 수 있고, 수영이나 마라톤은 땀 흘린 만큼 기록을 단축할 수 있는데, 골프는 전혀 아니란다. 하지만 한 달여 그녀들의 훈련을 지켜본 내게는, 그녀들이 흘린 땀과 가슴앓이들이 전혀 헛되지 않았음이 보인다.

내 샷 잘못을 알겠네! 사진 보니까.

2019년12월11일

구력 50년의 향(向) 80 어르신께서도 너희처럼 그런 옛날이야기를 하시는 걸 난 한 번도 듣지 못했다. 옛날이라 해봤자 여길 오기 위해, 2개월 전부터 레슨을 받아 왔는데 잘 안된다는 것뿐이다. 클럽 잡은 지 너무 오래돼서라든지, 오십견이 어떻다느니, 그런 아주 오래전 레퍼토리를 읊어대지 않더라 그 말이다. 나름으로 열심히 준비하고 연습을 해도, 생각대로 되지 않는다는 말씀이다……

"한 장군!"

"네, 어르신……"

"한 장군이 찍은 사진을 보니, 내 샷의 잘못이 뭔지 알 수 있었어……"
"방에 들어가 30분 이상을 고쳤는데, 이제 좀 어떤지 한번 봐주시게……"

청주 한씨 종친들과의 샷

2018년11월26일

세월이다. "간담을 서늘케 하던 비거리였는데요." "한 치 오차 없이 곧장 뻗어 나가던 페어웨이 우드며, 온그린 했다 하면 녀석들이 떨어야 했던 퍼팅." …… 2nd 하는 내게 종친들이 하는 말이다.

모처럼 만에 7초(初)를 그려 자랑을 좀 하였더니, 옛날 옛적 가끔 언더나 이븐을 할 때면, 스코어 카드 찍어 카톡으로 보내 놓고, "아이코 미안해! 네가 아니라 누구에게 보낸다는 것이 그만 잘못해 네게…… 라 하셨는데." 하며 종친들이 씁쓸, 안타까워한다.

중독환자 - 도백? 도로 100이라

2019년12월20일

골프에 무슨 한(恨)이 맺혔는지, 20여 일을 단 하루를 쉬지 않고,
날이 밝기를 기다렸다가 해가 져서야 들어왔던 일행이,
일정을 마치며 짐을 싼다. 물었다.

"좀 좋아졌습니까?"

"도백이 되어 갑니다."

"아니, 도지사가 되어……? "

"그게 아니고 도로 100 되어 간다. 그 말입니다……"

그렇다.
나이가 좀 든 이들은 그나마 중학생 정도 되었던 핸디마저
초등학생이 되어 떠나는 게 동안거다.
그간 들어간 돈이며 시간, 정성을 생각해 보면 억울하기 그지없다.
굳이 잘못을 따지라면 볼 하나 잘 치는 것뿐인 녀석들마저,
이를 가는 못 된 버릇까지 갖게 하는,
그런데도 갈수록 중독 증세가 심해져 퇴로조차 없는 것.
뭐라? 치매 환자처럼,
자기가 그 깊은 병에
걸려있는 줄조차
모르는 게 골프라고?

안수 레슨을 하신다고요?

2019년 12월 28일

"사부님! 전, 큰형수의 젖을 먹고 컸고, 함께 온 이 누님의 등에 업혀 자랐습니다."

그 누님에게 물었다.

"처자는?"

"네, 닭띠입니다."

"어르신! '안수 레슨'을 하신다면서요?"

"허, 내 참!"

"앉은뱅이가 벌떡 일어나고, 장님 눈을 번쩍 뜨게 한다는
'안수기도'란 말은 들어봤어도
'안수 레슨'이란 말은 금시초문인데……"

"소녀도 이 도장에 들어와 소문으로 익히 알고 있사옵니다.
소녀도 제 아우와 같이 거두어 주십시오."

"허, 내 참! 물론 옛날이야기긴 하지만, 난, 레슨 닥터가 아닌 파이터였는데……"

머리를 긁적이며, 향 70 어르신이 내뱉은 말씀이라.

뜻밖의 남매 제자라

그것도 쉰, 예순을 훨씬 넘긴……

쯧쯧

늙은이가 곱게 늙어야 하는데……

이 : 제가 '안수 레슨'을 받은 자로서 은혜를 잊지 않아요~

그린 싱글과 미혼 싱글

2020년1월16일

"싱글이야?"

"네."

작년 겨울, 그 아버지를 따라 캠프에 온 적이 있는 젊은 친구가 올해 겨울에도 또 왔다.

그의 직장 상사들이 모일 때마다, 귀동냥으로 들리는 소리가 골프 이야기라서 대체 이것이 무엇인가 하여, 그 아버지를 따라왔다는 친구, 며칠 동안 열심히 배우고 있다. 그때부터 이 친구에겐 골프 이야기가 더 가까이 들리더라는 것.

어느 날, 그네들 이야기에 잠깐 끼어들었는데 갑자기 "싱글이냐?" 묻기에 아직 결혼도 하지 않았고 또 라운드에도 혼자 왔던 터라, 그냥 "네" 했는데, 그 후 큰일 날 소리를 했다는 걸 알게 되어, 올해에도 아버지를 따라왔다는 것이다. 그 이후엔 그들의 골프 이야기가 제 귀에 들리는 게 뜸해지더라는 것. 그 이래, 급 당황하여 그들 몰래 단 하루도 빼지 않고 연습장을 다녔고, 여기까지 이르렀다 하였다.

"드디어 고생길에 접어들었구먼" 했더니,

이번엔 "네?" 라.

"곧 또 알게 될 걸세……"

잘 맞으면 무지 나가겠어!……

2018년12월17일

샷이 꽤 괜찮은 친구, 차분하게 게임을 잘 진행하고 있다.

평소 영어는 문외한인 친구가 갑자기 그를 향해 들릴 듯 말 듯

"그레이트(Great)! 그레이트(Great)!" 를 연호한다.

순진한 친구는 매우 만족하여 흐뭇해한다.

나도 한마디 거든다.

"잘 맞으면 무지 나가겠어!"

볼이 갑자기 방향을 잃고, 야자수 그늘로 들어가기 시작한 후, 엉망진창이다.

어깨에 힘이 들어간 것. 더 잘 맞추려고…… 그레이트를 연호하던 친구, 알 듯 말 듯한 미소다. 나도 내킨 김에

"아니, 그 잘 맞던 샷이 왜 갑자기?" 확인 사살까지 한다.

할 테면 하고 말 테면 마

2018년12월25일

전지훈련 캠프의 빨리빨리? 그리고 더 황당한 일.

골프장 리조트의 방 두 개짜리 통나무 집 하나를 짓는데, 2년여. 티박스 하나 늘리는데 18홀 골프장 하나 건설하는 것보다 더 많은 기간이 걸리는 나라.

상습 정체 구역으로 보이는 네거리에 고가도로 하나 놓는데, 착공 1년 6개월이 지난 지금도 아직도 다. 어젠, 밤에 갑자기 불이 나가 애길 했더니, 다시 켜지기까지 3시간, 그것도 방문 앞까지만. 하여 옆방에서 하룻밤을 지냈는데, 또 하루가 지나 또 어두워지기 시작하는데, 언제쯤 고쳐질지 아는 호텔 관계자들이 아무도 없어. 더 황당한 일은 꽤 명문 골프장. 미리 부킹을 해서, 07:50 시간을 받았는데, 아마추어 선수들 시합이 있으니, 13:50에 하라는 것. 그것도 할 테면 하고 말 테면 말라는 것. "너흰, 내가 사는 나라 같았으면 줄줄이 저승행이었어…… 참 좋은 나라에 살고 있다는 것 알고 사시는지?"

아들이 그의 전부인 아버지

2019년1월8일

아버지는 아들이 그의 전부다. "2017 KPGA 카이도 골든 V1 오픈" 우승 이후, 우승에 목말라하던 아버지에게 아들은 "골프존 DYB 교육 투어 챔피언십" 우승을 안겨주고, 병역의무를 다하기 위해 군에 입대했다.

아버지의 얼굴이 환하게 꽃 피었다. 작년과 재작년, 나는 그 아버지와 아들을 이 캠프에서 만났다. 4~50대 골퍼의 구력 3~4년 차의 샷이 아주 튼실한 아낙네들이다. 그의 아버지는 아들에게 쏟았던 정성으로 이들을 지도하고 있다.

이정환(왼쪽)-이정훈 형제 2017 KPGA 카이도 골든 V1우승 (사진 KPGA)

동반 골퍼 : 골퍼의 흥미와 미래를 비추는 등불 같은 양서

박상근

훈련캠프에서 떠오르는 태양에 비치는 야자나무에 매달린 코코넛 열매까지도 섬세하게 관찰하시며 카메라 셔터를 누르시던 모습! 전지 훈련생들에게 챔프가 되는 것보다 심성교육에 더 매진해야 한다면서 지친 훈련생들에게 시원한 코코넛을 사주시면서 가르침을 주시던 모습이 선합니다.

저희 전지훈련 캠프는 태국 북동부의 농카이에 있는데 골프장이 조성된 지 20여 년, 야자수가 우거진 아름다운 골프 코스입니다. 6~7년 전부터 저자께서는 동절기 3개월, 하절기 2개월을 수행하면서 후학들이나 내장 골퍼들과 함께하십니다. 특히, 저희 캐디 및 종사자들을 위해 펼치는 한국어학당 강의는 우리 골프장 최고의 명물로 자리매김하였습니다.

캐디들, 코스 관리직원, 식음료 직원들, 숙소를 청소하는 미화원에까지 세심한 관심과 배려를 하셔 캠프가 열리기 몇 달 전부터 어른께서 오시는 날을 기다리기까지 하지요. 식당에서 일하는 직원, 방 청소를 하는 할머니에 이르기까지 립스틱이며 얼굴 패드, 티셔츠 등을 준비해오셔 일일이 챙겨주는 모습이 매우 인상적이었습니다.

최근 코로나 사태로 현재 개점 휴업 상태에 있지만, 곧 하늘길이 열리길 손꼽아 기다리며 저희 Victory Park CC 다시 찾아 주실 내장 고객을 위해 최선을 다하고, 최상의 골프 코스가 될 수 있도록 전 직원들이 힘과 지혜를 다하고 있습니다.

태국 Victory Park CC 전지훈련 캠프 대표

매 맞는 깡패, 늙은 호랑이의 핸디

2020년1월6일

깡패가 지나가던 행인한테 매를 맞는 광경을 한번 상상해 본다. 구경하는 이들은 통쾌할 것이고, 매 맞는 깡패는 기가 막힐 것이다. 골프에 총량제가 있었다면 난 벌써 수십 년 전에 아웃되었을 거라는 후배. 요 며칠 동안 녀석에게 흠뻑 얻어 터지면서, 길 가던 행인에게 두들겨 맞는 깡패가 떠오른다.

카트에 탔다 하면 침을 튀겨 돈을 센다.

"이제 겨우 본전이네……" 라.

친구는 옛날의 내가 그랬던 것처럼, 제일 많이 땄을 때를 본전이라 하는 내 그 못된 버르장머리를 전수한 것이다.

"너, 언제 들어가니?"

"항공권 며칠 더 연장했어요." 다.

따라다니며 쑤시고 비틀어 댄다.

"몇 년 전만 해도 블루 티에서도 여긴 훨씬 넘겼었는데……" 라며 먹인다.

핀 방향이던 파온이 매번 어긋나자, 친구는 기다렸다는 듯이,

"이젠 핀 방향으로 바꿨어요?" 다.

티샷이 오비가 나자, 마치 기다렸다는 듯, 자기 호주머니에서 얼른 볼을 꺼내 꽂아주며,

"멀리건!" 이란다.

하지만, 난 이 친구들이 날 두 번 죽이려는 걸 안다.

"호랑이는 늙어도 풀을 뜯진 않는다." 하였다.

하지만, 이제, '핸디를 좀 줄래?' 야 하나?

필드의 장유유서(長幼有序)와 말구(末球)

2020년1월26일

향(向) 70 노인이 80 노인들 경로당에 가 재롱잔치를 시작으로 새해를 연다.

"연세가?"

"아니!…… " 급(急) 당황스럽다. 나는 주전자를 빨리 들어야 했다.

한 노인은 귀가 잘 안 들리는 듯 하고, 다른 이는 백내장 수술을 했다는데, 세월의 흔적을 찾아볼 수 없는 소싯적 한 가락씩 한 샷들이다.

"샷이 너무 깔끔하고 간결하다."

"한 수(手) 배웠다."

하마터면 '참 되게 안 맞는 날인데 ……' 할 뻔한 입을 얼른 막는다.

제 눈이 안경이다. 묻지도 않았는데,

"나는 OO 실버타운에 사는데 거길 아세요?"

"아니요……"

"유명한 곳인데……"

"아, 네……"

몇 년 전에 맞바람, Par 3, 180m.

티에 올라간 녀석이 갑자기 내려오며, "장유유서(長幼有序)!"

"웬 때아닌 사자성어?" 한사코 먼저 하란다.

친구 녀석이 내 샷을 보고 자기 클럽을 선택하기 위한 것이란 걸 난 안다.

거침없이 휘둘러 니뻐(니어+버디)를 낚았다.

추억의 앨범인 만학도의 필드

2020년1월27일

만학도(晩學徒)들의 학구열(學究熱).

필드는 어린 연습생들보다 예순, 일흔, 여든의 열기가 더 뜨겁다.

도장(道場)은 아이들에겐 도전(挑戰)의 장(場)이고,

만학도들에겐 그 옛날을 오늘로 되살려 주는 추억의 앨범이다.

식지도 않는 열정 40년

2019년 1월 15일

전훈 캠프를 찾은 백전노장의 샷.

며칠 머무는 동안 소싯적 함께 일할 때의 그 열정들이

40여 년이 지난 지금도 그의 샷에 짙게 배어 있다.

"친구여! 너무 잘하려 마시게…… 그쯤이면 잘하고 있는 것이네."

하안거(夏安居)

골프는 깨달음의 추구가 아니라, 깨달음을 실천하는 운동이다

- 도원 -

골프는 동반자한테는 “4타 쳤어” 라고 말하지만, 실제로는 6타를 쳤고,

스코어 카드에 적을 때는 5를 적는 게임이다.

- 폴 하비, 미국 라디오 70년간 성우 -

대체 골프가 뭐길래? 1

2018년8월1일

이 뙤약볕보다, 소나무 그늘 사이로 더 맑은 공기에, 자연과 담소하며 정겨운 벗들과 정담 나누며, 걷는 둘레길이 더 낫지 않을까?

소 머리, 닭 머리라는 소리를 들먹이지 않는…… 좀 길면, 쓸데없는 데 힘 쓴다는 비아냥을, 좀 모자라면, 새가슴이란 소리, 소머리네, 닭머리란 소리까지 들어가며, 뭐? 좋은 친구들을 사귈 수 있다고? 10년, 20년의 지기를 눈 깜짝할 사이 잃는 게 골프라…… 죽마고우 친구, 더블판에 한 클럽도 안 되는 내 볼 넣어보라면서, 한 클럽도 안되는 거리를 아파트 두 동이 들어가도 남을 거리라며 OK 안 줬다고 벌써 3년째 소식이 없어……

① 남녀노소를 가리지 않고,
② 구슬땀 흘리고,
③ 천 리 길 마다하지 않고,
④ 뙤약볕마다 않고,
⑤ 들을 소리, 못 들을 소리 들어가며,
⑥ 그 귀한 돈 버리고,
⑦ 귀한 시간 날려 보내며,
⑧ 온 몸, 온 신경 쓰면서,
왜, 그 꼴인가?

GOLF란? 갑론을박

갑론	G	Gold,	황금같은 깨우침을 얻었는가?
	O	Open,	열린 맘으로 세상을 품었는가?
	L	Life,	인생의 참맛을 즐겼는가?
	F	Friend,	좋은 친구들과 아름다운 추억을 쌓았는가?

을박	G	Green,	푸른 잔디를 밟으며,
	O	Oxygen,	맑은 공기를 마시며,
	L	Light,	밝은 햇빛을 맞으며,
	F	Foots,	힘찬 걸음을 걸으며, 기운까지 받아야 한다.

대체 골프가 뭐길래? 2

2018년8월1일

그래도 일 안 하고, 넌 공만 쳤냔 소린 괜찮다……

운동신경이 없다느니 참새 머리냔 소리까지 들어가며, 옛날로 말하자면

한번 나가는데 반년 먹을 수 있다는 쌀 한 가마니 값 아닌가?

아들 성적 떨어지는 것도 볼 치는 내 탓이요,

나이 들어 아픈 아내 허리도 볼 치는 내 탓이다.

필드에 나가면 다들 반갑게 악수하지만, 다 내 호주머니 보고 그럴 것.

자꾸 더블 부르라고 염장이나 지르지 않았으면 좋겠다.

이 친구는 뒤따라오면서까지

① 샷이 어떠니,

② 디봇인데 빼놓고 치라는 둥,

③ 그 운동신경! 그 온갖 소릴 해대며 지껄여댄다.

어쩌다 한번, 로또(?) 맞는 날도

애들 캐디 피 내줘, 밥 사주고 나니 또 적자다……

친구 녀석은 나머지 돈은 아내 속옷이라도 한 벌 사다 주라 비아냥이다……

① 좀 치면 잘 친다고,

② 헤매면 헤맨다고,

③ 좀 길면 길다고,

④ 짧으면 짧다고,

⑤ 신중하면 늑장 플레이한다고,

⑥ 빠르면 빠르다고,

허우대는 멀쩡한 이들이 도대체 이 소릴 들어가며, 볼을 쳐야 하는 것일까?

이제 보험사는 그만

2018년8월8일

이 친구는, 같이 라운드하려는 친구들이 줄을 선다. 말구에 더블을 잘 만들고, 아니면 줄곧 땅을 치면서도 맷집 또한 최고다. 하여 부르는 데가 많은데, 그때마다 고맙다며, 빠지지 않고 나간다.

캠프의 VVVIP다. 이런 친구가 갑자기 보리수나무 그늘도 아닌 열대의 뙤약볕 아래 며칠 날을 갈더니 깨우침을 얻었던지 ֍ "이제 보험사는 그만 폐업하기로 했다." 라며, 내게 비장한 각오를 밝히고 출전하기에 이르렀다고, 오늘째 연 3일, 명량해전은 저리 가라 할 대승을 거두며 희색이 만면. 그간 짭짤하게 손맛을 봤던 친구들, ֍ "인제 그만 들어가 봐야 할 것 같다." 한다.

내일은, 셋을 먼저 내보내고, 느긋하게 두 번째 홀쯤 해서 참전하겠단다.

중독환자 - 노후 행복? 잉꼬부부의 젋은 샷!

2019년8월14일

70대	중견기업 대표, 군더더기 없는 샷. 어른의 아들 내외 딸과 사위, 그리고 손자 손녀와 함께 하는 휴가. 벌써 4년째…… 회사 경영 또한 그러하리라 의심의 여지가 없다.
60대	할머니 부대, 젋은 샷. 하루 72홀을 거뜬히 소화하는 대한의 할머니들
50대	의사 부부, 장타에 파워풀한 샷. 겸손한 아내에 자상한 남편
40대	회사원 잉꼬부부, 너무 행복한 샷. 2년째인데, 중증 환자가 되어가는 듯

중독환자 - 중증환자? 하루에 72홀!

2019년8월12일

할머니들의 놀라운 스테미나. 예순을 훨씬 넘은 할머니들.
영감은 인제 그만, 신경 끊겠단다.
그래도 영감에게 틈날 때마다 카톡이다.
18홀 이상하면 절대 안 된다는 영감의 당부가 있었단다.
꼿꼿하고 흐트러짐이 없는 샷이다.

그래도 오늘 72홀을 하겠다고 나섰다.
할아버지한테는 보안을 유지해달란다.
이 정도면 마니아가 아닌 환자다. 그것도 아주 중증이다.

틈만 나면 손거울 들여다보며 화장을 고친다.
아랫배 나온다며 식이조절을,
아침 굶고, 배부르면 샷이 안돼서란다.
점심은, 샌드위치 하나에
간식으로 바나나 몇 개.

그래,
이렇게 곱게 늙어야 하는데……
난, 너무 늙었다.
이미 늙어 버렸다.

이제 할머니의 아들도
할머니와 함께할 추억을 만들기 위해
골프에 입문하여 열심히 공부 중이란다.

투어 골퍼 : 감동을 주는 에피소드와 싱글 노하우들

이기성

저자의 골프에 대한 열정은 골프를 업으로 하는 우리네 프로들 보다 더하면 더 했지 모자람이 없지요.

수년 전부터는 전지훈련을 같이해오고 있는데, 골프를 전문직업으로 살아오면서도, 생각하지 못한 골프 관련 집필을 계획하시고, 지나온 수년간을 페이스북이나 SNS를 통해 골프에 관한 이야기들을 올려주시면서 수많은 에피소드를 만들어 놓으심에 이렇게 큰일을 하시게 됨을 진심으로 응원하고 축하드립니다.

1993년 골프를 시작하였으니, 어언 28년을 골프를 하였고, 2002년에 프로테스트를 합격하여 2003년 자격증을 받게 되었습니다. 그 당시 저는 법률사무소에서 일하고 있을 때이고, 다른 재능들이 좀 많은 편이라, 골프가 직업이 되리라고는 생각도 못 했던 것입니다. 그 많은 세월 동안 시합을 동참하고, 학생, 유소년, 일반인 등을 레슨하며, 골프 전도사 일을 하면서 너무도 많은 일을 기억하고 있습니다. 고장 난 골퍼들을 만지고, 두들기고, 충동질해서 정상 골퍼로 만들어 내는 기술자도 그 많은 세월이 지나버린 것입니다.

몇 달 전 한 장군님이 책 발간 계획을 말씀하실 때, 너무도 존경스러울 정도로 큰 용기에 감탄했던 것이 저는 약 10년 전부터 책 쓸 준비를 했는데 120쪽에서 멈춰있는데……

그동안 싱글 노하우, 에피소드 등이 결합한 책 속의 재미있는 이야기들은 분명 골퍼들에게 감동을 전해 줄 것입니다.

이기성 골프아카데미 원장

"보기" 와 "싱글"

전지훈련을 마치고 돌아오는 귀국 항공편은 골퍼들로 가득 차 있었다.

"어디 사세요?"

"네, ㅇㅇ에 삽니다."

"그럼 골프 잘 치겠네요?"

"네, '보기'는 합니다."

"그 정도면 아주 잘 치는 겁니다."

"네?? 제집 거실에서 골프장이 빤히 내려다보여 '보기' 만 합니다."

바로 앞 좌석 어르신.

"볼, 잘 맞았습니까?"

"네……"

"혼자?"

"네, 싱글입니다."

"싱글 핸디 유지하기가 쉽지는 않을 텐데요?"

"아니, 그게 아니라……"

"네?"

"제 아내는 골프를 좋아하지 않아 전지훈련을 혼자 왔어요."

"부처님 눈에는 부처만 보이고, 돼지 눈에는 돼지만 보인다."

"골퍼의 귀에는 보기만 들리고, 싱글 눈에는 싱글만 보인다."

(이기성 원장 에피소드)

"구름에 달 가듯이 가는 나그네" 처럼 즐겨요.

2018년8월2일

숙소가 갑자기 정전이다.
구름에 덮인 하늘은 별빛조차 없다.
TV며 에어컨은 물론 인터넷까지 다.
말 그대로 적막강산이다.
의지할 것은 단 하나, 휴대폰 불빛! 이것조차 배터리 아웃이 초읽기다.
직원들이 이리저리 뛰는데, 그들인들 별 뾰족한 방안이 없어 보인다.
물이 차오르는 동굴 속 아이들을 기적처럼 살려낸 나라. 믿고 싶은 건 그것 하나.
한 시간이나 지났다. 불이 켜진다.
이 방 저 방에서 환호성이다.

"해저드에 들어갔다 너무 안타까워하지 마세요."
"붙이면 파잖아요. 또 벙커라고요?"
"들어가면 버딘데, 그렇게 언짢아하지 마시고요."
"하지만 배터리는 언제나 FULL로 하세요……"

볼은 어찌 잘해보려는 순간부터 스트레스다.
그저 그냥 즐겨 보자. 박목월 시의
"구름에 달 가듯이 가는 나그네" 처럼.

한국어학당과 한•태 문화교류

집중이란 자신감(Pride)과 갈망(Hunger)에서 나온다.

- 아놀드 파머, 왕(King)이라 불린 모던 골프의 최고 스타. 메이저 7승 달성 -

신사들이 골프를 한다. 시작은 신사가 아닐지라도, 엄격한 게임 끝은 신사가 되고 만다.

- 빙 크로스비, 미국 영화배우, 가수. PGA투어 페블비치프로암 만듬 -

캠프의 한국어학당?!

2019년7월22일

태국, Victory Park Golf & Country Club 한국어학당.

이곳 빅토리 파크 컨트리클럽을 찾는 고객은 한국 골퍼들인데 골퍼들이 언어 소통에 어려움을 겪자 골프장에 한국어학당을 개설하여 직원들에게 우리말 공부를 시킨다.

프런트, 식당 및 그늘집, 요리사, 코스 관리, 시설관리 직원들은 물론이고, 객실 청소를 하는 도우미들까지 망라되어 하는데 그 열기가 뜨겁다.

나도 하루 한 시간씩 자원봉사를 하기로 하고 오늘 한 시간 강의를 마쳤다. "반갑습니다." "어서 오십시오." "안녕하십니까?" "고맙습니다." "안녕히 가십시오."

내일 강의를 위해 교육 보조재료를 준비한다. 시청각 교육이다. 골프공, 골프클럽, 반바지, 긴바지, 티셔츠, 안경, 타월, 휴지, 손톱깎이, 담배, 라이터, 모자, 손전등, 휴대폰, 지갑, 가방, 때밀이 타월 등등……

아리랑! 한국이 꿈인 한국전쟁 참전 국민들

2019년7월23일

빅토리 파크 한국어학당.

오늘은 우리 노래 아리랑을 공부했다. 아이들은, 내 닉네임 "General, Han" 을 연호했고, 함께 기념 샷도 하잖다. 빅토리 파크 컨트리클럽은 태국 북동부의 라오스 비엔티엔과 인접해 있는 국경도시, 농카이에 있는 골프 코스.

이곳은, 1년 중 7~8월과 12~2월에 성황을 이루는데, 여름엔 휴가를 맞은 골퍼들이 겨울엔 전지훈련을 하러 오는 학생들이 코스를 메운다. 기후가 태국의 다른 어느 곳보다 쾌적할 뿐만 아니라 청정지역이다.

한국식으로 제공되는 음식이 특히 좋아 마니아들에게 인기 있는 골프코스. 또한 태국 최대의 곡창지대. 농사를 짓는 시골 사람들이라, 순박할 뿐만 아니라 인정이 많다. 골프장은 인근 6개 마을 사람들의 삶의 터전이 된다. 이를테면 엄마는 캐디 마스터, 아빠는 경비, 딸은 프런트. 아내와 남편, 딸 모두가 캐디로 일하는 가족도 있다.

가끔은 이 순딩이 친구들을 우리 골퍼들이 함부로 대하는 걸 보면서, 낯 뜨겁고 부끄러워 쥐구멍이라도 들어가고 싶을 때도 없지 않다. 우리의 말과 글 우리들의 일상들을 이들에게 진솔하게 전해주고 싶다. 60여 년 전, 한국전쟁 때 우릴 도와준 고마운 사람들인데, 이젠 한국이 이들의 꿈이자 희망이 되어 있다.

현지인들의 일상(日常)

인생은 길지 않다. 서두르지도 근심 걱정도 하지 말자. 꽃들의 냄새나 실컷 맡자.

- 월터 헤이건. PGA챔피언십 4연패(1920~30년) 미국 멋쟁이 슈퍼스타 골퍼 -

족집게 도사님! 제발 한 수만!

2019년7월14일

웬 젊은 친구가 캠프에 왔다.

"여기에 족집게 도사님 한 분이 계시다 해서……"

"응?"

"그를 만나기 위해 여기까지 찾아온 친구는 자네가 처음일 것일세."

"채 잡은 지 십 수년 만에 꿈에 그리던 7자를 그렸는데,
며칠 동안을 잠을 못 이뤘어요.".

"그래서?"

"우선, 생각나는 친구가 있었어요"

"손 봐줄 친구?"

"네"

"아주 개박살이 났겠구먼."

"도사님이 어떻게 그것까지?"

"다백이 되었지?"

"아니, 다백이라니요?"

"다시 100……"

"네, 103요"

"어쩌다 운 좋아 장님 문고리 잡은 것을 자네 실력으로 착각했던 것일세.
꼭 손 봐줄 친구한텐 언제나 당하는 것이고,
샷이 아닌, 마음을 먼저 다스려야 하는 것이 골프라네."

"어떻게 하면 좀 더 잘?"

"자네가 그간 보고 배운 것을 그대로 행(行)하면 되는 것이고,
답(答)이 될지 모르겠는데, 하여튼 건투를 비네."

"요사이 볼은 잘 맞으세요? "

"난 거리의 악사로나 나서야 할 듯하네."

만만디와 빨리빨리

2019년12월16일

팁과 팁 그 틈을 이용해 코스를 관리하고, 낙엽을 쓸고, 모래를 뿌리는 것은 우리와 다르지 않다. 성수기 대비 손님맞이를 위한 듯, 클럽하우스 내벽 페인트 공사 중인데 서너 명의 페인트공이 벌써 일주일째다.

언제쯤 끝날지 오직 신(神)만이 안다. 우리는 한나절 일거리다. 전지 훈련생들을 위해 코스 전장을 늘리는 공사 중인데, 이미 오래전부터 시작했는데, 내가 여기에 온 지 보름이 지났는데 아직도 그때 그대로다.

캐디가 100여 명정도인 듯, 새벽 근무가 아닌 캐디들이 아침 일찍 나와 그린이나 페어웨이를 보수하는 모양이다. 그런데 내 눈엔 그냥 나와서 잡담이나 하다가 들어가는 것으로만 보인다. 더 웃긴 것은, 이를 감독하러 나온 매니저들조차 한데 어울려 그냥 논다. 막힌 배수관 공사가 며칠째 하세월이다.

그 손가락 없으면 군대도 안 간대요.

2019년12월16일

태국 민간병원은 의료비가 만만치 않아 웬만한 진료나 치료는 시골 동네에도 하나씩 있는 보건소에서 받는다. 단 열대과일을 많이 먹어서인지, 당뇨 환자가 많다는데, 오늘은 그들이 피검사를 받는 날인 듯하다.

어제 드레싱, 상처 부위를 알코올로 닦아내고, 뭐 그러는데 800밧, 우리 돈 3만 2천 원. 너무 비싸, 오늘은 보건소에 갔는데, 훨씬 친절하고 병원 못지않은 의료서비스다. 어딜 다쳐도 중요한 기능을 하는 데는 안 다치는 것인데, 이를테면, 오른손으로는 밥을 먹어야 하므로 삐어도 왼손인데, 난 어찌 된 영문인 지 열 손가락 중에서 제일 쓸모가 많은 둘째 손가락이 이 지경이다. 군 면제자가 또 한마디 한다. 방아쇠 당기는 시늉을 하면서, 그 손가락이 없으면 군대도 안 갔다고.

쓸데없는 걱정하지 말고 너나 맘 단단히 먹고

2018년8월15일

참 착한 아인데 보이질 않았다. 만나면 꼭 언제 가느냐를 물었던 아이, 내가 오는 날이면 방갈로 문고리에 말린 물고기를 매달아 놓던 친구였다. 그만두었단다. 수소문하여 찾았다. 데스크에서 일하는 아이들과 함께 시내로 나가 저녁을 같이했다.

"캐디는 언제부터 했는데?" "열일곱 살 때부터 십 년째요." 란다. 제법 통통한 아이였는데 살이 쪽 빠져 수심으로 가득 찬 얼굴이다. "왜?" 신랑이 이스라엘에 나가 2년이 되었는데 점점 전화가 뜸해지던 차. 함께 일하는 어른들이 "바람난 게 분명하다." 며 놀려대. "진짜 그런가?" 속상하고, 그들 입방아에 오르내리는 것도 부끄러워, 일도 그만두었고 10kg이나 빠졌단다.

"50여 년 전쯤, 우리가 가난하게 살 때, 지금 너희 나라 사람들이 한국이나, 대만, 이스라엘에 나가는 것처럼, 우리도 아낼 한국에 놔두고 독일에 탄광으로, 사우디아라비아 사막건설 현장에 나가 피땀을 흘렸지만, 그곳에서 바람을 피워 제 아내 가슴을 아프게 했단 소린 들어본 적이 없다. 되레, 한국에 있는 여자들이 바람이 나, 뼈 빠지게 일하고 있는 신랑을 아프게 하는 경우가 많았었다." 며,

"쓸데없는 걱정하지 말고 너나 맘 단단히 먹고 바람나지 않도록 해라."

"Don't worry. Be happy. No problem." 했더니,

금세 환하게 밝아지며 안도했다.

내 손을 잡으며 연신 고맙단다.

민 : 따뜻함이 느껴집니다.
부디 캐디가 편안한
마음으로 회복되어
다시 훌륭한 캐디로
일할 수 있으면 좋겠습니다.

건망증과 필드의 추억들

2019년7월15일

태국은 모계 중심사회.

그래선 지 시골에선 결혼해서도 친정 더부살이를 많이 한다.

한 녀석이 어디가 안 좋은지, 갑자기 말이 없어지고 얼굴색이 영 아니길래

"너 어디 아프니?"

그런데 답이 없어. 수소문해 봤더니,

"한국에 가 있는 제 신랑 녀석이 바람나서 이혼을 요구해 왔다" 는 거라.

한국도 세 쌍에 한 쌍은 이혼하는데, 아니다 싶으면 깨끗이 갈라서는 것도 한 방법이라고 일러줬는데, 오늘 아침엔 얼굴이 환하다.

"?"

새롭게 시작하겠다는 거다.

그래서 18홀이 있다.

"한 홀, 한 홀 매듭을 짓고 새로이 시작해 보라." 고?

캠프의 볼거리와 먹거리

금강산도 식후경

Everything goes better on s full stomach. - 속담 -

골프 스코어의 60%는 핀에서 125야드 이내에서 나온다.

- 샘 스니드, 생애 PGA투어 최다승(82승)을 거둔 거장 -

타버리고 나면 재만 남는데

2018년1월7일

태국 사람들은 노래며 춤,
그리고 여흥을 즐기며,
참 낙관적으로 산다.
주말엔 이곳 농카이 메콩강변의
나이트 바자가 성시를 이룬다.
으레 공연 무대도 함께 열린다.

오늘은 동네 할머니들이 전통의상을 입고,
흥겨운 가락에 맞춰 솜씨를 뽐낸다.
좀 특이한 것은, 무대와 관객이 하나다.
길 가며 구경하던 사람들이 흥에 겨우면 곧바로 무대에 올라
공연하는 사람들과 함께 두둥실 춤춘다.

그도 흥이 났나 보다.
그는 또 "새벽부터 장군님을 찾았어요." 란다.
그는 오늘도 요란하게 총질을 해댔으나,
자꾸만 표적을 벗어났다.
아무리 화약 장사가 많이
남는다곤 하지만,
타버리고 나면 재만 남는 것인데……

열대의 갈증? 망고! 사탕수수 주스!

2018년12월18일

망고를 파는 아낙이 맛보고 사라며 듬뿍 썰어준다.
어쩜 그렇게 맛이 있을 수 있을까? 과일 중 으뜸이라.
시장은 발 디딜 틈이 없다. 없는 것이 없고, 팔지 않는 것 또한 없다.
면봉을 사고, 사탕수수 수액을 사 마신다.
그 달콤함이 열대의 갈증을 말끔하게 씻어준다.

연인끼리.
아이를 안은 부부.
학교를 파하고 군것질하러 온 녀석들.
50대 아들인 듯 보이는 이가 밀어주는 휠체어에 탄 노파의 행복한 얼굴.
생기 넘치는 시장 사람들.
우리처럼 호객을 하지 않는다. 지나가는 이들에게 생긋 눈인사할 뿐.

거지는 있지만,
술에 취한 사람이 없고.
함부로 뱉거나 버리지 않고,
깨끗하게 정돈되어 있다.
사탕수수 대에 넣어 찐 찹쌀밥으로
저녁 한 끼를 거뜬히 해결할 수 있다.
넉넉하고 행복한 나라.
결코, 큰소리를 치거나 다투지 않고,
함께 나누며 더불어 사는 나라다.

이들에겐 한국이 꿈이고 희망이다. 하지만
나는 이들이 더 부럽다. 살 수만 있다면 여기 머물고 싶다.

캠프의 추억

드라이버는 쇼, 퍼팅은 돈.

You drive for show, but putt for dough퍼팅이 결국 승부를 결정함(돈 Dough=현찰의 은어)

- 보비 로크, 1950년대 퍼팅 명수 남아프리카공화국 골퍼, 디오픈을 4번 우승 -

대통령을 그만두니까 골프에서 나를 이기는 사람이 많아지더라.

- 행크 아론, 전설적인 메이저리그 홈런(755개로 역대 2위) 타자 -

호랑이는 배고파도 결코 풀을 안 뜯어

2018년6월17일

싸움은 아침 밥상머리에서부터 시작된다.

비행기에서 내린 지 하루가 지나 겨우 귀가 뚫렸다는 친구.

받은 마사지가 온몸을 들쳐 쑤셔놓아 아프지 않은 데가 없다는 친구.

내기를 별로 해본 적이 없어 핸디를 좀 받았으면 하는 막내.

어려서부터 적도의 기를 받고 커 홈구장에 온 것 같다는 친구.

수염도 깎지 않고, 단 한마디 없이 어금니만 깨물며 전의를 다지는 친구.

장유유서라며, "먼저 티샷을 하시지요."

"난 화이트 티 박스를 써야 하는데."

"그럼 저희도."

첫 티샷이 OB다. 친구들이 얼굴을 활짝 폈다.

"어르신 첫 샷인데 멀리건을 드리는 것이?"

"어른께선 그런 것 받지 않아."

"뭐하는 시어머니 보다 말리는 시누이가 더 밉다."

친구들은 초원의 맹수들이 사냥한 먹잇감을 놓고 다투듯,

이빨을 드러내며 라운드 내내 으르렁 거린다.

첫 홀, 다들 2nd 남은 거리가 5~60m라. 난 5번 아이언 칠 거리.

둘째 홀, 친구들의 거리에 눌려 또 OB……

한 친구가 또 거든다. 이런 모습이 너무 생소하단다.

다른 친구, "타이거 우즈도 9홀에 아홉 개를 오버하기도 하잖아."

훑어 챙긴 친구는 전반 끝나갈 무렵,

찬 것을 너무 많이 드셔 탈이 난 것같다나……

말이라도 하지 않으면 밉기라도 덜하지……

"오늘 어찌 되었어요?"

"응, 그래도 일당은 챙겼어……"

정성이 반이고 함께 익어간 시간이 반

NHR GA Certificate

우리나라 최고의 프로 골퍼도 그 아내 샷에 대해 한 말씀하자,

아내가 곧바로 치받는다.

֍ "그런 당신은 왜 그 모양인데?"

사정이 이런데도 남편은 아내의 샷에 눈을 못 떼고, 꼭 한 말씀씩 거든다.

하지만 아내들 하나같이 ֍ "너나 잘하세요!" 라.

이에 그만 머쓱해져 버리는 남정네들이 안타까울 뿐이라.

그런데, 여기 이 금기를 깬 국내 유일? 시인 부부가 있다.

시인은 언제나 다소곳이 듣고 따른다.

덕분에 재작년, 작년보다 많이 좋아졌다며, 테스트를 한번 받고 싶단다.

시인은 NHR GA, St Jone Koo로부터

No1. Certificate를 받고 마냥 흐뭇해하였다.

차현각 시인은 그의 시 "귀를 열다" 에서

반 반여, 정성이 반이고 함께 익어간 시간이 반이라 하였다.

언제 오냐? 쾌유와 사랑!

2019년11월14일

이틀 전, 몇 년 전부터 동안거를 함께 하는 어르신한테 전화가 왔다.

"언제 오느냐?" 목소리가 맑고 밝아졌다.

몇 해 전 간암 수술을 받았고,

월남 참전으로 얻은 고엽제로 수십 년을 투병 중인 올해 74세 어르신이라……

말씀이나 행동에서 생을 정리하는 듯한 느낌이 짙게 드는 어르신이었는데……

"쾌유?" 아니었다.

오래전 상처하여 혼자이신 어르신한테 사랑하는 여인이 생긴 것이다.

50세란다.

깔끔한 성품의 어르신이라 그가 사랑하는 여인도 그에 못지않으리라……

병마에 시달리면서도 월남전 이야기나 골프 이야기를 할 때면 신이 났으나 힘이 없었다.

그런데 일상이 밝고 맑아진 것이다.

사랑이었다. 어르신께선 이제 군대나 골프가 아닌,

당신이 사랑하고 있는 여인을 내게 자랑하고 싶었던 것이다.

어르신! 그 사랑에 오래도록 푹 빠지십시오.

"네, 빨리 들어가겠습니다."

20년의 한? 아니 버디를?

2019년1월3일

골프는 희망이고 기쁨이다. 시인은 20년이 넘는 구력인데, 라운드 마치고 집에 들어올 때면, 으레

"내가 도대체 이 짓을 왜 하는 것이지?" 였다.

이제 파가 쉬워졌단다. Par on이나 어프로치에 자신이 붙은 것. 버디도 어렵지 않게 낚는다고 이만저만 상기되어 있는 게 아니다.

"아니, 버디를?"

"오르막 라이였나요?"

"아니요, 옆 라이요."

"그것도 몹시 어려운 버디였어요" 라는 것이다. 낼모레면 그간 그를 짭짤하게 우려먹었던, 골프 친구들이 떼 지어 들어온다며, 잔뜩 희망에 부풀어 있다.

일망타진! 20년 한을 풀겠다는 것이다. 여기에 St. Jonekoo! "존재 자체가 구찌" 라 하여 붙여진 전설적인 닉네임을 가진 어른으로부터 아주 특별한 지도까지 받는 터라, 그 한풀이가 어렵지 않을 거라 전망된다.

골프는 희망이고 즐거움이다.

할아버지 혼낸 청출어람? 잘 다듬어진 샷!

2019년1월8일

할아버지와 손주. 할아버지는 우리들이 지독히도 못 살았던 시절인 1960년대 라디오 중계방송을 통해 접할 수 있었던 농구선수 출신. 그 후 방송인으로서도 크게 명성을 떨쳤던 분인데, 3년 전부터 이곳에서 겨울나기를 함께 하는 어르신이다.

올해는, 초등학생인 손주를 데리고 캠프에 오셨다. 참 자유분방하신 어른인데 잔뜩 긴장 중이다. 녀석이 할아버지 담배 피웠다고, 할머니에게 일러바쳐 할아버지가 되게 혼이 나셨단다.

할아버지의 유전자를 손주가 이어받은 듯, 손주는 이제 겨우 4개월 차다. 그런데, 샷이, 너무 잘 다듬어져 있다.

큰 어르신 골퍼 : 새로운 도전의 큰 기둥이 된 어르신

김승규

지난 2년 동안은 코로나로 함께 할 수 없었지만, 지난 몇 년 동안 같이했던 한 장군과의 전지훈련캠프가 그립구려. 어여 이 사태가 마무리되어, 긴 겨울을 한장군과 함께 할 수 있었음 합니다. 올해도 손주와 함께 그곳으로 전지훈련을 가려 하는데……

전 국가대표농구 선수 및 감독, 방송인

남의 떡이 더……

2021년 7월 29일

군대 시절, 식판에 배식을 받으면, 꼭 옆 친구의 밥이 더 많아 보였다. 한 친구 "클럽을 바꿔야겠다."

"왜?" "잘 안 맞아서……"

60대 중반 여성 "그 클럽이 우리네 같은 동양인들에겐 젤 좋다는 클럽인데…… OO도 그 클럽이고, OO도 그 클럽인데, 너무 잘 맞더라고요."

소 팔러 가는데 개 따라가듯, 새로운 모델 클럽이 출시되면 안 사고는 못 배기는 이들이 많다. 누가 입으면 나도 꼭 입어야 하고, 누가 치면 나도 꼭 그 채를 새로 장만을 해야 한다. 그래야만 자신이 업그레이드된 것 같은 착각에 빠지는 사람들이 생각보다 많다. 다 멀쩡한 사람들이다. 소위, 콩나물 사면서 좀 더 달라는 사람들이다.

못 간 하안거! 그 옛날을 들춰 봤다.

노인의 재능기부, 붙박이 마셜!

2019년1월8일

<전지훈련 캠프에서의 자원봉사>

캠프가 골퍼들로 붐빈다. 추위 피해 온 마니아들, 미래를 가꾸어 나가고 있는 훈련생들, 시즌을 준비하고 있는 프로들, 그리고 현지인들…… 경기 시간이 늘어지면서 레이어들이 짜증을 내기 시작한다. 골프장이 능히 소화해 낼 수 있는 내장객인데, 늑장플레이 때문이다. 해외 골프, 내장객들의 긴장이 풀린 탓도 없지 않지만, 통상 6~7명이 떼를 이뤄야 하는 현지인들의 늑장 플레이 탓이다.

내장객들이 지혜를 모은다. 경기 진행을 할 자원봉사자를 뽑아 하루씩 수고를 하기로…… 내가 좀 할 수 있는 일이 모처럼 생긴 듯하여 손을 번쩍 든다. 진행이 잘 이루어질 때까지 아예 붙박이 마셜을 하겠노라고, 카트에 깃발을 매달고 쉬지 않고 전 코스를 누빈다.

하루를 해냈다. 우리들은 손뼉 쳤고, 현지인들의 반응이 뜻밖에 좋다. 바짝 뒤따르며 빙그레 미소 짓고, 건넨 생수가 그 처방이었다.

그게 그렇게? 꿀먹은 벙어리의 냉가슴

2017년8월9일

이곳에서 한 달여 머물면서 친구 셋에게 거의 매일 '집단폭행?' 수준으로 당했다는 친구.

이 친구는 심인성 질환이 깊어 내게 몇 번 진료와 처방을 받았던 친구.

새로이 저들과 싸워 이길 몇몇 공격 포인트와 방어전략을 일러줬다.

그랬더니, 어제 대첩을 거둔 후, 내일로 예정되었던 귀국 항공편을 닷새나 연장하며,

"그간 당했던 수모와 치욕을 천배 만배로 돌려주고 가겠다."

"여보게! 저들도 빨치산 토벌이며, 월남전, 안 치러 본 전쟁이 없는 전사들이다네……"

이 친구는 오늘,

전반 18홀 내내 갈퀴로 쓸어 담았고,

녀석들은 꿀 먹은 벙어리가 되었다.

이 : 어떤 팁을 주셨길래…… 그분 항공편 연장한 보람이 있었네요. ^^

: 후반 18홀도 선전했나 봐요…… 하얀 이빨 드러내며 레슨비라고 듬뿍 쥐여 주네요.^^ 그것도 친구 녀석들 보는 앞에서 말입니다……

이 : 그래도 그분이 귀가 열려 있어서 도움받은 거지요. 아무리 좋은 얘기도 못 받아들이는 사람이 더 많은데…… 저에게도 한 수 가르침 부탁드립니다.

한 컷, 한 컷 그 편린을 모아……

2019년2월9일

ㄱㄴㄷㄹ…… ㅏㅑㅓㅕ……

자음과 모음을 엮어 글자를 만든다.

그 글자에 생명을 불어넣어 문장을 만들고,

우리는 그것들을 숨 쉬게 한다.

드라마는 한 컷 한 컷 모은 조각에 생명의 혼을 불어넣는다.

하여 촬영할 때 보면, 그저 지루하고 싱겁다.

출연진으로 보이는 아이들과 촬영 기사들이 며칠째 비지땀을 흘린다.

들리는 바에 의하면, SBS GOLF에서 방영할 프로그램을 제작 중이란다.

십수 년 전 우연히 목격했던 영화 촬영처럼 싱겁고 어설프기 짝이 없다.

출연하는 아이들의 맵시나 꾸민 것은 그럴듯한데

OB에 뒤땅, 생크, 머리……

그야말로 야단법석이다.

난장(亂場)판이다.

재즈의 즉흥 합주(improvisation)다.

하지만 이 그림들을

PD가 어떻게 살려낼 것인지?

궁금하다.

비거리가? 예나 지금이나 실력은 도긴개긴

2019년12월11일

예나 우리나 크게 다르지 않다.

볼 치는 이들 집에 가보면 트로피 한둘은 다 있다. 홀인원은 그렇다 쳐. 무슨 싱글이네, 이글이네, 위너이네……

어떤 중증 중독자 집에 갔더니, "다 보기" 패까지 무슨 가보처럼 번질번질 닦아 놨다. 이 동네 의사들의 연말 납회인 듯했는데, 제약사들 협찬으로 보이는 시상품이 참가인원보다 더 많다. 좀 있어 뵈는 트로피들이 웬만한 PGA 시합보다 많다. 필드 곳곳에 깃발까지 나부낀다.

골프는 거품이 차고도 넘친다. 핸디가 그렇고, 비거리도 그렇다. 어쩌다 한번 싱글을 하면, 그는 평생 싱글 골퍼다…… 프로들이야 증(證)이 있으니 그렇다 쳐. 넌? 트로피가 있어 그래? 내리막, 뒤바람에 정말 어쩌다 한번 잘 맞아 250m를 나갔다면, 이때부터 이 친구는 드라이버 비거리가 케리 250m가 된다. 퍼팅은 또 어떤가? 20m짜리, 빗맞았지만 들어가, 지난번 들었을 땐 10m였는데, 오늘부터는 20m가 된다.

잘못 맞은 칩샷이 버디가 되었다 하면, 이 친구는 이때부터 다른 것은 몰라도 어프로치 하난 자기가 당대 최고수가 되는 게 골프다.

소나기라도 한바탕 내려줬으면 하는 더위다.

2021년 7월 29일

소나기라도 한바탕 내려줬으면 하는 더위다. 캠프의 여름도 물론 뜨겁지만 건조하여 샷을 한 후 이동 간 저 야자수 그늘에만 들어가면 시원했다. 인터벌이 좀 긴 친구들과 함께할 경우엔, 흘린 땀을 식히기에도 충분했다. 작년 겨울만 해도 올여름 하안거를 기대했었는데 동안거조차도 쉽지 않을 것 같다.

더위 탓도 있지만, 방역 강화로 샤워 시설조차 이용이 통제되자, 인산인해를 이루던 필드도 좀 여유가 생긴 듯하다. COVID19, 재앙이다. 한쪽에선 출퇴근 시간대 붐비는 지하철은 놔두고, 왜 우리만 못살게 구느냐 아우성치지만, 우리 모두의 힘과 지혜를 모아 극복해 나가야 할 과제다.

골퍼 스승 : 멘털을 다지는 트레이닝 북

황승재

골프는 겉으로 보이는 것보다는
멘털에 좌우되는 게임!
장군님과의 많은 골프 수행으로
다져진 멘털 덕분에 아직도
'골목대장' 체면 구기지 않고 잘 치고 있습니다.
이 책을 감히 '멘털 트레이닝 북'이라 부르고 싶습니다.

에이앤큐플랫폼 대표; ㈜코마코리 커뮤니케이션즈 대표

인생을 가르쳐준 라운드

2014년 7월 29일

그는 항상 이렇게 그녀의 뒤에 있다.
나만큼은 아니지만, 이 친구도 제법 연식이 되었는데……
그러나 나는 언제나 아내의 저 멀찌감치에 있다.
어쩌다 함께 나들이할 때도, 마치 서로 남남인 양 아주 저 멀찌감치에……
그는 라운드 내내 아내의 페어웨이 벗어난 볼 줍기 바쁘다.
언제나 "굿~샷!" 이고, 샷 후엔 빠짐없이 박수와 갈채를 보낸다.
나는 그녀에게 샷을 훈수했지만, 그들은 내게 「인생」을 가르쳐주었다.
늙어, 내 등 가려울 때 긁어줄 이는
지금껏 함께 살아온 저 멀찌감치에 있는 아내뿐 일 텐데……

이런 것은 어때요? 편한 골프용품들!

2019년 1월 28일

골프용품으로 개발에 박차를 가해야 될 용품들.

① 이(齒) 갈리는 친구 녀석들 만났을 때 낄

'마우스피스'.

② 깐죽거리는 친구 녀석들 따돌릴 때 뿜어낼

'스컹크'.

③ 얄밉게 잘 치는 친구 녀석들 자빠뜨릴

'리모트컨트롤러'.

④ 한때도 다물지 못하는 주둥이 닫게 할

'공갈 젖꼭지'.

⑤ 내 그린피 자기가 안 내고는 배길 수 없는

'그린피 자동결제 시스템'.

: 연전에 필드 적용한 바 있는 저 4번 용품 잘 소장하고 계신 가요?

전 : 저건 육 척 거구님과 솔트 회장님 거였어요~^^

: 아! 그랬었군요.

4 나와 싸운 전쟁

NHR(나홀로) 챔피언십

NHR 챔피언들

BMW와 티코

자기자신과의 싸움에서 지지 않는 인내심을 기르는 것이 가장 중요!
- 발레리나 강수진 -

NHR 챔피언들

퍼터를 들고 오래 걷는 것은 행복이다.

- 그렉 노먼 -

귀로 퍼팅하라(Putt with your ears)

- 잭 화이턴(퍼트의 달인) -

NHR 투어 프로 : 골퍼의 삶에 위안과 희망을

이용규

스카이72 골프앤리조트 태동부터, 거의 20년 동안 인생의 스승이자 멘토로 모시고, 같이 했던 어른께서 책을 내셨다. 30년 동안 초록색 필드에서 매일 보고, 듣고, 느끼며 깨우친 삶의 지혜를 웃고, 울며 날것 그대로 생생하게 함축한 골프 인생의 농축액(Extract)이다.

인류 역사를 흔히 '인류의 역사는 전쟁의 역사다' 라고 말한다. 동서양을 막론하고 인류는 개인, 집단, 사회, 국가, 민족, 종교, 인종 간 대립과 갈등, 전쟁의 역사가 계속되어왔다. 전쟁의 새 버전인 스포츠는 NFL, MBL, EPL 등의 리그를 통해 인류 격투 본능을 해소하고, 전쟁 도구였던 활, 칼, 총과 전투기술을 대신해 올림픽과 월드컵에서 국가 간 보이지 않는 전쟁을 치른다.

전 세계 유명선수들이 참가하는 골프투어가 열리면 '필드 위의 소리 없는 전쟁', '별들의 전쟁' 등의 헤드라인이 스포츠 지면을 장식한다.

골프투어에 참가하는 선수들은 스폰서나 국가를 대신해 최고의 샷을 겨룬다. 이때 미디어, 골프용품 회사, 스포츠마케팅 회사, 의류업체 등이 총성 없는 전쟁을 한다. 골프와 인생은 닮은꼴이 많다고 한다. 골프와 인생에 관한 수많은 지식과 이야기들을 담은 책들도 즐비하다.

'골프는 전쟁이다' 는 흔한 마케팅이나 리더십 분야의 서적도 아니며, 골프 스킬을 향상하는 교습서는 더욱 아니다. 연극처럼 살아온 30년 골프인생 동안 직접 참관하며 기록한 비망록이다. 이 책은 일기 한 편 한 편마다 배인 저자의 인생사와 골프에 대한 열정을 느낄 수 있다.

처음부터 끝까지 단숨에 읽어도 좋고 마지막 우승 퍼트를 남겨둔 듯 충분히 긴 호흡으로 틈틈이 펼쳐보며 구절을 되새겨 봐도 가치가 있다. 전쟁처럼 치열하게 사는 삶에 위안과 희망을 준다.

장수골프리조트 대표

NHR 투어 챔프 : 골프와 인생에 동반 성장

김상영

장군님 함께 한 15년 동안,
무지갯빛의 골프뿐만 아니라,
천태만상의 온갖 인생에 대해서도
저 역시 많이 배우고 성장했습니다.
사랑합니다.

㈜ 에이앤큐플랫폼 대표 (전) 세현 CC 본부장

2014 상반기 NHR 챔피언십 챔프등극

2014년 5월 21일

발대식과 함께 치루어진 NHR 챔피언십 우승 프로님들께 축하와 박수를 보낸다.

스카이72 바다코스 레스토랑. 2014 NHR 챔피언십을 축하하기 위한 아주 특별한 디저트. 참 솜씨 좋고 재치 있는 세프다. NHR? 나 홀로의 이니셜이다. 샷은 뭐가 좀 걸려 있어야 제맛을 느낄 수 있어 이 타이틀을 걸어 놓고 노인이 그의 지인들과 함께 즐기는 그런 챔피언십이다.

스카이72 오션코스. 오늘은 신입 캐디 테스트와 HM. JEON의 프로 데뷔전이 같이 치러졌다. 디펜딩 챔프 KD. HAN. 참 어렵고 힘든 시합 타이틀 방어에 실패하였다. 노인의 머릿속엔 손뼉 칠 때 떠나라는 말이 떠나질 않았다.

2014년 8월 14일

「나 홀로」급에서「세계로」 수준으로 처음 개최된 챔피언십에서 새로운 챔프가 등극하였다. 챔프! 「SY. KIM」 무릇 늙은이의 얼굴에서는 그의 지나간 시절을 볼 수 있듯, 챔프! 그 간지 난 뒤태에서 볼 나간 방향과 거리를 알 수 있었고, 동반 플레이어를 배려하는 매끄럽고 품격있는 매너와 「세계적 수준」 퍼팅이 돋보이는 감명 깊은 챔피언십이었다.

최 : 축하드립니다. 하하. 김 챔프님! 공한증 극복하시고, 챔프 자리까지! 하하.
우리 모두 장군님께 감사드립니다. 하하.
즐거운 라운드였습니다. 하하.

NHR 투어 챔프 : 함께한 공간과 순간의 향내와 발자취들

전형민

'골프는 이마의 주름살처럼 굴곡으로 깊이를 자아낸다.
동이 트기 전 이른 새벽이면 늘 엔진 소리가 요란하다.
비가 오든, 바람이 불든, 눈이 오든 그 소리는
골프장의 시작을 알리는 알람 같은 교향악 "운명"이다.
농작물은 농부의 발걸음을 기억한다고 한다.
자주 찾아주고 아껴주면 그 발자취만으로도
관심을 받고 사랑을 느끼고 이내 열매로 그 보답을 한다고 한다.
서로서로 관심과 보답으로 이루어지는 골프장은
스스로 그렇게 되는 자연인으로 거듭나는 환생 공간이다.
흰 이슬 속 새벽이든, 파란 별빛 아래 한밤이든,
환상의 공간에서 우리는 광기 어린 눈빛과 야수의 손놀림과 몸짓으로
나타나고 헤어지기를 반복한다.
십인십색의 목적은 건강이요, 접대요, 사교요, 성공이고…….
각양각색의 치장은 옷이요, 액세서리, 모자요, 신발이다……
아름다움의 화장은 눈이요, 입술이요, 손톱이요, 머리요……
천지인이 공명하는 시공간에서 만나고, 웃고, 즐기는데……
누군 버디로 종종걸음에 온 세상을 다 얻은 착각으로……
누군 오비로 사라진 허공에 세상 원망하는 표정으로……
누군 돈 잃고 공손한 빈손에 맑은 어린애의 눈망울로……
누군 핸디 정리와 캐디피 먼저 주는 개선장군의 포효로……
누군 자존심도 버리고 호구 찾는 하이에나의 흰 이빨로……
골프장은 삶들의 마당극 한판을 펼치는 무대다.
나는 기억한다. 그 공간에서 가장 멋진 순간을……
"할아버지!" 님의 기록, 님의 향내, 님의 발자취 등……
그 자체가 살아있는 증인인 것을……

해비치CC 본부장

전과 동이야. 뭐가요? 오늘도 멀리건은 셀프야

2021년 8월 30일

샷이 꽤 매끄러운 녀석인데 이 친구는 9홀을 돌면서, 멀리건을 8번이나 쓴 진기록 보유자. 100돌이야 그럴 수도 있겠지만, 이 친구는 본디 볼을 배웠던 자다. 그 후 친구는 멀리건 김으로 온 동네에 회자하였고, 샷보다 얼굴로 사는 녀석들 사이에선 이른바 축에 끼워주지 않았다. 자기 동네 누구도 절대 그를 인정하지 않지만, 자칭 동네 제1인자라는 친구. 준비 좀 단단히 하고 오란다. 이미 장외 시합은 벌어졌다.

"무슨 준비?" 이제 전 같지 않으니까, 돈으로 막는 길밖에 없지 않겠느냐는 말이다. 얼핏 듣기엔 노인을 퍽 생각하는 말 같지만, 노인과 함께하며 그간 당해왔던, 온갖 수모로부터 어서 벗어나야겠단 소리로 노인에겐 들렸다.

녀석한테는 내 샷엔 신경 쓸 필요가 없다. 그 장타에 까무러칠 듯 놀라 주고, 그래도 잘 나가면 친구의 역린인

"그때, 그 볼은 찾았던 거지?" 이 말이면 되고. 물론

"멀리건 김, 첫 티샷 시 전과 동이야."

"뭐가요?"

"오늘도 멀리건은 셀프야." 이 말이면 된다.

"아주 완벽히 까불고들 있어."

NHR 챔피언 쉽에서 윤하늘과 김바다 선수

2014년3월23일

윤하늘 선수! 골프는 보여주는 운동이 아니다. 자기 자신과 홀로 하는 수행이다. 사진은 김바다 선수의 스카이72 하늘코스 11번 홀 티샷 후 뒤태다. 이제 막 데뷔한 윤하늘 프로가 스윙이 참 예쁜 김바다 프로에게 도전장을 낸다. 결과는 무참한 패배다. "오늘의 패배를 설욕하기 위해 다시 태어난다는 각오로 재도전할께요. 각골난망하고 분골쇄신하여 와신상담을 이루겠나이다!" 카톡이 왔다. 아이를 둘씩이나 키우며 운동을 하는 아줌마 윤하늘에게 딸키우는 아버지의 뜨거운 박수를 보낸다.

카톡에서 어떤 녀석은 "역시 골프는 구력이라고 선조들이 말씀하셨습니다. 하하 김바다 승리라 역시 골프는 바다가. 흐흐". 어떤 녀석은 내 사진 솜씨만 보면서 "카메라가 좋은 건가요? 날아가는 하얀 공이 뚜렷이 보입니다. 굿샷. 그리고 윤 줌마 파이팅입니다." 또 어떤 녀석은 김바다 프로의 샷에 꽂혀서, "공에 앞 그린 분들 제대로 맞겠는데요 ㅎㅎ…… 중계 카메라 수준입니다."

내 사진 찍는 수준이 프로수준이 되었나? "휴대폰으로 찍은 건데 어쩌다 한 번씩 잡힌답니다." 자화도취가 하늘을 찌릅니다. 그러자 한 녀석은 "으하하……모두 다 챔프들이세요……" 오늘 내 기분도 매우 좋다.

BMW와 티코

좋은 골프 파트너는 나를 두려워하며 실수하는 사람.

\- 도원 -

파트너가 6타나 7타를 쳤는지 기억해 내느라 애를 쓴다면, 아마 8타를 쳤을 것이다.

\- 스코틀랜드 명언 -

돌아온 NHR 티코 챔프

2014년 6월 4일

오늘은 신입 캐디 교육생 테스트 날,

"세 분 교육생 캐디님들, 지난 3개월여, 고생 많았습니다."

"합격입니다."

"축하합니다."

돌아온 NHR 티코 챔프

짝퉁 BMW였던 KMW의 나홀로 챔프 타이틀은,

삼일천하로 막을 내렸다.

티코를 완전 폐차시켜버렸다고 기뻐 환호했던 그였는데..

돌아온 황제는

다 낡아빠진 티코의 바퀴며 변속기를

다시 손질하고 있었다.

다음 시합 한 번만 더 이기면,

그간 모아뒀던 얼마의 돈에 보태어

타이어를 바꿔야겠다고 마음먹었다.

자칭, 폭스바겐이라던 NHR 원년 멤버 한 녀석은

댓글에서 다시 튜닝해 덤비겠단다.

맞붙은 BMW와 티코, 그랑프리는?

2014년 5월 22일

재야 무림계의 최고 검투사 페라리, 날 선 기량의 BENZ, 한 치 빈틈을 찾아볼 수 없는 칼잡이 BMW.

이 세 검객과 내용년수가 거의 다 되어가는 티코의 진검승부.

어처구니없게도 「티코」였다.

페라리는 어인 일인지 제 성능에 훨씬 못 미치는 기량이었고,

벤츠는 경주로를 벗어나 이리 부딛쳐 저리 뒹굴었다.

비엠더블유는 기관 고장으로 표류하다가 한바퀴 남겨넣고 기사회생.

티코의 스마트한 스타트, 무리 없는 주행, 소프트 랜딩이 돋보인 하루.

연식이 다 돼 털털거렸지만 그랑프리이었다.

NHR 투어 챔프 : 아름다운 무림 검투사들의 진검승부!

최도민

페라리, 벤츠, 베엠터블유, 티코 등 무림 검투사들의 진검승부가 아름다운 추억입니다. 공한증(恐韓症)은 언제쯤이나 벗어날 수 있을까요? NHR 역대 챔프들의 전후(戰後) 승부도 아름다웠습니다. 많은 추억을 함께 할 수 있는 현장들이 곱게 엮어졌습니다. 수고하셨습니다.

전) 큐로CC 본부장

동반 골퍼 : 골프 홀 방정식을 아시나요?

류재갑

1,3,5,7 / 2,4,6,8 처럼

띄엄띄엄 알았던 골프였는데,

General Han 프로님 덕분에 골프의 무림 세계를 경험하였습니다.

108 번뇌의 섬세한 구찌(?)와 "승자의 아량"이라는 덕목을 배웠습니다.

어른께서는 핸디를 후하게 주시는데, 통상 6번 홀에서 이를 다 회수하고,

12번 홀까지의 라운드에서 캐디 피를 주며,

나머지 6홀에서 딴 돈을 18번 홀을 마치고 돌려주시곤 했습니다.

이런 홀 방정식, 6번 홀, 12번 홀, 18번 홀 방정식을 배우게 되었고,

미세한 흔들림의 순간포착 능력까지 배우게 되었습니다.

골프는 인생의 축소판이더군요……

이런 신세계를 실천으로 보여주신 General Han 프로님께

진심으로, 골프 무림 세계 사부님을 모시는 제자의 예(禮)로써,

"구배지례(九拜之禮)" 를 올립니다.

워커힐 지배인

5 원수와 웬수들

골프장의 수행

좋은 레이스를 펼치려면
골프는 수행(修行)
골프장의 진상들
천태만상 필드

사랑과 퍼팅은 불가사의한 숙제이다. 이 두가지 모두 푸는 것은 골퍼에게는 무리다.
(Love and putting are mysterious to solve. Both subjecs are beyond golfers)
코미 아머 -

좋은 레이스를 펼치려면

골프는 인스피레이션(영감)과 퍼스피레이션(땀)의 게임이다.

- 렉스 비치, 미국 소설가로 영화 [어벤저스] 등의 원작가 -

동반 골퍼 : 사업 비전 제시와 추진력의 강장제

김태근

아직도 보기 플레이로 명랑 골프를 즐기는 너무나도 평범한 골퍼가 잠시나마 추억 여행을 떠나봅니다.

지금까지 살아오면서 가장 전성기(?) 시절이었던 2000년대 초였습니다.

그 당시 대기업을 떠나 자그마한 벤처 기업으로 이직하여 사업 본부장으로 역할을 다하며 회사를 코스닥에 등록하였고, 그동안의 노력에 대한 보상도 받고 새로운 사업 준비를 위해 능력자이신 회장님을 모셔왔던 기억이 아직도 생생합니다.

회장님은 아우라가 느껴질 만큼의 포스와 품격이 느껴지셨고, 항상 온화한 미소로 직원을 대해주셨지만, 사업에 대한 비전 제시와 추진력은 전쟁을 이끄는 장군과도 같았습니다.

회장님과 함께 많은 사업을 성공적으로 진행했습니다.

그 당시에 많은 준비를 하고 실행 직전에 접을 수밖에 없었던 스크린 골프 사업은 지금도 가끔 무용담으로 회자하곤 합니다.

사업을 위해서 골프를 배워야 한다고 저를 골프에 입문시켜주셨고, 스카이72에서 새벽 라운드로 샷 점검도 해주시는 인자함을 보여 주시고, 페이스북에 올리는 해학과 풍자의 글로 인생을 가르쳐 주시는 회장님!

일 년에 365회 이상 라운드를 하실 정도의 골프에 대한 열정과 에피소드가 가득 담긴 "골프는 전쟁이다" 출간을 축하드리면서 격하게 응원하고 있습니다.

회장님, 출간 기념으로 저랑 내기 라운드 한판 하실래요?

㈜ 에이앤큐플랫폼 대표

골프계명: 골프, 90타를 깨려면

2018년1월19일

① 욕심 버리고 부드럽게 샷을 하라.

그냥 힘껏 내지르고 싶은 겁니까?

근심과 두려움, 탐욕에서 벗어나야 한다. (법구경)

② 샷은 내가 하지만, 그 샷이 나를 만든다.

샷과 나는 둘이 아닌 하나다. 좋은 샷을 해야 한다.

어진 아내는 귀한 남편을, 악한 아내는 천한 남편을 만든다. (명심보감)

③ 잘 맞고 있을 때 제일 조심하라.

화(禍)는 위험할 때가 아닌, 편할 때 온다. (김시습)

군자는 가장 성(盛)할 때 더욱 조심해야 한다. (채근담)

④ 길은 가까운 데 있고, 일은 아주 쉬운 데 있다.

먼 곳 어려운 곳에서 찾지 마라. (맹자)

바로 내 앞에서 치는 이가 나의 거울이다.

나를 따르는 자가 나의 선생이다.

보고, 배우고, 깨우쳐야 한다.

⑤ 마음에 없으면 보아도 보이지 않는다.

들어도 들리지 않는다. 먹어도 그 맛을 모른다. (대학)

누가 부르니까 나가고, 어제처럼 오늘도 그대로라면.

왜 비싼 돈 들여, 시간 죽이며 골프를 하는 겁니까?

⑥ 좋은 샷은 결코 거저 되지 않는다.

좋은 활은 잡아당기기 어려우나, 멀리 날아가고 깊이 들어간다. (묵자)

지금 나의 샷이 그리되어야 한다.

⑦ 뿌리 깊은 나무는 바람에 움직이지 않는다. (용비어천가)

내 샷이 바람에 흔들려서야 되는 겁니까?

골프계명: 고수의 내기골프 10계명

2021년 7월 19일

① **덤비지 않는 친구는 베지 말아라.**
앓겠다는 친구를 굳이 끄집어들이지 말라는 것이다.

② **비틀어 먹지 말아라.**
쑤시되 비틀지는 말라. 만세를 부르면 받아주라는 말이다.

③ **핸디는 달라는 대로 줘라.**
그만큼 녀석들이 이미 떨고 있기 때문이다.

④ **멀리건을 무제한 줘라.**
멀리건 받고 똑바로 나가는 볼이 별로 없음이다.
그냥 편하게 셀프 멀리건을 쓰라 해도 무방하다.

⑤ **가려 먹어라.**
필드에선 섭생에 유의해야 한다. 배고픈 맹수들도 어린 짐승들은 잡아 먹지 않는다. 또, 18개월 이상 쇠고기는 먹지 않는 게 나을 수 있다.

⑥ **관대하라.**
친구들의 볼이 깊은 러프나 디봇에 들어가 있으면 꺼내줘라. 그래야 또 뒤땅이 나온다. 정리되어있지 않은 벙커에 들어가 있으면 벙커를 잘 정리해 줘라. 그래야 친구들이 더블파를 하기 때문이다.

⑦ **Good shot! Great! Fantastic! Lovely! 등 현란하게 칭찬하라.**
그래야 친구들이 더 무너지게 되고 지갑이 더 두꺼워진다. 진짜 놀라는 척하라. 나는 요샌 "Good job!"을 소릴 목청껏 외치고 있다.

⑧ **버디나 이글은 더블판에 하라**
이유는 간단하다. 그래야 판을 더 키울 수 있다.

⑨ **추임새 넣는 것도 잊지 말아야 한다.**
추임새는 판소릴 할 때 흥을 돋우기 위해 하는 것인데, 그린 아웃 할 때 멀쩡하게 퍼팅 잘하는 친구를 불러 "넌, 퍼터를 완전히 닫아 놓고 하는 것 같은데 너무 정확해. 나도 그렇게 해보려는데 잘 안되거든……" 다음 홀 그린에 올랐을 때 퍼터를 들고 "이렇게 하는 것이냐"고 또 물어보라. 그래야 녀석의 퍼터를 망가뜨릴 수 있다.

⑩ **딴 돈은 모두 돌려줘라.**
하루는, "언제나 지갑"이었던 친구가 모처럼 딴 돈 챙기며 케이크나 하나 사가겠다고 하더니 전화가 왔다. 귀가 중 가드레일을 들이받아 견적이 수백이 나왔단다. 필드에서 챙긴 돈은 필드에서 써야 한다.

골프계명: 주말 골퍼 7계명

2020년1월16일

① 착각하지 말자.

나는 BTS나 전인화가 아니며, 더 더구나 혁명가가 아님을 명심하자. 아무도 내 샷에 관심을 두지 않는다. 하여 뭘 보여주려 하지 말자. 또 내 샷이 뭘 뒤집을 만한 게 못 된다는 것도 유념하라.

② 땅(더블)은 받는 것이지 네가 치는 게 아니다.

머리에 쥐가 나고 열이 오른다 해도 함부로 나대지 말라.

땅 쳐서 먹는 녀석 열에 하나나 된다.

③ 절대 오버하지 말자.

친구들 오비 나고 해저드 들어갔을 때 제일 조심하라.
다 죽이겠다고 나대지 말라.
그러다 내가 되레 죽는 걸 난 너무 많이 보아 왔다.

④ 돈 아껴 쓰자.

승부는 마지막 한두 홀이다. 좀 먹었다고 그늘집 미리 계산하고 캐디피 먼저 냈다 망신당하는 친구 부지기수였다.

⑤ 상대를 함부로 얕보지 말자.

녀석들 샷이 나보다 한 수 위다. 인정하고 고갤 숙일 줄 알아야 한다.
샷만 보고 친구를 너무 띄엄띄엄 봐선 안 된다.

⑥ 핸디 가지고 너무 징징 대지 말자.

그 순간 나는 이미 지게 된다. 또 받은 핸디를 내 것으로 착각하지 말라. 받은 만큼을 더해 내놓으면, 그게 내 본전이라고 알아두면 절대 돈 잃을 일 없다.

⑦ 뿌린 대로 거두자.

잃은 만큼 딸 수 있는 게 골프다.
그냥 밑밥 던지는 것으로 생각하면 편해진다.
투자라 그렇게 편케 생각해……
화약 장사가 많이 남는다지만,
하지만, 불나면 끝장난다는 것, 또한 명심하고 질러야 된다.

골프계명: 재테크를 위한 7계명

2020년1월16일

내기 골프에서 돈을 따려면

① 까무러쳐 버려라.

굿~샷! 따위론 어림없다. 그냥 까무러칠 듯 소릴 질러라.

그래야 녀석들이 더 힘을 쓰기 때문이다.

② 자꾸 물어봐라.

"어프로치가 환상인데 백스윙과 다운스윙 때 힘의 배분을 어찌해?"

그도 이게 무슨 말인지 잘 모를 게다. 이때를 놓치지 말고,

"어떤 이들은 3:7이라고도 하고, 어떤 친구는 6:4라고도 하던데……"

고갤 갸우뚱하면서 말끝을 꼭 흐려야 한다.

③ 저 녀석들에게 들릴락 말락 한 소리로 뭔가를 자꾸 중얼거려라.

녀석의 집중력을 분산시켜야 하기 때문이다.

"헤드 업이 심한데도 임팩트가 너무 좋아……"

④ 어쩌다 내 볼이 제대로 갔을 땔 놓치지 말라

반드시 물어야 한다. 못 본 척 "내 볼 어디로 갔어?"

녀석들에게 확인을 시켜 힘을 들어가게 하기 위함이다.

⑤ 녀석의 볼이 해저드 방향일 땐 절대 뒤따르지 말다

녀석들이 젤 잘 질렀을 때,

한 수 배웠다는 모습으로 뒤따르며 혼잣말로

"완벽한 버디 찬스네." 하면서 얼른 빠져라.

⑥ 녀석들이 박수하면 운(運)으로 돌려라.

"운으로 들어갔는데 뭘……" 하여 두 번 죽여야 한다.

⑦ 니빼(니어 + 버디)나 롱기스트를 했을 땐 그냥 돌려줘라.

"이건 운으로 한 것" 이라며……

출중한 실력보다 운 좋은 녀석이 살찐다.

골프계명: 노(老) 골퍼를 지키는 7계명

2020년1월16일

곱게 늙어가는 골퍼가 되려면

① 묻지 않으면 말하지 않는다.

그를 가르칠 이, 그가 배울 이가
나 아니더라도 부지기수이기 때문이다.

② 남들이 좀 무시하거나 업신여기더라도 그러려니 한다.

필드에 나온 좀 굼뜬 늙은이들에게
내가 어찌했나를 생각해 보면 그 답이 나온다.

③ 젊은 친구들은 가급적 피하자.

소싯적 250을 찍었던, 핀 방향이던 볼이며,
대면 들어갔던 퍼터에 대한 추억에서 벗어날 수 없기 때문이다.

④ 할 수 없는 것은 아예 시도조차 하지 말자.

굳이 Par on에 목숨 걸지 말라는 이야기다.
그냥 붙여서 Par를 해도 되니까.

⑤ 모든 것을 어르신께서 직접 하자.

얼마 남았냐 묻지도 말고, 볼도 직접 닦아 놓고,
그린에 올라갈 땐 퍼터도 손수 뽑아 들고 가자.
기왕 하는 것 혼자 사는 법을 골프에서 익히자.

⑥ 그저 힘닿는 날까지 할 수 있는 게 있다는 것만으로도 감사하자.

샷은 어찌 좀 잘해보려는 순간 곧바로 스트레스가 된다.
구름에 달 가듯이 그저 그렇게 치면 된다.

⑦ 능력껏 베풀자.

어쩌다 가끔 찾아오는 가족들보다
지금 함께 라운드하고 있는 이들이 더 소중하다.
늙음을 자연스럽게 맞이하면서, 꺼내 베풀자.
그저 감사해하면서……

골프계명: 염라대왕에게 보내고 싶은 위너 탑10

2015년 2월 25일

저승사자를 불러 염라대왕에게 보내 버리고 싶은 위너

① 자기보다 한 수 아래 애들하고 하며,
멀리간 주면 냉큼 받아먹는 친구.

② 앞자리 앉아 침 뱉어가며,
딴 돈 자꾸 세는 친구.

③ 파 5, 2 온 핀 방향으로 붙이며 캐디한테 그린 오버 됐지?
천연덕스럽게 묻는 친구.

④ 티박스 내려오며 250 때려놓고
거리 줄었다고 투덜대는 친구.

⑤ 빨대 대고 쪽 해놓고
겨우 본전 했다며 딴전 부리는 친구.

⑥ 언제 본전? 화약 장사 많이 남는다는 둥
자꾸 땅 유도하는 친구.

⑦ 돌려줄 듯 얼마 잃었어? 톨게이트 비가 얼마지?
몇 번씩 물어보다 끝내 버릇됨 안 된다며,
입 싹 씻어버리는 친구.

⑧ 가뜩이나 열 받아 땅 치는 친구에게
"나야 좋~지!" 누런 이빨 드러내며,
히죽히죽 웃는 친구.

⑨ 어쩌다 한번 잘 맞은 볼 마음에도 없는
lovely! great! fantastic! 연호하며,
까무러칠 듯 연극하는 친구.

⑩ 오늘 고마웠어…… 마무리 부아 돋우는 건 기본.
뒤풀이 문자까지 친절히 보내며,
확인사살까지 하는 친구

한 30수 나갔지?

2020년5월11일

샷이 참 멋지지 않습니까? 7년 전 사진인데, 지금은 네 살배기 쌍둥이 엄마.

볼을 좀 치는 이들이 흔히들 하는 말,

"골프는 내길 해야 는다." 라며 한 수 아래들을 꼬드긴다.

하여 자기가 초보일 때 당했던 그 아픔과 설움들을 녀석들이 시달리는 것을 보며 즐긴다.

"내기해 봤어?" "네, 내길 해야 는다 해서요……"

"그럼, 우리도 내길 해볼까?" "당근이지요."

"돈 많이 가져왔어?" "네, 두둑이……"

아인, 탈탈 털렸다. 5만 원짜리가 나올 때마다 난 놓치지 않고 묻는다.

"오늘 너무 과용하는 것 아냐?" "아직은 요……"

녀석은 아주 식겁을 했다.

"오늘 저녁은 내가 살게. 그것도 자연산으로……"

저녁을 함께하면서

"한 30수 나갔지?" "네, 어떻게 그렇게 정확히……"

"응, 난 표정만 봐도 알 수 있거든."

"오늘 식사는 김 프로가 사는 게야"

"다들 고맙다고 해……"

"김 프로! 고마워…… 잘 먹을게."

"밥은 김 프로가 샀고 계산은 내가 할게" 하면서

녀석에게서 딴 돈을 슬그머니 쥐여 주었다.

녀석은 이내 펑펑 울었다.

그때가 벌써 7년 전이다.

오늘, 녀석에게 전화가 왔다.

"잘 지내고 계셔요?" 냐고……

스카이72 하늘코스 2번 홀 Par 4

캐디에게 물으면 겸연쩍게 50:50이라

2018년2월6일

오늘도 그는 끙끙대며 앓아댔다. 나는 그보다 더 앓아버렸다.

내가, 두 번째 홀에서 도저히 안 되겠다며 아예 클럽을 빼려는 시늉을 하자,

그가 앓는 소릴 멈추고 나를 도모하려 하기 시작하였다.

작전은 성공했고, 9홀 내내 선(先)을 내주지 않았다.

따당~ 땅!

콩 볶는 소리가 나기 시작했고, 내가 티샷한 후 고개를 갸우뚱하며,

티 박스를 내려올 때마다 캐디들은 목이 터지라 "굿~ 샷!" 을 외쳐댔다.

이어, 그가 티샷할 땐 내가 목이 터지라 "굿~ 샷!" 을 해댔지만,

캐디들은 결코 입을 열지 않았다.

그가 캐디에게 물으면 겸연쩍게 50:50이라 하였다.

파 3홀, 마침내 1m 오르막 니뻐(니어+버디).

그가 카트에서 내리며 흰 이빨을 드러내 보였다.

그러나 그뿐이었다. 기회를 놓친 그, 이어진 홀.

내가 2nd 샷을 홀 컵에 붙이며 큰소리로 "버디 찬스" 를 외치자,

그의 3rd 샷이 해저드로 들어가 버렸다.

이어 마지막 홀, 따당~땅땅 이라.

그런데, 오비를 두 방이나 내버렸다.

멀리건 처리를 해줬다.

그 후 제대로 한 방이 맞았는데,

내가 2nd 샷을 하려 하자,

"드라이버 비거리가 세 클럽 정도는 차이가 난다" 하였다.

하여, "여기서부터 3타 차 나지 않도록 조심하라" 일렀다……

"항복?"

"네, 용서해주세요……"

말구(末球)의 비애

2020년5월27일

말구체험.

제주 샤인빌 파크 CC.

동백나무와 비자림이 어우러져 있으면서도,

동남아 어디쯤 온 것 아닌가 하는 낯설지만, 마음 편한 골프 코스다.

내가 좀 떨떨한 어설픈 녀석들하고의 어울림이 잦았던 탓인지,

2nd나 3rd의 기억도 드문데 말구의 추억은 더더욱 없다.

어차피 이제 말구에 익숙해져야 할 때도 된 듯해

어제와 그제 제주 샤인빌 파크, 해비치, 레이크힐 코스투어 내내 말구체험을 자원했다.

초구, 2nd, 3rd 샷이 이어질 때마다 굿샷을 목이 터지라 외쳐대야 했고,

말구인 내 차례가 되었을 땐 진이 다 빠진 상태.

아득하기 이를 데 없기 일쑤였다.

말구의 비애, 소위 말구로 공황에 빠져 버렸다.

숨 쉬듯 편케 해

2021년4월27일

그냥 편케 샷을 하면 된다.
이 세상에 단 하나뿐인 내 샷이니까!
숨 쉬며 사는 사람들이 오늘은 좀 멋지게
숨을 쉬어 봐야겠다거나, 하루 세끼 먹으면서,
이번 끼니는 좀 품격있게 먹자.
다짐하며 숟가락 드는 이 없듯 오늘은 어찌 좀 잘 쳐봐야겠다는
그 마음 자체가 자연스럽지 못한 것이다.
그런 부질없는 마음으로 샷을 하니까,
그나마 맞던 볼조차 엉망이 된다.
하루 빠지지 않고 연습까지 하는데도
이 모양 이 꼴인가?
숨쉬기 연습한다고
그 숨이 잘 쉬어질 리 없을 터,
쉬던 숨 끊어지지 않는 것이
얼마나 다행스러운 일인가!

샷을 무슨 특별한 것으로 생각하지 말자.
그냥 우리들의 일상으로 여기자.
내가 일상생활을 하면서
오늘은 좀 멋지게 해봐야겠다고
특별히 다짐하며
하루를 시작하는 일은 없다.
그런데,
왜 볼 만 치려면 며칠 전부터
이 쓸데없는 생각에 들뜨고
이 부질없는 짓을
하려는 걸까?

전쟁을 대포로만 하나?

2021년4월30일

코로나 사태로 동계 3개월, 하계 달포 정도의 해외 전지훈련은 물론 지난 1년여 독거 감량 수행을 위해 클럽을 놓았었다. 하지만, 샷을 만들기 위해 드라이브 레인지도 나가고 체중도 좀 늘리고 필드 적응을 위해 간도 보았지만, 영 아니다. 샷은 벼락치기를 거부한다. 그런데 겨루기는 코 앞으로 다가왔다. 친구는 냄새를 맡았는지 벌써 이빨 드러내며 아주 노골적으로 먹잇감을 노리고 있다. 도모할 목표치까지 정한 모양! 옛날, 그 좋았던 시절처럼 달랑 1~2만 원 넣고 오면 안 된다며 출장 전 지갑 검사까지 하겠다 별렀다. 이미 내 파이터 머니가 제 주머니에 들어가 있다.

100kg 거구에 맞았다 하면 300야드인 거포. 티박스에서부터 자기 클럽을 챙겨 나가는데 이미 버디 정도는 벌써 해 놓았다. 머릿속으론 들어 올 수 금액까지도 계산이 끝난 듯했었다. 하지만 전쟁을 대포로만 하는 건 아니다.

뒤따르며, "샷 이글 하면 얼마지?" "곱하기 7!"
"퍼터 이글은?"
"공식 적용 룰과 지금까지의 관행이 있는데 왜 자꾸 물어?"
"곱하기 5!" 내가 혼잣말처럼 중얼거린다.
"이글 맞으면 만세 불러야 하겠네……" 그리고 또 덧붙인다.
'58? 아니네, 60이면 되겠네. 난 5번으로 겨우 올렸는데……"
이어서 또 묻는다. "핀에 붙은 볼, 그린 좀 오버되었지?"
녀석은 비행기만 태워주면 그만 폭삭 망해 버린다는 것을 내가 안다.
이번엔 아주 완벽히 까무러쳐 버릴 작정이다.

품위를 지킨 골퍼의 샷은 인품

2021년 7월 14일

골퍼는 품위를 지킬 줄 알아야 한다.

골퍼가 사자나 호랑이들과 같이해야지, 쥐 떼와 어울리면 쥐가 된다.

코끼리는 쥐 있는 곳에선 결코 코를 내려놓지 않는다.

사자나 호랑이는 코끼리를 잘 알기 때문에 코를 내려놓거나 심지어 잠을 자고 있어도 함부로 덤벼들지 않는다.

하지만, 쥐는 코끼리에게 아무렇지 않게 달려들고, 물어뜯으려 하기 때문이다.

지저분한 녀석들과는 어울리지 말라는 이야기다.

"샷은 인격이다."

"그가 함께하는 동반자들을 보면, 그의 인품이 보인다."

"그 사람을 알려면, 먼저 그 벗을 보라."

(欲識其人 先視其友 : 욕식기인 선시기우) 省心篇 (下)

쫄긴 왜 쫄아? 본디 안되는 것이 샷인데……

2019년 12월 6일

① 클럽에 녹이 슬었다느니,

② 술에 떡이 되었다느니,

③ 한숨도 못 잤다느니,

④ 멀쩡한 어깰 결린다느니,

괜히 엄살 피우지 말라. 그나마 있는 운마저 달아나기 때문이다.

① 날이 시퍼렇게 서 있고,

② 사지 멀쩡하고,

③ 최상의 컨디션임에도

왜 그렇게 죽는소리를 하시는가?

뭐, 전략이라고?

전쟁터에 나간 장수가 적에게 자기 입으로 전략을 말하든?

그냥 묵묵히 집중해 샷만 하면 된다.

"안될 땐 꼭 아닌 데로 가는 게 골프야."

건방을 떠는 것도 삼가야 한다.

하지만 그렇다 해서,

힘들게 번 내 돈을 쓰면서 괜히 주눅들 필요는 없다.

본디 잘 안되는 게 샷이고,

좀 잘해 보려는 순간 스트레스가 되는 게 골프다.

해서 그냥 편케 치면 된다.

너무 급(急)해

2020년1월17일

겸연쩍게 웃으면서 또 묻는다.

"뭐가 잘못되었지?"

"내가 뭘 안다고…… 그냥 다시 한번 더 쳐." 또 그 꼴이다.

"너무 급(急)해!"

자네 볼 어디로 날아가는 건, 사실 우리들이 더 궁금하거든, 다 알고 있지만.

"알면 뭐 해. 새ㄷㄱㄹ라니?"

"애들도 한두 번 얘기하면, 다시 자네 같은 짓은 안 한다……"

이번엔 따당이다.

"괜찮겠어? 돈이 죽지 사람이 죽어서야…… 나야 좋지 뭐."

"그래, 누구 말대로 면(面)을 죽여선 안 되지…… "

새우잠과 고래의 꿈

2021년07월14일

백티(back tee)를 쓰는 20대 프로 샷을 유심히 보던, 60대 어르신,

몇 홀 지나자 갑자기 녀석의 샷을 아예 외면한다.

"왜요?"

"그나마 되었던 샷이 완전히 망가져 버렸어요."

그렇다. 비록 새우잠을 자더라도 고래 꿈을 꾸어야 하는 건 분명하지만,

샷은 흉내 내는 것이 결코 아니다.

내겐, 나만의 샷이 있다.
샷은 베껴 쓸 수 없다는 것이다.

골프 클리닉 전문의 : 싱글 골퍼의 비법 파일

장현동

우연한 기회에 인연이 되어 그분을 만나게 되었습니다.
그분을 다들 성함 대신 "장군님" 이라 불렀습니다.
궁금증은 왜 하필이면 장군님이라고 부르는 이유였습니다.

군대에서 장군으로 있던 분인가? 아니면 북한에서 탈북한 장성인가? 몇 차례 더 만나 뵙고 자연히 알게 되었습니다. 외모보다는 인품에서, 캐디들을 돌봐주시는 자상함에서 저절로 만들어진 별명이라는 것을 ….

개인적으로는 가끔 불러 주셔서 알려주신 필드 레슨으로 보기 플레이어에서 싱글 골퍼가 되었고, 가끔 들려주시는 인생 이야기는 귀중한 삶의 지혜를 알려주신 은사님이 되었습니다.

골프는 테크닉보다 맨탈 게임입니다. 유튜브에 골프에 대한 많은 테크닉이 공개된 이런 시절에 개인적인 골프 철학을 써 내려간 단순한 일기장 같지만, 이 책 속에는 싱글 골퍼로 가는 비밀이 숨겨져 있습니다. 쌀쌀해진 가을에 따뜻한 차 한잔을 준비하고, 책장을 펼치면 저절로 페이지가 넘어가는 책입니다.

부천 현병원 원장, 대한응용근신경학회 회장

골프는 수행(修行)

샷이 너를 속일지라도 속상하거나 열받지 말라!

- 도원 -

골프가 그렇게 만만한 운동이 아니라네

2014년11월27일

여보게 친구!
골프가 그렇게 만만한 운동은 아니라네.
누구든 쉽게 접할 수 있긴 하지만.
수행이 깊어질수록 어려워지는 아주 고약한 운동이라네.
“나” 와 “샷”,
그리고 “자연” 이 함께 어우러져 하나가 되어야 비로소 완성되는…
금방이라도 될 듯싶지만, 그것이 바로 함정이다네.
감히 함부로 덤비지 마시게나.
또 샷은 아주 정직한 것이라서,
행여 요행 같은 것을 기대할 엄두도 내지 마시게.
앞에서 바람이 불면 몸을 낮춰 그 길을 막지 말고,
뒤바람이 칠 땐 등을 내줘.
바람이 잘 지나갈 수 있도록 하시게나.

친구!
또 골프는
시험을 코앞에 두고 벼락공부한다고 해서 될 일도 아니고,
더군다나 커닝!
절대 안 될 걸세……

동반 골퍼 : 귀한 자식 키우듯, 평생의 도자기를 굽듯

김주안

한국의 거장 어르신의 귀하신 책 출간을 축하드리며!

골프에 온 인생을 걸던 2016년쯤이던가? 생각하면 무모하고 몰라서 그리도 전력을 다하지 않았나 싶기도 하다. 골프 프로가 되는 것이 그리 어려운 것인 줄 몰랐으니 그렇게 도전을 했던 것 같다. 세상 모든 것을 그동안 척척 해내던 중이었던 터라, 하루 10시간씩 타석에서 연습하니 곧 되겠지라고 생각했었다.

골프는 공부와도 달랐고, 여타 운동과도 달랐고, 왜냐면. 내가 나를 믿을 수 없었으니까. 라운드에 나가서 그날 내가 하는 나의 플레이를 정말 이해할 수 없었으니까. ㅎㅎㅎ. 그렇게 그 당시 나의 온 생을 다 바쳐 골프를 할 때 한 장군님을 제주에서 뵈었다. 아마추어 대회에 출전한 대회에서 운 좋게 2등을 하여 입상자와 후원자들과 인사하면서, 스카이72라는, 제주에서 골프를 시작한 구력 3년 차의 나에게는 궁궐과도 같이 함부로 들어갈 수 없을 것 같은 골프장에서 한 장군님과 지인분들과 라운드도 하고. 지나온 시간을 돌아보면 어느새 입가와 얼굴에 미소를 가득 뿜는다. 너무나 감사한 분들, 함께하며 웃고 서로 용기를 주던 시간. 한 장군님과 라운드하면서 그 정확한 샷에 놀람을 멈출 수가 없었다. 힘은 어디서 그렇게 솟아나는지, 샷 할 때 온 에너지를 클럽 헤드에 모으시는 모습을 뵈면, 그 샷 하나에 그분의 몸과 맘이 온 우주를 담아 볼로 전달되는 것 같았다.

하루는 스카이72에서 새벽 골프를 한 장군님과 치는데, 겨울이라 어두울까 봐 여쭙자 "첫 홀은 안 보일 거야, 두세 홀 가면 해 떠" 하셔서, 새벽에 스카이72에 도착했는데, 밤이었다. ㅎㅎㅎ. 안개까지 자욱해 드라이버 두 클럽 앞도 안 보였다. "어 왔어? 가자! 치자!" 하시고는 우리 모두, 장군님께서 보라는 쪽을 보고 그냥 냅다 쳤다. 오 마이 갓! 우리 모두 페어웨이에 볼이 있었다! 정 가운데에 장군님의 볼이 있었다!

장군님과 볼을 치면 언제나 배우는 것이 있었다. 패기가 장군님의 주특기였다. 아! 골프에서 패기를 보일 수 있다니! 얼마나 고수란 말인가? 깡과 패기는 다르지 않은가? 그냥 죽기 아니면 살기로 깡을 부리면 50%는 죽음 아닌가? 장군님은 패기였다. 강하기에 두려움 없이! 결과가 그것을 말해주었다!

시간이 어느덧 2021년 11월이다. 주님께서 모든 시간을 함께하시며, '주장' 없이 주님 뜻대로 살아갈 양으로 깎고 다듬어주신 저는 퇴근하면 성경 말씀과 함께 오카리나 찬양을 연습하며, 강의 준비와 논문에 전념하는 주바라기, 주바보가 되었다. 내가 주바보가 되고 싶던 날, 주님이 나를 그리도 사랑하는 딸바보임을 깨닫고 엉엉 울었다.

이 시간, 이 순간도 이 책의 퇴고와 모든 준비로 바빴던 한 장군님을 위해 기도한다. 필생의 책은 자식을 만들고 책임지는 아버지와 같은 맘으로 만든다고 한다. 우리 한 장군님께서 귀한 자식을 양육하는 아버지의 마음으로, 필생의 도자기를 구워내는 장인의 심정으로 만든 이 책을 껴안고 사랑하시는 모습에 미소가 피어난다. "내가 너를 사랑하니 기뻐하여라." 하나님의 말씀이 귀에 울리는 듯하다.

제주 한라대학교 레저스포츠학과 겸임교수

내샷 - 내 샷에 꽃은 언제 피려나?

2017년4월14일

내 샷도 이제 꽃을 피워야 하지 않을까?
이른 아침부터 수많은 학동이 몰려들고 있다.
공부는 꽤 열심히 하는데 성적이 썩 좋지 않은 학생들이다.
좋다는 참고서는 물론이고, 족집게 과외 선생까지 찾아다니고 있는데도.
공부하는 방법이 틀렸거나 건성으로 하기 때문일 터.

① 한 달에 몇 차례는 필드에 나가고,
② 시간 있을 때마다 연습도 하고,
③ 거리 나간다는 드라이버며 우드,
④ 새로 나왔다는 웻지,
⑤ 대기만 하면 들어간다는 퍼터에다,
⑥ 밀리미터까지 정확하다는 거리측정기까지……
⑦ 여기에 골프 채널에 눈 고정해 놓고,
⑧ 웬만한 경기 빼놓지 않고 보아,
⑨ 안목이 OK,
⑩ 웬만한 해설자보다 낫다.

그런데, 첫 홀 올 파에
카운트하지 않은 멀리건,
안 들어가면 트리플이라서
준 컨시드 넣으면 90개를 훨씬 넘는다.

그 잘못된 샷을 열심히 하는 것은
상황을 더 악화시킬 뿐.
내 샷부터 바꾸자.

경(經)은 행하라는 것! "악화(惡貨)가 양화(良貨)를 구축?

2017년5월16일

새 둥지를 찾아 나선 친구와 늦은 저녁을 함께하면서,
문득 "그레셤의 법칙" 이 떠올라 혼자 피식 웃는다.
"악화(惡貨)가 양화(良貨)를 구축한다."
그가 보기 드물게 참 괜찮은 친구였기 때문이다.
왜? 양화良貨)가 사라지고, 악화(惡貨)만 남는것인가?

지난 십수 년 볼을 치면서 자주 접하는 질문들이
"어찌하면 이 '바보 같은 샷' 에서 벗어날 수 있어요?" 라.
난 무의(巫醫)가 되고 싶진 않지만, 한마디는 해준다.
"아프면 전문의를 찾아가듯, 즐기고 싶으면 프로를 찾아가라."
돌아오는 대답,
"레슨도 받고 있어요."

"잘못 믿는 자들이 경(經)을 행하지 않듯,
잘못하고 있는 자네도 가르침에 따르지 않고 있음이라네."

"자넨, 그들이 비록 화타(華陀)나 편작 같은 명의(名醫)가 아닐지라도
그들이 펼치는 의술(醫術)을 받아들여야 한다네.
그래야, 한 발자국이라도 앞으로 나갈 수 있을 걸세."

"양화(良貨)가 악화(惡貨)를 구축한 세상" 을 꿈꾸어 본다.

그 샷이 누구 탓인가?

2018년6월22일

당신 샷의 주인은 다름 아닌 당신입니다. 길을 가다가 돌부리에 걸려 넘어졌다면, 누구의 잘못일까? 돌인가 아니면 나인가? 잘 맞던 볼이 갑자기 사고가 났다. 신경 쓰이게 하는 동반자 탓일 수도 있고, 괜히 눈에 거슬리는 캐디 탓일 수도 있다. 하지만 그것이 반복된다면, 동반자나 캐디가 아니라는 것을 알아야 한다. 좀 생각해 샷을 하라는 말이다. 샷은 뽐내기 위한 것도 아니고, 또 나를 알리기 위한 것도 아니다. 내가 할 일을 하는 것일 뿐인데, 무슨 생각이 또 그렇게 많은가?

고힘서욕 - 그릇을 탓하지 않는 물!

2019년8월11일 ·

물은 둥글면 둥근 대로 모나면 모난 대로 간다.

고개 푹,
힘 빼고,
서두르지 말고,
욕심 버려,
"고힘서욕"

겉	속
고개 푹,	볼을 봐!
힘 빼고,	자연스럽게!
서두르지 말고,	순리대로!
욕심 버려,	마음 비워!

→ **내 샷**

수천, 수만 번을 들어온 소린데 안된다. 내 샷을 하려면 "고힘서욕"

내탓이다! 물은 그릇을 탓하지 않는 법.

비가 오나, 안 오나 하늘 탓이다.

땀을 흘렸으면 손수건이 없어서다.

"남탓" 이다. "너 때문" 이라. "왜?" 그냥 눈에 "거슬린다" 라는 것이다.

안 보이면 안 보여서이고,

뒤에 있으면 뒤에 있어서고,

옆이면 옆에 서라.

또 앞에 있으면 왜 앞이냐는 것.

그 핸디가 당신 것?

2018년11월15일

굿 샷 하자. 하지만, 나의 핸디가 내 것이라는 것을 어서 버리자. 또 나는 어처구니없게도 내가 아는 것이 모든 것이라는 생각을 어서 버리자. 내 눈에 보이는 것. 내 머릿속에 있는 것이 다가 아니라는 것 또한 어서 깨닫자. 내가 보지 못한 것이 아주 많고 내 머리에 채워 넣어야 할 것이 아직도 너무 많기 때문이다.

또 내가 함께할 사람은 멀리 있는 이가 아니라. 내가 바보같이 여기고 어처구니없게 생각하고 있는 바로 내 코앞에 있는 사람이다. 다름을 인정할 줄 알아야 한다. 그리고 저 이들을 인정하고 존중해야 내가 존중받을 수 있는 것입니다. 세상에 내 것인 것은 아무것도 없다. 내가 가지고 있는 돈이 내 것이고, 재산이며 그 화려했던 옛날의 삶들이 내 것이라는 생각에서 어서 벗어나자.

버리고 내려놔야 한다. 막상 버릴 것도 내려놓을 것이 없을지라도…… 나는 훌륭하다. 다만 저들이 내 것을 모르고 있을 뿐이다. 저들이 가지지 못한 얼마나 많은 것들을 내가 가지고 있는데…… 내가 싱글이라는 것 또한 내가 굳게 믿고 있는 것 중의 하나이다.

	허상	실상
핸디	핸디는 본전이다	핸디는 격려금이다
샷	샷은 치는 것이다	샷은 던지는 것이다
홀	홀은 내 것이다	홀은 설계된 것이다
볼	볼은 바라는 대로 간다	볼은 친 대로 간다

내가 그것을 아는 데 40년이 걸렸어!

2018년 4월 17일

곧바로 가야 가깝고 또 빨리 갈 수 있다.

게는 옆으로 걸어도 똑바로 가는데,

직립보행을 하는 사람이 멀쩡한 대낮에 술에 취한 것도 아닌데,

어제도 오늘도 갈지(之)자 걸음이다.

아무리 똑바로 가고 싶어도 마음뿐이다.

PGA 어떤 프로는 40년을 치고서야 볼을 칠 줄 모른다는 걸 깨달았다니!

그 정도 세월이 지나면 똑바로 걸을 수는 있는 것일까?

똑바로 걷는 것은 아니더라도 장화를 신거나,

왔던 길을 다시 돌아가거나,

발 헛디뎌 천 길 낭떠러지로 떨어져

저잣거리의 웃음거리는 되지 말아야 하는데, 이마저도 난망하다.

몹시 다급했던 어떤 친구 녀석처럼

누가 묻지도 않았는데

"볼 여기 있다!" 라고 소리치는 일이

남의 일이 아닌 내 일이 되는 날이 멀지 않은 듯……

고힘서욕 - 눈부신 폭죽 터질 날? 고개 푹! 스윙 쓱! 욕심 뚝!

2019년1월9일

듣고 또 듣는다. 귀에 못이 박힐 정도로……

고개들지 말라.

힘들이지 말라.

서두르지 말라.

욕심내지 말라.

보고 또 본다. 눈에 진물이 나도록……

연습장에서, 필드에서, 스크린 골프장에서, 골프 채널에서, 갤러리로 나가서.

다짐에 다짐을 한 게 한두 번이 아니다.

이것도 모자라 손바닥에 쓴다. 또 지워질까 봐 팔뚝에 백업까지 한다.

그런데, 이런 다짐과 각오들이 백스윙하는 순간,

머릿속이 하얘지면서 모든 것을 잊는다.

한 오리를 나갔는데, 미끄러지면 십 리를 뒷걸음질한다.

하지만 희망의 끈은 놓지 말자.

어느 시인이 읊는다.

"산벚꽃

피어나는 게 아니다.

화들짝 번진다.

눈부신 폭죽으로……"

당신에게도 그 눈부신 폭죽 터질 날이 올 것이기 때문입니다.

경구	잠언	설명	본질	위치
고개 푹	고개들지 말라	끝까지 볼을 봐	회전축 고정	두눈
힘빼 싹	힘들이지 말라	가볍게 던져라	자연스럽게	어깨
서행 쓱	서두르지 말라	천천히 익힌대로	규정속도준수	자세
욕심 뚝	욕심내지 말라	볼 맛을 즐겨라	타수 욕심 버려	마음

골박아-백약이 꽝이라. 이게 골프다.

2019년7월13일

지난 4월 쏭크란 때 자식들에 밀려 회갑 여행으로 왔다던 내외가 또 이곳을 찾았다. 이것도 마약이다. 한번 맛 들면 안 가곤 못 배기는……

어느 "골프 중독자인 '골박아'" 부부에게 내가 물었다.

"그래 지난번 여기 왔을 때 참 열심히 했었는데, 들어가 볼 좋아졌다 박수받았나요?"

고개를 설레설레 젓는다.

맞다!

열흘 넘게 매일 27홀, 36홀씩 라운드했다 해 크게 달라질 리 만무하다.

"'태국 다녀왔다더니만 그나마도 엉망이 되어 왔구먼……' 란 소리 안 들었나요?" 부부가 크게 소리 내 웃는다.

"어찌 그렇게 족집게?"

그렇다. 한참을 나간 것 같은데 마냥 그대로인 것이 골프다. 생고생에, 명산대찰을 찾아다니며 갖다 바친 시주며, 용한 도사에게 받은 그 많은 족집게 과외, 좋다는 장비는 안 사본 것 없는데…… 백약이 무효다. 이것이 골프다.

하지만 한순간이라도 게을리하면, 천 길 낭떠러지로 곤두박질치는 것.

중독환자 - 중이 제 머리는 못 깎아!

2019년 7월 28일

의사를 되레 위로하는 환자! 중이 제 머린 못 깍는다.

중증 분노조절 장애자가 대오를 이탈하여 내게 한수 지도를 청하기에

증상을 살펴 처방을 하려다가 그만 내 샷이 흔들려 버렸다.

환자가 되레 날 위로한다. “괜히 나 때문에……”

분노조절장애는 전염성이 아주 높은데,
자연 치유력도 빠른 질환인 듯
그젠 저 친구, 어젠 이 친구이더니
오늘은 예의 그 친구들이 장애자들을 두루 살피며 위로한다.
내일은 또 어떤 친구의 뚜껑이 열릴지 자못 궁금하다.
사실, 나도 적지 않게 걸렸고 아직도 완치되지 않은 그런 질환이기도 하다.

내샷 - 네 샷에 네가 속지 말게나.

2019년7월14일

내 샷에 내가 속듯, 속거나 흔들리지 마시게.
20m 더 나간다는 드라이버.
언제나 핀빨이라는 웻지.
치면 들어간다는 퍼터.
슬라이스가 나지 않는다는 볼.

슬라이스도 네 탓이고,
홀 컵 스치는 퍼터도 네 잘못이고,
파온 안되는 어프로치도 바로 네 탓이며,
못 미치는 거리 또한 네 탓일세.

다 거짓이라는 말일세.
드라이버며,
웻지,
퍼터도,
볼 또한 다르지 않다네.
맘 단단히 먹고 굿샷들 하시게.

"삶이 그대를 속일지라도 슬퍼하거나 노하지 말라" (알렉산드르 푸쉬킨)
"샷이 너를 속일지라도 속상하거나 열받지 말라" (한 장군)

장비	허상	실상	현상
드라이버	20m 더 나간다는 드라이버	못 미치는 비거리 티샷	권총
웻지	늘 핀 방향이라는 웻지	핀이 거부하는 어프로치	쪼로 탑핑
퍼터	치면 들어간다는 퍼터	홀 컵을 맴도는 퍼팅	이자 새가슴
볼	똑바로 나간다는 볼	그린을 거부하는 지랄 탄	훅 슬라이스

중독환자 - 필드의 분노조절 장애자들

2019년7월26일

친 볼이 야자수 숲에 들어간 플레이어, 이마에 피다.

"왜?"

"응, 나뭇가지에 긁혀서……"

상처를 보니 움푹 파였다. 이 친구는 몇 년 전 퍼터로 자기 머리를 쳐 피를 본 친구라서 의심은 갔지만, 묻지 않는다.

허우대는 멀쩡한 친구들이 라운드를 마치면 다신 안 만날 듯 험상궂은 몰골로 헤어진다. 다음 날 아침이면 또 언제 그랬냔 듯 키드득거리며 함께 한다. 하나같이 8부도 못되는 7부 정도다? 티샷 한 볼이 야자수에 박혔다. 벌타 처리 후 드롭해 쳤는데 2벌타란다. 룰이 바뀌어 무릎 높이에서 드롭해야 하는데, 어깨높이에서 해서란다.

"제기랄, 형님은 좀 있으면 룰하고 둘이서만 하게 될 거야."

또 뚜껑이 열린다. 이번엔 실어증이다. 스콜이 내려 물이 발목까지 찰 정도 움푹 파인 곳에 볼이 들어가 있다.

"형~님!" 30여 미터쯤 떨어진 곳에 있는 그 룰 맨을 부른다.

"어찌 쳐야 해?"

"응, 그냥 쳐야지." 아이고 머리야, 여기가 뭐 PGA냐?

일 년 상큼하려면? 그립을 바꿔!

2019년 9월 6일

내가 언제 대한민국 대표선수가 되어 보겠는가?
하루를 상큼하게 보내려면 구두를 닦고,
일주일을 싱그럽게 보내려면 이발을 하라!
그립을 바꿨는데 그 상큼함이 꽤 오래갈 듯하다.
볼수록 뿌듯하다.
클럽을 내려놨었는데, 그 생각을 또 접어야겠다.
왜 그런 것 있잖아?
여권을 바꾸면 비행기 타고 싶고,
새 옷 입으면 밖으로 나가고 싶은……
골프는 멀쩡한 우릴 어린애로 만든다.
골프를 매우 즐기는 멋진 친구가
얼마 전
이 그립을 SNS에 올린 적이 있는데
너무 좋아 보여 염치 불구하고 물었더니,
그 바쁜 친구가 내게 와 직접 갈아 끼워 줬다.
좋은 사람들이 좋은 세상을 만든다.
아무리 짧아도 1년 정도는
아니 또 클럽을 놓을 때까지는
이 상큼함과 고마움이 지속할 듯.
기량으론 대표선수에 어림없어도
그립으로라도……

중독환자 - 지병인 골프, 고힘서욕 - 동병상린

2020년5월12일

지병이란? 오랫동안 잘 낫지 않는 병이다.

당뇨는 지병이다.

① **특성** : 먹는 것 줄이고 가려먹고 적당히 운동하면 능히 극복할 수 있다.

② **인식** : 환자는 치료법을 잘 안다. 매일 약 먹고, 하루에도 몇 차례씩 혈당 점검해 가며, 좋다는 것 다 먹어 보고, 용하다는 의사는 물론 유튜브 등을 통해 모르는 거 없이 다 듣고 보고 또 외우기까지 한다.

③ **행태** : 먹는 것을 못 참는다. 운동을 게을리한다.

④ **결과** : 완치되었다는 이 드물다.

골프도 지병이다.

① **특성** : 클럽만 놓아 버리면 완치된다.

② **인식** : 몰라서 못 고치는 게 아니다. 고개 들지 않고, 힘들이지 말고, 서두르지 말고, 욕심 버리고…… 이론은 아주 선생들보다 더 잘 안다. 누구 가르치는 것도 선생들보다 훨씬 낫고…… 또 그 꼴에 다 지몇 수 아래로 보기까지.

③ **행태** : 환자들은 당장 때려치운다면서도 그날로 다음 일정을 또 잡는다. 신들린 장비를 구입한다. 많이 나간다는 드라이버, 똑바로 나간다는 우드, 방향성 좋다는 아이언, 대면 들어간다는 퍼터, 쳤다 하면 핀 방향이라는 52, 54, 56, 58, 60…… mm 단위로 정확하다는 거리측정기.

④ **결과** : 그래서 완치되었다는 이 있던가? 그때 그 꼴인 환우들이다.

태국 농카이 Victory park C.C

중독환자 - 언제쯤 그 과대망상에서 벗어날 거야?

2020년5월13일

골퍼의 과대망상. 언제나 제 샷이 그래 주길 바란다.

① **망상** : 정말 어쩌다 한번 잘 맞은 티샷,

걷는 발걸음이 이미 최소 못 해도 버디고, 제대로 하면 이글이다.

골퍼는 기적을 제 실력으로 오인하는 경향이 있다.

② **현실** : 그런데 3 퍼팅,

겨우 보기로 마무리하는 게 골프다.

사실, 2 on이나 3 on이 만만치 않다.

골퍼의 내로남불. 내가 하면 로맨스요, 남이 하면 불륜이다.

① **내로** : 나의 20m 긴 퍼팅은 실력이고,

② **남불** : 동반자 1.5m 퍼팅은 운이다.

① **내로** : 내 빈 스윙은 샷을 준비운동이다.

② **남불** : 네 빈 스윙은 시간만 끌 뿐, 그 용도가 의심스러울 뿐이다.

돈 있어 그때마다 신무기를 사 쓰는 친구야 나무랄 바 못 되지만,

골퍼의 핑계, 웬 탓타령, 꼴에 무슨 핑계며 탓이 매우 버라이어티하다.

① 멀쩡한 어깨의 오십견이며,

② 술 한 모금 입에 대지 않는 친구의 어제 먹었다는 술.

③ 클럽 탓,

④ 동반자 탓,

⑤ 캐디 탓……

탓 타령에 줄여야 할 타수는 못 줄인다.

어제도 오늘도 핑계와 탓에 익숙해져 있는 것이 골프지.

골프 스승 : 지혜 화신 장군님의 촌철살인 어록들

명운용

"얘들아 내가 좀 하지",

"5번 아이언이야."

"까불고들 있어."

"나 빠져!" 등의 많고 많은 촌철살인의 어록들이 빼곡.

여러 가지 일들을 골프로 빗대어 해학으로 풍자하시는

지혜의 화신 장군님! 사랑합니다.

늘 곁에서 좋은 말씀 많이 해주세요. 감사합니다.

스카이72 바다코스 지배인

필드는 진정한 전장이다.

2021년 7월 28일

필드가 전장임은 틀림없다.

하지만 필드는 친구들에게 항복을 받아내는 그런 곳은 아닐세.

물론 자넨 항복, 그것도 무조건 항복을 받아내겠다고 나왔겠지만……

자넨, 미국이 일본에 항복문서 받아냈던 미조리함의 그런 거포가 아닐뿐더러,

히로시마나 나가사키에 투하된 원폭 같은 가공할 무기가 아니기 때문이네.

친구들은 미사일을 가졌는데, 자넨 겨우 99식 장총 하나뿐이지 않은가.

쓸데없는 욕심 버리고, 그 장총이라도 손질 게을리하지 말고,

자네 한 몸이라도 잘 건사 하시게나……

중독환자 - 골박아-방안퉁수(洞簫), 방안에서만 소리나는

2021년4월24일

나는 결코 골박아(골프 박약아)가 아니다. 연습 타석에서는 그런대로 맞는다. 그런데 필드만 나갔다 하면 우세를 떤다. 하여 천연 잔디 타석을 찾고, 퍼팅 그린이며 벙커 연습에 나선다. 잘 될까? 하지만, 아니올시다다. 이것은 초보자뿐 아니라 상당 수준에 있는 골퍼들도 마찬가지다. 공부는 진도라도 나가는데 샷은 매번 그렇다. 기력이 약해진 것 같아 좋다는 보약도 해 먹고, 척 보면 안다는 명의란 명의는 다 찾아다녔는데 효과가 없다.

샷도 이와 크게 다르지 않다.
쳤다 하면 300이라는 드라이버도,
댔다 하면 들어간다는 퍼터도,
참 용하다는 프로의 레슨도……

그것이 샷이고 골프다. 신무기도 족집게 과외도 아니라는 것이…… 정성 들여 하는 기도도 응답이 없듯, 샷도 정성이나 그 노력에 결코 응답하지 않는다. 학창 시절, 내일 시험인데도 밀려오는 잠 참지 못해 퍼질러 잤던 친구들이라도 출장하기 벌써 며칠 전부터 무기를, 행장을 준비하고 심지어 잠까지 설친다.

골프는 수행일 뿐이다.

부처님 손안의 손오공. 골프는 물아일체(物我一體) 지혜

2021년07월13일

골프는 물아일체(物我一體), 그 지혜를 찾는 것이다.

부처가 될 것인지, 손오공이 될 것인지는 나에게 달려 있다.

지식은 얼마든지 어디서든 얻을 수 있다.

하지만 나에게 필요한 것은 그 지식이 아닌 지혜다.

알고 있지만, 행하지 못하면, 차라리 알고 있지 않은 것만 못한 것.

샷은 자기 수행이다. 내 부족함을 깨닫고 그것을 메워나가는 과정이다.

까닭 없이 나를 탓할 것도 아니고, 더 더구나 누굴 탓할 건 결코 아니다.

오늘 나의 한 샷 한 샷이 내게 지혜의 문이 열리는 계기가 되기를 기원한다.

"손오공으로 필드를 나왔지만, 부처가 되어 집으로 돌아가야 하지 않겠는가?"

샷은 벼락치기나 커닝이……

2018년6월22일

"공부는 게을리해도 뭐 하지만 샷은 어림없다."

공부처럼 벼락치기나, 커닝이 가능한 게 절대 아니다. 선다형 시험에선 잘 찍고, 주관식도 되지 않는 소리라도 써 놓거나, 영 아니면 반성문이라도 쓰면, 동정점이라도 받을 수 있다. 하지만, 골프는 아니다.

"내가 자빠지는 것에 환호하는 곳이 필드다."

숙제 없다고 공부 안 하고 나가면, 운까지도 철저하게 날 외면하지 않던가?

참고서를 산다거나, 학원가겠다고 속여 돈 타 땡땡이치면 친구들이라도 좋아하지만, 멀쩡한 장비 탓하며, 귀한 돈 들여 장만한 것 가지고 나가 망신당하는 일 없도록 조심, 조심해야 한다.

골프는 융합과학이다.

2021년 9월 13일

골프가 요즘 화두가 되는 융합기술이 적용되어야 할 분야라 할 수 있겠다. 우리들이 눈에서 떼지 못하는 스마트폰이 이 융합과학의 총아라. IT와 NT 뿐만 아니라, 보고, 읽고, 쓰는 것은 물론이거니와 사용의 편리성에서도 그렇다. 이제 이 스마트폰을 통해 냄새를 맡거나, 맛을 볼 수 있는 날도 그리 멀지만 않은 듯하다.

골퍼들은 죽으라 패 댄다. 어찌 좀 잘해보려고…… 그렇지 않은 이들도 라운드가 예정되어 있으면 연습장으로 달려가기 일쑤다. 실은 연습장보다 정신 신경과 같은 데를 먼저 찾아가야 하는데, 기껏 가는 곳이 정형외과 정도? 정작 고쳐야 할 지병을 놔두고 잘 낫지도 않는 핑계 댈 오십견 치료를 위해서다. 볼 안 맞아 정신과 치료를 받는다는 이를 난 여태껏 한 사람도 보지 못했다.

좋은 샷을 결정하는 요소에 대한 계량적 분석이 현재 거의 없는 상태인데, 이에 대한 연구도 박차를 가할 부문이 아닌가 하는 생각을 해본다.

피지컬 한 요소와 정신적 부문의 비율을 3:7?

가설을 입증하는 연구를 해볼까?

분명한 것은 골프가 융합과학이라는 것이다.

샷에서 악의 형상을 찾아선 안 됩니다.

2021년 8월 17일

샷에서 악의 형상을 찾아선 안 된다.
어떤 녀석은 돈이라는 단어가 생각날 때마다 지갑을 어루만진다는데,
샷은 보잘것없는 내가 위로받을 수 있는 것만으로도 충분하다.
그런데, 지갑까지 만져서야 하겠냐는 말이다.
샷은 바닷물과 같다.
바닷물을 많이 마시면 마실수록 더 갈증을 느끼듯,
샷도 많이 하면 할수록 갈증이 더 난다.
그렇다고 빚 내 주식에 투자하는 사람들처럼,
쓸데없는 기대와 환상에 기대 샷을 해서는 안 된다.
증권하는 사람들이 머리로 돈을 버는 것이 아닌 엉덩이로 돈을 번다는 말에 주목하듯이, 샷을 하는 사람들도, 오래 참는 것이 하나의 덕목임은 분명하다.

"페타 꼼뻴리"
"투자하는 사람이 좋은 소식에 울기도 하고 나쁜 소식에 웃기도 한다."는 말은 필드에 나가 샷을 하는 나에게도 적용 가능하다.

하지만, 투자는 펀드 매니저에게 돈을 맡겨 높은 수익을 낼 수도 있지만,
샷은 남에게 맡기지 않고 오직 나 홀로 내 재주껏 해야만 한다.

"너무 많이 아는 것이, 차라리 아무것도 모르는 것보다 못하다."는
증권가에 떠도는 말을, 샷을 하는 나에게 적용해 봐도 별 무리가 없다.
필드는 객장이자, 전장이다.
그냥 단기차익만 챙기고 홀연히 빠질 것이지?
아님, 더 큰 차익을 남기며 오래 머물 것인지는
오직 나에게 달려 있다.

내샷 - 나만의 내 샷을 해야 하는 것일세……

2021년 8월 31일

한 친구가 노인에게 묻는다.

"어떻게 하면 볼을 좀 더 잘 칠 수 있겠나?"

노인은 그 친구에게 구력이 얼마나 되었는가를 묻는다.

"그럼 자네 샷을 해야 하는 걸세……"

"아니, 내 샷이라뇨?"

노인의 말이 이어진다.

"그림을 하는 앳된 한 여자아이가 무작정 프랑스에 가, 저명한 교수를 찾아가 면담을 신청했지만, 교수는 만나주질 않았다네. 몇 날 며칠 동안 그의 연구실을 맴돌았지만…… 이를 가상히 여긴 교수가 아이를 불렀다네. 아인 제 그림을 보여주며 그림 공부하고 싶어 당신을 만나려 했다 했었다네. 그림을 본 그 교수는 '이젠 자네 그림을 그리시게나' 하면서 자릴 떴다네…… '내 그림이라?' 그때부터 이 소녀는 그때만 하더라도 구라파 인들에겐 전혀 생소했던 형형색색의 한지를 겹겹이 덧붙여 유화로 낼 수 없는 은은한 색과 본인만의 독특한 형상과 이야기를 그리기 시작하였고, 지금은 작품 한편에 수억씩을 호가하는 유명 화가로 활동하고 있다네…… "

이 친구는 노인이 지금 무슨 말을 하고 있는지 알아들을 수가 없다.

갸우뚱하는 친구에게 다시 노인의 말이 이어진다.

"내 샷을 보면서 어떤 생각이 들던가?"

"네, 스탠스가 좁고 백스윙이 풀 스윙이 아닌 3/4 스윙……"

"응, 그래도 보는 건 있구먼."

"그것이 '내 샷' 이라네……

170m 정도의 키는 스탠스가 그렇게 크지 않아도 될 듯해서고,

그 키에 86kg의 몸집은 풀스윙을 소화해 내기가 불편했었다네……

샷은 흉내 내는 것이 아니라네……"

마구간의 쇠파리와 벼룩

2014년11월6일

"골프는 하향 평준화가 되는 운동이다."

마구간의 쇠파리가 하루 날아봤자 얼마나 날까?

또 벼룩이 뛰면 얼마를 뛸까?

그러나, 그 쇠파리와 벼룩이

하루 천 리를 달리는 말 엉덩이에 붙어 있으면,

천 리를 날고뛸 수 있지 않을까?

하여 편하다고 100돌이끼리 그저 그렇게 쳐선 평생 100을 못 깰 터.

좀 힘에 겨워도 천리마의 엉덩이에 붙을 생각을 하자……

추수 끝난 뒤 이삭 줍는 맛에 하수들 데리고 하다보면,

평생을 마구간을 벗어날 수 없는 법.

"이제 나도 저 백씨(百氏) 집성촌에서 벗어날 때가 되지 않았는가?"

거긴 네 부스가 아니잖아?

2016년 12월 4일

운동 마치고 땀 빼고 있는데, 한 친구가

"너, 샤워 어디서 했는데?"

"요 앞에서…… 왜?"

"거긴 내가 쓰는 싱글 전용 부스잖아……

넌, 저기 저 백돌이 전용 부스나

참회의 눈물 부스에서 해야 해……"

골프장의 진상들

샷이 곧 인품이다.

- 도원 -

고힘서욕 - 중독환자 - 골프홀릭(Golf-holic)

2021년6월7일

밤 열 시가 넘은 시간에 한 환자가 전화로 묻는다.

"내 샷이 하체가 어깨를 리드하는 건가?"

"어깨 턴이 하체를 이끄는가?"

이 친구는 맛이 가도 아주 간 듯했다.

"야, 이 친구야! 너, 운전대 잡고 좌회전할 때,
좌측과 우측 팔에 각 몇 %씩 힘을 배분하냐?"

대답을 못한다.

고개 들지 마라. = 볼을 봐라.

힘 빼고. = 던져라.

서두르지 말라.

욕심부리지 마라.

이 간단한 것 "고힘서욕" 하나를 못 하는 녀석이……

미쳐도 곱게 미쳐야 한다.

스카이72 드림골프레인지

실패는? 그것을 딛고 일어서라는 가르침!

2021년 8월 11일

실패는 그것을 딛고 일어서라는 가르침이다.
타증불고(破甑不顧).
"깨진 항아리는 뒤돌아보지 말라" 는 뜻.
후한서 곽태전(郭泰傳)에 실린 이야긴데,
맹민이 등에 지고 가던 시루를 떨어트려
그만 깨트렸는데 뒤도 돌아보지 않고 가던 길을 그냥 가자
지나가던 곽태가 왜 뒤도 돌아보지 않고 가느냐 물었다는 데서 유래된 말.
그렇다.

깨진 항아리는 다시 붙일 수 없다.
어떻게 잘 칠 것인지를 생각해야 하는데,
"왜 자꾸 그 잘못되었던 샷에서 벗어나지 못하고 있는 것인가?"
"돈이 샷을 따라와야지 샷이 돈을 따라가선 안 된다."

경은 누굴 도모하려는 것이 아니라네!

2018년2월8일

딱딱한 것은 부러지기 쉽고,
단단한 것은 깨지기 쉽고,
"샷은 부드러워야 한다."

물을 망치로 깨부술 수 있겠는가?
그 부드러움을 오기나 배짱으로 맞섬은 무모하다.
부드러움을 이기려고 칼을 갈고, 망치를 준비하는 것도 바보짓이다.

"부드러움을 이길 수 있는 것은 단 하나.
내가 더 부드러워져야 한다는 것이다.
부드러움이 뼛속까지 스며들어야 한다."

또 한 가지,
골프는 누굴 이기려 하거나 짓밟기 위한 병기(兵器)가 아닌
성경이나 불경처럼 보고 깨우쳐야 한다.
경(經)은 깨달음을 얻으려는 것이지,
누굴 도모하려 하는 것이 아니다.

심야 연습? 감긴데 소화제를 먹었네!

2019년8월6일

분노조절 장애가 있는 친구가,

심야 연습 중

나와 눈이 마주치자

그만 당황해하며,

"연습하는 게 아니라……"

"응, 내가 연습하느냐 묻지도 않았어"

그냥 지나칠 수 없어 한마디 거들었다.

"감긴데 소화제를 먹어서야……"

"그게 아니라 조깅 중인데……"

"조깅하면서 클럽 들고 하는 친구는……"

"한밤중이라 뱀 나올까 봐……"

'그 샷이 아닌 자네 마음일세.'

'마음을 다스리면 될 걸세.'

하려다 놔뒀다.

어차피,

그가 넘고 건너야 할 산이고 강이기 때문에.

18년이 된 클럽, 포정해우(庖丁解牛)!

2021년 8월 11일

"이 클럽은?"

1년이면 한 번씩 클럽을 바꾸는 녀석이 묻는다.

"응, 한 18년쯤 되었을 거야…… "

"18년이나요?"

"포정해우라는 말이 있어……

포정이라는 백정이 소를 잡으며 칼질을 하는데,

그 손놀림이 음악에 맞춰 춤을 추듯 합니다.

'아니, 어떻게 기술을 익혔길래?'

'네, 소인은 기술이 아닌 도(道)로써 합니다.'

백정이 말을 이어갑니다."

'백정은 크게 세 부류가 있습니다.

첫째, 한 달에 한 번 칼을 바꾸는 백정은,

칼로 뼈를 건드리고

힘줄을 억지로 잘라

칼날이 상하기 때문입니다.

둘째, 일 년에 한 번씩 칼을 바꾸는 백정은,

뼈와 힘줄은 피할 줄 아는데

살을 억지로 손질하여 칼날이 무뎌짐에 있습니다.

셋째, 칼을 한평생 쓰는 신의 경지에 오른 백정은,

칼이 뼈와 뼈,

뼈와 살,

살과 살 사이를 지나기 때문에

언제나 칼이 숫돌에서 막 갈아낸 칼과 같습니다.'

"제 칼은 18년이 다 된 칼이야."

갑자기 녀석의 얼굴이 빨개진다.

골프는 전쟁이다. 손자병법에……

2021년 8월 14일

골프는 전쟁이다.
골퍼는 전장에 나가는 장수다.
장수가 아닌 졸개로 전투에 임하는 친구들도 많긴 하지만……
필드에 나서는 골퍼는 제 샷을 장악하고, 클럽과 볼을 지휘하며,
필드를 누빌 수 있어야 한다.

손자 이르기를 "임금이 기분이 나쁘다는 이유로 군사를 일으켜선 안 되고,
장수가 뚜껑 열린다고 해서 싸우려 들면 안 된다." 했다.

손자는 싸움에 나서는 장수가 경계해야 할 몇 가지를 정리하였다.

필드의 경계경보!

첫째, 앞뒤 가리지 않고 죽기로 덤비는 것.

내가 나서는 필드엔 앞뒤 가려 덤비는 친구들이 거의 없지 않은가!
손자의 혜안이 놀라울 뿐이다.

둘째, 성질 급해 쉽게 뚜껑 열리는 것.

필드엔 이렇게 죽어 나가는 친구들이 부지기수다.
특히, 느린 친구들하고 칠 땐 더 느려터져야 하는데,
급한 나머지 제 샷 망치는 친구들 무수하고……

셋째, 제 몸하나 건사하지 못하는 친구들의 백성 사랑하기.

자기 샷도 엉망인 친구들이 누굴 가르치려 드는 친구들……

넷째, 얼굴이 소중하다며 주제넘게 꼴값 떠는 것.

점잖고 아주 고상한 척하면서,
해저드나 러프에 들어간 볼 찾으며 자꾸 우릴 쳐다보는 친구.
차분하지 못하고 쉽게 격분해 앞뒤를 분간치 못하면 망한다 했다.

손자는 병법에서도 뛰어났지만, 볼을 치는 우리들에게도 영원한 사부다.

멀리 내다 보지 않으면 가까이에 근심 있어

2021년9월 1일

공자 이르기를 "멀리 내다보지 않으면 반드시 가까이에 근심이 있다."

우선 멀리 내다봐야 정확한 스탠스를 취할 수 있는데, 나는 코앞을 보이는 그립에, 동반자들 시선에 신경이 쓰이는 것 아닌가?

앞서가는 이들을 보면서 지혜를 얻어야 하는데, 저 친구들이 왜 생크가 나고 뒤땅을 치는지?

뻔히 알면서도, 저 친구들이 나에게 그러면 안 된다는 것을 일깨워 주고 있는데도, 나는 왜 자꾸 그를 뒤따르고 있는지? 한 번쯤 생각하고 샷을 하고 있는가?

왜 클럽만 잡으면 알량한 앎마저 다 잊으려 온갖 몸부림을 다 하는가?

샷은 수행이라네. 깨우침이 없는 샷을 백번 천번을 휘두른다 한들 무슨 소용이 있는가?

골프는 여인의 화장과 같아, 가끔

2014년11월18일

골프는 여인의 화장과 같이 자신을 더 맵시 있고 더 예쁘게 다듬으려는 것 아닐까?

골프는 남을 해치거나 괴롭히는 사람을 잡는 그런 운동이 결코 아니다.

네가 죽어야 내가 살 수 있는……

여인들이 화장하듯, 내 샷도 그렇게 맵시있고, 예쁘게 다듬어야 하지 않을까?

샷은 내가 해도 떠난 볼은 신의 영역

2019년7월31일

바람이 일고,
비가 내리고 눈이 오는 것은
사람이 아닌 신의 영역이다.
하여 그 일어남과 잦음을,
내림과 그침을 그저 기다릴 뿐
어찌할 바 없다.

"샷은 내가 하는 것이지만,
내 품을 떠난 볼은
내 것이 아니다."

너무 상심하지 말자.
미치지 못하고 넘치는 것에
연연하지 말고……
어쩜 그것은 나 아닌
신의 영역일지도 모르기 때문이다.

네로의 박해와 핍박? 필드의 순교자들이 당한 고통!

2021년7월 15일

그리스도교가 무서운 속도로 확산되자,
황제 네로는 로마에 불을 지르고,
그리스도 교인들의 짓이라며 탄압하기 시작한다.
이때, 베드로가 순교하고,
그 이듬해 마가복음이 나온다.

너 나 할 것 없이 샷을 하게 되자,
나도 엉겁결에 클럽을 잡았다.

하지만, 내가 필드에 나갔다 하면,
필드의 "네로" 들한테 온갖 고통에 시달리고 당한다.
네로가 한 기독교인들의 박해보다 더한 핍박이다.

"희망을 잃지 말자.
그 박해 속에서도
마가복음이 탄생하였듯이
나도 내 골프복음을 써 봐야 하지 않겠는가?"

나의 샷이 도깨비방망이처럼,
본 대로 가는 보배 방망이가 될 순 없어도,
이내 그 신들린 샷이 되리다.

샷과 내가 하나가 되어야……

2021년8월 27일

색소폰을 불거나 바이올린을 켜는 이들의 연주를 한번 보면,
그 악기와 그가 하나 되는 것인가?
천상의 음악이 피어나는 하모니로 하나 됨을……

먹을 갈아 난을 치고 글을 쓰는 이들을 보면,
먹과 붓이 하나 되고, 붓과 그리는 이 하나 되어
빈 화선지에 생명을 불어넣는 것인가?
난초가 피고, 나비가 날고, 잉어가 뛰어오르는 생명의 탄생을……

볼과 클럽이 하나 되고, 그 샷과 내가 하나 되어,
필드에 수놓을 수 없을까?
염화시중의 미소를 보여줄 연꽃을……

"구력은?"
"네, 10여 년 되었어요……"
"서당 개도 3년이면 풍월을 읊는다는데 그 꼴이 뭡니까?"

그린에 올라 볼 마크하고,
녀석들 퍼팅하는 것 멍청하게 바라볼 게 아니라,
다른 녀석들 볼처럼 어디 도망가지 않고……

"나와 함께한 볼에 감사하며,
나를 볼에 넣어,
볼과 하나가 된 내가 홀컵으로 가야겠다."

웬 또 캐디 잡도리? 못 봐줄 진상 상위 10위

2017년2월14일

증거가 차고 넘치듯,
내가 20년 넘게 100을 못 깨는 이유도 차고 넘친다.

도대체 언제까지 이렇게 질퍽거리며 다닐 것인가?

못 봐줄 진상 10걸.

① 까칠해.

② 인터벌 길어.

③ 좌우 종횡무진에.

④ 웬 또 캐디 잡도리에.

⑤ 셀프 멀리건 몇 개는 기본으로 깔고.

⑥ 멀쩡한 친구들이 장갑만 끼면,
오십견에 발목 인대 늘어나, 허리 디스크래.

⑦ 어쩌다 어쩌다 한번 잘 맞으면,
따라다니며 묻고 또 물어, "내 샷은 어때?"

⑧ 아주 스크린에서 진을 치고 살아도,
작년 가을 클럽 잡고, 처음이래.

⑨ 아파트 2동이 들어가도 남을 거리를……
그린 올라가면서부터 OK 달래.

⑩ 왜 그렇게 따라다니며
징징거려? 핸디 더 달래.

또또또……
또, 술 마셔 새벽 4시에 들어갔다 양치만 하고 나와서, 또 늦었다?
또, 웬 그 따따아! 다 털려 한 푼도 없는 주제에……

기(技).도(道).예(藝), 어디까지 왔니?

2017년6월18일

기 技	기본(基本) 터를 닦는 기술적 단계. 단지 배고픔을 달래기 위해 먹듯. 다 하는데 나라고 안할 순없지 하여 클럽을 잡고 법석을 떠는 단계.
도 道	정도(正道)를 깨닫고 수행하는 단계. 맛집 찾아 두 세시간을 달려간 후, 한 시간 반을 기다리는 사람들과 같이 수행하는 단계.
예 藝	맛(味)를 즐기는 식도락(食道樂)! 혀를 통해 맛을 즐기고 감상하며 전율을 느끼는 사람들처럼 샷과 함께 풍류를 즐기는 단계

나는 지금 어디 쯤에 있는 것일까?

Fighter? 아님, Artist?

이도 저도 아니면 해저드 빠진 볼 찾으려다 타이틀리스트 볼 하나 줍고 무슨 횡재한 사람처럼 가슴이 뛰는 그런 사람?

아직도 공줍는 넝마인가?

기 技	동네 쌈꾼 (Fighter) 100돌이	기술을 익히는 단계 집터를 다지는 단계 "방안퉁소" 단계	다안다고 억지춘향하는 단계 클럽 잡고 법석을 떠는 단계
도 道	수도승 (Monk) 보기플레이어	지혜를 깨닫는 단계 도를 수행하는 단계 "골(Golf)아일체" 단계	두어 시간 맛집 찾아가는 단계 또 한 시간을 기다리는 단계
예 藝	예술가 (Artist) 싱글플레이어	참맛을 즐기는 단계 일가를 이루는 단계 "신선놀음" 단계	샷과 함께 풍류를 즐기는 단계 샷으로 그 사람을 읽는 단계.

필드의 팔불출?

2017년6월28일

필드의 불나방들
불나방들은 불을 좋아해서 불에 달려드는 것은 아니다.
불을 향해 일정한 각도를 두고 나는 습성 때문에
비행을 하다 그만 불 속으로 뛰어들게 된다.

필드에도 이런 불나방들이 수없이 많다.
이들은 남의 돈을 탐해서 그러는 것 같진 않은데,
하여튼 내기하지 않고서는 못 배기고,
라운드 때마다 그린피 정도를 제물로 바쳐야,
운동을 한 것처럼 느껴지는 부류의 골퍼들이다.

이 골퍼, 단 한 번 날갯짓으로 300 yds를 나는 거포(巨砲)지만,
이를테면, 필드의 불나방이다.
새벽, 필드에 들어서자마자 연 버디 두 방을 맞더니,
그 날갯짓 간 곳 없이 풍뎅이가 된다.

팔불출(八不出), 좀 덜떨어진 자를 일컫는 말인데,
아내나 자식 자랑을 늘어놓는……
혹여 내가 거리 자랑 늘어놓는 필드의 팔불출이 아닐까?

꿈에서조차도…… “사드 방어무기 체계”

2017년8월4일

친구 녀석은 인제 그만 클럽을 접겠단다.

골목대장, 그 어설픈 재주 믿고, 들이댔다 초주검을 당하더니……

골프는 원래 사드 같은 방어무기 체계일세.

그런데 자넨 그것을 공격용으로 쓰려 하고 있지 않은가?

아무에게나 함부로 들이대지 마시게나.

신영복 교수는 『감옥으로부터 사색』에서

“징역살이 길어지니 꿈에서조차도 감옥을 벗어날 수 없다.” 라며,

간절한 소망과 노력 끝에 나타나는 현상을 묘사하였다.

인생이나 골프에서나,

뭐 한번 제대로 해본 적이 없는 나는 꿈에서조차도 굿샷이 한번 없다……

로또, 대박이 터지는 꿈 한번 꾸어줘 주면 안 돼나?

잘 나가다가 꼭 끝에서 두 번째 숫자 하나가 틀려.

홀인원에 이글 2개, 버디 7개……

뭐 이런 꿈 한번 꿔주면 안되나?

맨날 2m 퍼팅 빠지는 꿈이라……

파발에 실려 보내는 승전보를 직접……

2018년2월5일

이 친구는 나를 위문한다며 지인들과 함께 캠프에 왔는데
숙소에 들어서자마자 끙끙 앓더니, 이번엔 아예 드러누워 버린다.
"감기 기운 땜에 한숨도 못 잤다" 며, 이 친구는 으레 그랬다.
멍석을 펴주면 "신발 벗기 귀찮다." 며, 뭐 그런 식?
"그래, 좀 푹 쉬시게." 아예 관심 없다는 듯 숙소를 나서자,
금방이라도 뒈질 듯하던 친구가 벌떡 일어나며,
"친구들 어찌 치는지도 보고 바람도 쐴 겸" 해서 나서겠단다.

환우가 깊은 것 같은데, 내기는 무슨……
"그래도 우리가 100밧짜리라도 해야죠" 하며 눈빛이 반짝거린다.
첫 홀 티 박스에 오른 친구, 연거푸 오비 두 방을 까더니
이젠, 아예 죽어 관 속으로 들어가 버린다.
"내가 자네하고 치자고 하든?"
"손목에 힘이 없어." "캐디가 거리도 못 보냐?" 하며 투덜대더니,
마침내 또 거리측정기를 꺼내 든다.

이 친구는 그린 위에서도
핀 대에 대고 측정기를 들이미는 좀 특이한 친구니까요……
좌우로 몇 방 날려줬더니, 금새 살아나 "제가 좀 치지요?" 라.
이 친구는 여느 때와는 다르게 장갑 벗자마자,
카트를 빌려 지인들에게 달려간다.
승전보란 파발을 띄우거나 바람결에 알려지는 법인데,
이 애는 본인이 직접 달려가 알리는 친구라……

: 제가 아주 좋아하고 존경하는 고객님이시죠.
김 : 종아리 굵기가?? 많이 본 듯한~.
엄살이 그 덩치 님이 아닌가 싶네요??
최 : 태국에서 그리스와 페르시아의 승전보를 누군가가
한국까지 달려와 전하겠군요.^^
: 요즘엔 자가발전에 송출, 홍보까지 동시에 이루어지고 있나 봐요…

예외 없이 "밑밥" 이 되는 친구

2018년4월9일

① 골퍼의 착각.

골퍼들은 자신의 실력을 너무 고평가하는 경향이 있지.
어쩌다 한번, 그것도 멀리건 몇 개 기본에.
아파트 동간 거리쯤 되는 컨시드를 헤아릴 수 없이 받고.
캐디가 화이트로 고친 스코어 몇 개. 하여, 겨우 턱걸이한 80타.
이런 친구들이 자길 싱글 플레이어로 불러주길 은근히 바란다.

② 골퍼의 허세.

또 왜 그렇게 옛날이야기를 해대는지.
소싯적엔 개나, 소 할 것 없이 캐리로 270m를 찍었다는 거야……
다른 것은 몰라도 드라이버 하나만은 자기가 또 장타인 줄 알아.
이런 친구들이 자기보다 한 발걸음만 더 나가는 친구들이 나타났다 하면,
그 순간부터 샷이 완전 엉망진창이 되는 경우를 수없이 봐왔다.
샷이나 경기 운영능력 등 전력이 훨씬 위인데도 절대 인정하지 않는다.

③ 골퍼의 엄살

그런데 또 내기만 붙었다 하면 죽는소리는 혼자 다 하고 다닌다.
맥주 반 컵이 치사량인 친구들이 새벽 3시까지 술 먹다 양치만 하고 나왔데.
내기만 붙었다 함, 예외 없이 "밑밥" 이 되는 착한 친구.
마누라 보기 창피해 하루는 포스기에서 20만 원을 찾아 딴 돈이라며 줬었데,
마누라 왈 "근데 금방 찾은 돈처럼 왜 이리 빠빳 해?"
거실에 있는 다보기 트로피에 시선이 꽂히는 순간 눈물이 핑 돌더라나……

무늬만 싱글인 저 "옛날 싱글" 들

2018년 4월 10일

골프장의 군상들

① 가방 들고 학교 간다고 다 공부하는 것은 아니듯 늘 꼴찌에 밑밥인 친구.

② 무늬만 싱글, 클럽이며 의상만 싱글인 친구.

③ 인내심의 한계를 체험하러 온 것으로 보이는 친구.

④ 백두산 호랑이며 킬리만자로의 표범 등, 안 잡아 본 맹수가 없다는 친구.
(그 샷으로는 산토끼 한 마리도 건질 수 없을 듯한데)

⑤ 투어프로도 그가 잘 맞는 날엔 절대 피해갈 수 없다는 친구.
(연습장 프로는 그에게 당한 친구 지천이고)

⑥ 부푼 기대에 차 왔다가 언제나 낙심천만하여 돌아가는 친구.

⑦ 캐디하고 시비하러 온 듯한 친구.

⑧ 저도 그렇게 못 치면서 아주 귀찮을 정도로 따라다니며 레슨하는 친구.
(운동하러 온 것 같지도 않고, 레슨으로 밥 먹고 사는 것도 아닌데)

⑨ 그리고 그 많은 "옛날 싱글" 친구.

⑩ 나처럼 18홀 돌며 세 친구에게 버디 열여섯 방 맞았다는 친구는 단 하나도 없고.

이미 설전(舌戰)은 개전(開戰)

2018년 4월 18일

단기필마로 백만대군을 물리쳤다는 것이다. 다 죽였다는 것이다.
샷으로 보아서는 파리 한 마리도 어림이 없을 듯한데……
그냥 한쪽 귀로 듣고 다른 쪽 귀로 흘려도 되는 남자들의 골프 이야기다.
어느 날, 운동을 마치고 술자리에서 군대 이야기가 나왔다.
한 친구가 월남전 참전기를
다큐멘터리 영화 이상으로 사실적으로 이야기를 하길래, 한참을 듣다,
"넌 소년병으로 참전했냐?" 했더니 조용해진다.
또 다른 친구, 이에 질세라 고생했던 이야기며,
매 맞던 이야기를 어제 일같이 이야길 하길래 그냥 듣고 있는데,
"5시에 기상을 해서……" 어쩌고 한다.
"넌, 취사병이었니? 취사병은 3시쯤엔 일어나야 하는데……"
내가 알기로는 단 한 번도
미국 땅을 밟아보지 못한 친군데,
무슨 메이저 대회 갤러리를 했다며,
퍼터 할 때 선수들 숨소리까지 들었다며 참관기를 이야기한다.
오늘, 바로 그 친구들 넷이서 레인지에 나타났다.
"아니?"
"휴가를 냈어요……"
2시부터 전투가 개시된다는데 벌써 설전(舌戰)은 개전(開戰)된다.

잘 될 때보다 안 될 때가 많은 게 골프잖아……

2018년8월6일

버디를 잡는다는 것은 그야말로 행운을 낚는 것인데

호사다마라고 그 후, 낚은 그것보다 더 큰 고초를 겪는 것을 자주 본다.

왜일까?

"'버디는 잘하면 너도 할 수 있다.' 라는 시그널인데,

이것을 '언제든지 할 수 있는 것' 으로 오해를 한다는 것이다."

하여 다 된 버디가 보기 되는 것도 허다하고,

버디 후 더 혹독한 대가를 치르게 되는 걸 자주 볼 수 있다.

말 그대로 죽 써 뭐를 주게 된다.

주어진 행운에 감사해하고

더 낮은 자세로 임해야 하는데

그것을 제 핸디가 갑자기 업그레드 한 것으로 착각하고

욕심을 부린다는 것.

아주 고약한 친구가 있는데

갑자기 심각한 표정을 짓더니

"볼이 너무 안 맞아 클럽을 그만 접어야 하겠다" 는 것.

대꾸를 말았어야 했는데 내가 바랐던 바라

"잘 안 될 때도 있는 게 골프잖아……" 하고 일어섰는데

버딜 연거푸 넷씩이나 잡은 스코어 지를 카톡으로 보내오더니

바로 뒤를 이어 또 죄송하다는 카톡이라

"까가비 아저씨한테 보낸다는 것을 잘못해 장군님한테 보낸 것." 이라고……

최 : 저분 저도 아는 분이신가요?

: 카메라가 신경 쓰여 제대로 된 샷이 안된다는 분이세요^^

최 : 그분, 뺑인 거, 아시죠? ㅎㅎ 아주 혼을 내주세요.

오래 본다고 들어가나? 룰 위반이야!

2018년8월8일

인터벌.

골프에서의 지나친 지연 플레이는 에티켓이 아닌 룰 위반으로 벌타라.

동반자들을 너무 짜증 나게 하는 인터벌이 길어도 너무 긴 친구.

꼭 클럽 3개를 꺼내 하나를 들고 빈 스윙을 세 번 정도 하고 난 후,

고갤 갸우뚱하면서 클럽을 집어넣어.

그리고 다른 클럽을 들고 또 세 번을 휘두른 후 다시 집어넣고.

마지막 클럽으로도 마찬가지……

그런 다음에야 볼을 쳐.

채를 빼버리려다 안 되겠다 싶어

긴 파4, 그린에 30m 못 미친 볼.

핀에서부터 발걸음으로 거리를 세었어.

그리고 빈 스윙을 세 번 한 후

다시 핀까지 걸음 수를 또 세었어……

"왜 그러냐?" 는 거야.

"발자국 수를 까먹어서" 라 말했지.

다음 홀 그린, 홀컵 앞과 뒤에서 그린 라이를 읽은 후

똑같은 방법으로 또 좌우에서 봤어.

"왜 그렇게 하냐?" 는 거야.

"습관이 되어서 그렇다." 했어……

친구는 다음 홀부턴 세 개이던 클럽을 한 개정도 줄이더라고.

인간시장? 내 몸과 맘조차 내 것이 아닌데!

2019년1월21일

인간시장(人間市場)
동계캠프가 사람들로 북적거린다.
진행이 늦는다고 아우성친다.
몇 팀이 대기하고 있는데도
배려나 양보는커녕 막무가내다.
나는 아주 특별한 VVVIP여야 되고, 너는 내 알 바가 아니다.
4명 일행이 2인 플레이를 고집하자
한 어른이 나서
이건 아니지 않냐 하자
그들이 되레 뚫어지게 어른을 노려본다.
세상에 내 것인 게 어디 있습니까?
내 몸과 마음도 내 것이 아닌데
시간이며,
페어웨이가,
핸디가 어찌 내 것인가?
골프가 신사 운동이다? 이미 옛날 이야기가 되었다.

최 : 정말 부끄럽다. 골프는 끝까지, 신사와 숙녀의 운동이어야 합니다.

제 눈이 안경? 하산한 골프 선사!

2019년8월9일

제 눈(目)이 안경이라. 샷에 대해 혼자 너무 많은 이야기를 해댄다.

그런데, 그 깊이는 좀 없어 보였다.

함께 자린 했지만 초면이라 말 섞기가 그래서 그냥 앉아 있는데,

느닷없이 내게 드라이브 비거리를 묻는다.

"아, 그게……"

"어디서 왔어요?"

"네……"

이 늙은이가 분명 말이 좀 어눌하거나,

아님 귀가 어두운 것쯤으로 여기는 것 같았다.

이번엔 아주 좀 큰 소리로

"무슨 일 하세요?"

"골프장에서……"

"연습장 요?"

"아니요……"

"그럼, 스크린 요?"

집요했다.

더 들릴락 말락 한 소리로

"아니고요…… 골프장서 볼도 줍고, 잔디 풀도 뽑고, 담배 꽁초도 줍고…… 그런 일 하고 있어요……"

도를 깨치려면
입산해야 하나?
하산해야 하나?

골프 한 지 3년 정도 되었는데 자긴 주로 스크린에서 많이 하는데,

좀 제대로 하고 싶어 왔단다. 나이가 예순이나 되었단다.

며칠 전 같이 라운드를 했던 한 친구가 와서

"제대로 배우려면 어르신께 정중히 한 수 가르쳐 주시라 하세요" 라…… 졸지에 하산한 도사가 되어 있었다.

"자넨 너무 늦었다네……"

허풍쟁이? 핸디, 핸디 하길래 10개 줬다!

2019년 10월 14일

한 녀석이

"만나자."

"왜?"

"그냥 그간 너무 소원해서……"

3년 전 볼 친 이야기부터 나온다.

그 기억력에 그저 감탄할 뿐!

어느 코스 몇 번 홀에 몇m 버디며 스코어까지 기억해낸다.

제 것이 아닌 동반자 것까지……

그땐 내가 무서웠다는 이야기까지 빼놓지 않는다.

식사까지 같이하잔다.

"기왕 하는 거 ㅇㅇㅇ도 부르자."

"왜?"

"밥 한 끼 하는 것, 꼭 무슨 이슈가 있어야 하나요?"

허~어, 왜 뜬금없이 이럴까?

갑자기

"소식 못 들었어요?" 라

"응, 무슨?"

"제가 3년 몇 개월 만에 아무개를 묵사발 냈어요."

아차 싶다.

이 녀석이 이 자랑을 늘어놓으려고,

나와 저 친구를 박수부대로 부른 것이다.

판돈을 아주 갈퀴로 긁어,

9홀 돌고 캐디피도 선불한다.

볼이 너무 핀에 착착 떨어지는 것으로 시작해서

첫 홀부터 마지막 홀까지……

자랑을 끊든지……
핸디를 끊든지……

캐디한테 묻는다.

"볼 그린 오버 했어?"

"아니요, 핀에 딱 붙었어요."

"응, 내가 눈이 어두워서…… 퍼터 주시게."

친구들 들으라고 몇 번씩이나 한다.

우승 상금으로 몇억씩 탄 프로 선수들보다 더 큰 기쁨을 맛본 것 같다.

확인이 필요하다.

"너, 개 박살 났다며?"

"네……"

"까가비 난리 났어……"

녀석이 더 웃긴다.

"내가 이런 소리는 하지 말아야 한다." 면서,

"핸디, 핸디 하길래 10개를 줬다." 라.

"야! 넌, 네 동네의 일인자라는 그 자부심 하나로 사는 녀석이 쯧쯧."

사실, 밥까지 얻어먹으면서 그렇게 초 칠 일은 아닌데……

마지막으로 대못질까지 한다.

"요샌 머리 올리러 간 친구들도 10개까지는 안 받는 게 대센데……"

대마불사? 거품 싱글의 대마필패!

2019년11월28일

대마불사?
어느 날, 80대 중반 정도 치던 이가 어찌 잘 맞아 싱글을 한다.

그것도 멀리건 두어 개를 받았지만……

그때부터 그는 자천타천 싱글이 된다. 골프의 거품이다.

나는 시간이 날 때면 인터넷 바둑을 즐기곤 하는데,

여기에도 그런 거품들이 있다.

그저 1~2급 정도인데, 인터넷에선 4~5단 수준이다.

대마불사!
바둑에서 덩치 큰 친구는 죽지 않는다는 것.
그렇지만 샷에서는 글쎄다.
파5, 430m. 모처럼 빨랫줄이 나왔다.
여기에 런빨 까지다.
남은 거리 180. 그의 머릿 속은 이글이다.
최소한 버디다.
헛것까지 보였다.
친구들의 입술이 파르르 떠는 것처럼 보인다.

거둬들일 돈까지 이미 계산이 끝났다. 그리고 회심의 미소까지 짓는다.

아차, 이게 무슨 일이람! 2nd 오비에, 3rd 생크. 엎친 데 덮쳐 3퍼트까지다.

"대마? 믿을 것 아닌 대마필패를 조심해야 하는 것이 샷이다."

"라운드도 바둑판에서처럼 깐죽거리는 친구들 다반사다."

덜떨어진 선생과 제자

2021년4월23일

볼을 좀 까는 녀석들은 조용하다.
서툰 녀석들이 물어도 미동조차 하지 않는다.

이제 겨우 걸음마 수준인 녀석들,
누굴 가르쳐 주지 못해 안달이다.
그런데 좀 제대로 일러줘야 하는데
잘못된 자기 샷을 가르친다.
골프처럼 선생이 많은 공부도 없다.

앞 타석에서 웬 녀석이 열심히 가르친다.
그 친구가 떠난 후, 내게 묻는다.

"어쩌면 그렇게 힘 안 들이고 부드럽게 샷을 할 수 있어요?"

"이제 나이 들어 힘이 없어서요……" 내가 그에게 물었다.

"아까 레슨하던 녀석은 친구예요?"

"오늘 여기서 첨 만난 친구입니다." .

한 줌도 안 되는 그 재주 말고 자기 가진 돈이나 그렇게 풀지……

첫 새벽부터 왕재수라!

2017년5월9일

그 행색으로 보아 골프장 허드렛일을 하면서 생계를 이어가는 늙은이인 듯 보였는데. 심각한 표정으로 말문을 열었다.

"여보게! 뭐 하나 물어볼 게 있는데……"

"말씀해 보시지요……"

"어제, 어버이날이라고 모처럼 야간 라운드를 하게 되었는데, 동반 캐디 하는 말, 7~8년 전 그 아이가 신입 캐디 교육을 받던 시절, 내 샷을 보고, '아마추어로선 더 좋은 샷을 아직껏 본 적이 없었다." 라고 하던데. '그 말이 날 놀리는 게야? 아니면 칭찬이야?' "

아이들은 떫은 감 씹은 듯 대답 대신 먼 산만 쳐다보았다.

고약한 볼 인심

2021년5월13일

샷 하는 친구들에겐 볼은 아주 특별한 의미가 있는 듯하다.

각별한 친구들끼리는 그린피나 캐디피 내주는 건 더러 볼 수 있는 그림인데, 3pcs 볼 한 줄 주며 쳐보라는 친구는 드물다.

땅 따당을 무슨 기관총 쏘듯 쏴대는 친구들도 마찬가지다.

십 수만 원씩이나 되는 딴 돈 다 돌려주는
꽤 매너 있는 친구들도 예외는 아니다.
밥은 자기가 쏘겠다는,
이 코로나 시국에 대박이 났다는 친구도,
산으로 물로 이리저리 허둥댄다.
자기 지갑이나 휴대폰을 잃어버려도, 그리 허둥대지 않던 친구도,
볼 하나 놓치면 아주 정신을 놔 버린다.
수십 수를 잃어 본전 생각 간절한 친구도, 어쩌다
새 볼 하나 줍게 되면 무슨 횡재한 친구처럼 당장 흐뭇해한다.
한두 달 해외 전지훈련 가는 친구들은,
애 늙은이 할 것 없이 돈 보다 볼을 더 챙긴다.
훈련 중 돈 떨어졌다는 놈은 아직 보지 못했다.
그냥 돈 주고 사면 되는데……
좌우지간 특별하다.
옛적, 내가 새벽 신입 캐디 교육을 할 땐,
로스트 볼 줍는 게, 내 일과의 시작이기도 했는데,
2~30수 정도 건지는 날엔,
나 또한 주유 탱크에 가득 주유하고, 손 세차 한 날 마냥 흐뭇했다.
잘 닦아 놓았다가 허둥대는 친구들에게
볼 한 봉지씩 건네주면 친구들,
무슨 로또 맞은 친구처럼 당장 싱글벙글했다.

골퍼의 테니스 엘보

2021년5월21일

물리치료 중!
1년여 쉬었던 샷을 다시 잡았는데
영 아니다.
하여 샷 좀 만들기 위해 며칠 연습장에 나가
클럽을 만지작거리자 팔뚝에
이상 신호가 왔다.
주치의는 근육에 염증이 생겼다며
당분간 쉬란다.

아무리 잘 살펴 봐도!
일어나야 칠 수 있다!

시골 어른들의 일과는 조반을 든 후
마을버스를 타고 읍내에 있는 의원에 가
물리치료를 받는 것으로 시작되었었다.
내가 지금 그 어른들의 연배가 된 것이라.

나이 들면 눈, 귀가 어두워지고
이빨이 성치 않게 되는 것은 좀 덜 보고,
못 본 척 못 들은 척하며,
이것저것 상관치 말라는 것일 테고,
이빨 성치 못함은
잇몸으로 먹으라는 게 아닌
덜 먹으라는 신호일 터
전기치료다. 적외선 치료 내내
쓸데없는 이런 짓 하지 말고
클럽을
아예 내려놓으라는 것 아닌지?

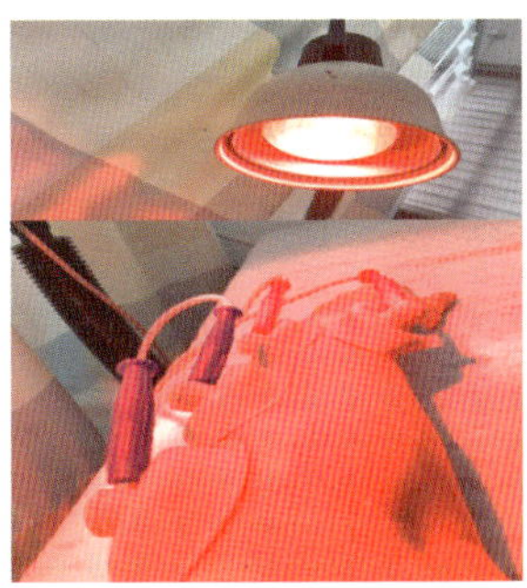

머시기로 네임텍을 바꿔 단 아무개

2021년8월 24일

아무개가 머시기로 네임텍을 바꿔 단다.
하지만 그것이 그의 샷이나 핸디까질 바꿀 수 없듯,
그도 머시기가 될 순 없다.
얼굴도 아예 확 뜯어고친다.
다시 태어나고 싶은 것이다.
거기까진 개인의
자유 영역이다.
그렇다고 사람들에게 남아 있는 기억들이나,
그가 살아온 내력까지를 지울 순 없다.
어떤 이들에게는
지워버리고 싶은
과거나 내력들이 있을지 모르겠지만,
볼을 치는 사람들에겐
그것들이 되레 아름다운 추억거리다.
난, 어제도 볼 찾으러 가는 녀석에게
그때처럼
"볼 여기 있다!" 고 소리치지 말고,
볼 찾으면 그냥 조용히 치라 하였다.
또 머시기로 네임텍을 바꿔 달았다 해서
그 아무개가 머시기 행세를 하진 않는다.
그 머시기로 되어있는
싱글 기념패는 아직껏 볼 수 없었고,
언제 할지 모를 홀인원을 위해
들어 둔 보험도
머시기가 아닌 아무개 명의다.

아직 밝기 전에 온 산야를 누비는 연유

2014년10월25일

골프는,
많이 치면 몸에 좋고,
함께 하는 동반자들도 좋아한다.
적게 치면 기분이 좋고 지갑 두둑해져 좋다.
"몸 좋아진다는 데 돈은 좀 들어야 하지 않겠습니까?"
그런데, 세상살이는 내 몸 좋아지며,
기분 좋고 친구들 기뻐하며,
돈까지 되는 그런 일이 별로 없는 것 같지 않다?
그래서, 너 · 나 할 것 없이
저렇게 날도 밝기 전에
온 산야를 정신없이 누비나 보다.

그 귀한 돈 들이고 황금 같은 시간 쪼개 왔는데,
스코어에 너무 집착해 더 큰 것을 잃어서야……
"이 세상에 진정한 내 것이 뭐가 있겠습니까?"
핸디! 그것 역시 내 것이 아니다.

좀 더 치면 몸에 좋고 동반자들이 좋아하고,
어쩌다 덜 치게 되면 지갑 두툼해져 좋은 터.
그래서 "너 · 나 할 것 없이 이렇게 꼭두새벽부터 나서는 것일까?"

샷을 대신 쳐 달라는 바보는 없다!

긴급상황? 카트에서 웬 대형 화재?

2017년6월19일

정론직필(正論直筆)

바르게 논의를 하고 올바르게 기사를 쓴다.
웬 찌라시에, 하루 만 명 이상 찾는 골프장 카트에서 불이 났는데,
소화 장비 하나 비치되지 않아 하마터면 대형사고로 번질 뻔했다는 내용인데……
팩트 체크를 해보겠다.

첫째, 1일 1만 명이 찾는 골프장은 우리나라엔 없다.

둘째, 라운드 중인 카트에서 불이 났는데 대형사고라?
카트가 무슨 런던 아파트입니까?
휘발유로 갑니까? 카트는 충전 밧데리로 운행을 한다.
하절기 이상기온으로 회로기판이 과열되어 그랬을 것이다.
순간 스파크로 연기가 났을 테고 플레이어들이 좀 놀랐을 수는 있다.
하절기 녹음이 우거져 있는데 어떻게 대형화재로 되겠습니까?

셋째, 소화 장비가 갖춰지지 않았다고요?
천만의 말씀이다. 골프장이 그렇게 허술하게 안전관리를 하진 않는다.

침소봉대(針小棒大)!

바늘을 몽둥이라 한 것이다.
또, 한 가지 의문이 드는 것은 그 취재원이 어디냐는 것인데,
기자가 자신의 라운드 중에 이것이다 하여 기사화한 것이라면,
이것은 좀 그런 것 같다…… 이 저의가 과연 무엇일까?

서 : 이런 기자는 기레기축에도 못 낍니다.
그냥 쓰레기입니다.
양 : 하루 100명 아닐까요?
: 골퍼가 골프가 뭔지를 좀 알아야 되듯,
기자도 기사가 무엇인지를 알고
붓을 놀려야죠.^^

언니! 얼마 남았어? 아주 가까운 이웃!

2017년7월15일

"언니! 얼마 남았어?"
언니, 언니 하지 말자.
이것이 바로 갑질 시작이다.
부지불식간에 캐디를 아래로 보기 때문에 그리 말하는 것이다.
"캐디님! 얼마나 남았지요?"
회항에서부터 당까지,
잊힐 만하면 다시 터지는 갑질들, 헛웃음이 나오는 사과란 요식행위들.
지금, 이 순간에도 도처에서 저질러지고 있을 그것들.
철저하게 응징해야 한다.
아주 거덜이 나게 말이다.
사람이 사람다운 대접을 받고 사는 사회.
그것이 그렇게 요원한 것일까?
남의 갑질에는 손가락질하고 맹비난을 하면서,
정작 자신이 저지른 그것에 대하여는 제대로 인식조차 못 하는 친구들.
지금 당신의 플레이를 돕는 캐디가 바로 당신의 아주 가까운 이웃이다.

좀 제대로 하는 게 어떨까요?

2017년9월14일

필드의 좋은 먹잇감이 되지 않으려면,

돈을 좀 들여 제대로 배워야 한다.

"독학도에 검정고시파라고요?"

"레슨 안 받고 친다는 게 무슨 자랑입니까?"

부끄러운 줄 알아야지.

"클럽 한번 잡아보지 않고 나왔다고요?"

"죽으려면 무슨 짓인들 못 하겠습니까?"

부단히 닦고, 기름 치고, 가다듬어도 모자랄 판인데……

비싼 돈 들여, 귀한 시간 들여서 하는 것인데,

"돈 잃어 등신까지 되어서야?"

"기왕 할 거면 그리하지 말고 좀 제대로 하는 게 어떨까요?"

"기본조차 익히지 않고 기어 나와 가르치려 들거나, 매너가 어쩌고 그런 헛소리들 늘어놓지 마시고요."

송 : 좋은 아침에 속 시원한 글 감동입니다^^

남 : 장군님 잘 지내시죠. 인사도 못 드리고 와 죄송합니다. 뭍에 올라가면 맛난 거 사주세요. 손 한번 제대로 못 맞춰 보고 왔네요. ㅋ 맞췄으면 손목이 날아갔을 듯. ㅎ

: 새 일터에서도 커다란 성취 있길 바래. 항상 건강하시고.

김 : 돈 열심히 모아서 출동하겠다.

멀리건을 줘 버디를 낚으면? 호랑이와 토끼!

2021년7월 16일

호랑이와 토끼.
해저드에 오비를 연발하는 녀석에게 멀리건을 줬는데 버디를 낚았다.
녀석은 본전 생각에 버디 값까지 챙기려 한다.

호랑이가 깊은 구덩이에 빠져 살려달라고 아우성을 치자,
지나가던 사람이 구해준다.
그런데 그 호랑이가 그를 구해 준 사람을 잡아먹으려 하며,
옥신각신 하는 것을
지나가던 토끼가 보고,
왜 그렇게들 싸우고 있느냐를 묻는데……
토끼,
"그럼 어떻게 빠져 있었는데?"
호랑이에게 물었다
그러자 호랑이가 다시 구덩이에 들어간다.
"이렇게 ……" 하며,

갑질 호랑이도 헛똑똑이야!

토끼는
배은망덕한 친구들은 저렇게 응징하는 것이라며,
사람을 보고 쌩긋 웃으며 그의 갈 길을 떠난다
호랑이는 다시 호랑이 살려달라고,
소리치기 시작한다.

삼국유사에 나오는 이야기인데,
이렇듯 배은망덕한 사람들이 필드에서 발호하고 있지만,
저 토끼 지혜를 가진 이들이 없는 필드이다.

"이제 다 죽었다!" 나홀로 72홀

2017년8월17일

58년, 개띠 할머니의 골프사랑.
열대 폭염 아래,
웬 아줌마가 이른 새벽부터 돌고 또 돌고 돌았다.
나 홀로 72홀 완주.
개장 18년 이래 처음 있는 일이라며,
골프장 측은 내장객들에게 성대한 만찬을 베풀어 주었다.
박수를 받으며 소개된 할머니는
점심조차 걸러 배가 너무 고프다며,
이제 꼭 싱글을 한번 해보고 싶은 것이
당신의 소박한 꿈이자,
간절한 바람이라 하였다.
어제 한국 들어가는 배웅 길에서
"이제 다 죽었다!" 고,
중얼거리는 소리를 듣고 흠칫 놀랐는데……
하여튼,
그 바람, 꼭 이루어졌으면 한다.

존스나 입스가 없는 세상은 언제쯤?

2018년7월1일

존스(Jones).

존재 자체가 스트레스고

입스(Yips).

입만 열면 스트레스라는 말인데

예보는 많은 비였지만 하늘은 멀쩡하였다.

내 스코어 지에만 비가 내렸다.

모처럼 전반을 -2로 마무리하며,

야심 찬 후반을 준비하고 있는데,

이 친구가 나타나자마자 그만 스코어 카드에 비가 내리기 시작해 내리 6보기라.

이 친구가 바로 Jones + Yips라.

필드에서 이 친구는 그 존재 자체가 스트레스라.

필드는 그렇다 치고.

이 존스나 입스가 없는 세상 언제 쯤일까?

과일은 제철 과일이듯 골퍼에겐 가을이다.

2018년9월4일

"천고골바!"
"천고" 높은 하늘에
"골바" 골퍼들이 바빠지는 계절.

과일은 제철 과일이듯 골퍼에겐 가을이다.

종이 울리면 침을 흘리는 짐승이 있는데
너도 그 종소리에 이끌려 필드에 나오는 것 아닌지 모르겠어……
하지만,
그 짐승은 낯선 이들을 볼 때나 경계를 하고,
짖거나 물어뜯기를 하는데,
넌 아무에게나 이를 드러내며 물어뜯으려 나대잖아……
뭣만도 못한 친구이란 소릴 듣는 것 순식간이니 조심해야 해.

안성 윈체스트 CC 샷 동상

천태만상 필드

골프는 용사(勇士)처럼 플레이하고 신사(紳士)처럼 행동하는 게임이다.

- 데이비드 로버트 포건, 세인트앤드루스 출생, 골퍼이자 작가, 은행가 -

프로골퍼라는 건 호주머니에 2달러밖에 없는데 5달러를 걸고 홀에 임하는 것이다.

- 리 트레비노. 메이저 6승. 투어 사상 가장 재미있는 선수 -

고힘서욕 - 소박한 어느 골퍼의 바람

2014년3월18일

월례 모임이 8개나 된다는 골퍼,

입산수도한 지 2년쯤 된다고 하였다.

장총을 잡고 선 팔목을 걷어 뭔가를 본 후 총질을 했다.

이내 궁금하여 물었더니,

"고개 들지 말자."

샷을 한 후에도

점쟁이가 그들의 신을 불러내듯 뭔가 모를 주문을 외우고,

퍼팅할 때도 손바닥을 본 후 셋업을 하였다.

궁금했지만 묻진 않았다.

"월례회에선 매번 최하위 그룹에서 샷을 한다." 며,

"연내 보기 플레이하는 것이 바람이다." 하였다.

그는 오늘도 108 번뇌였다.

108 번뇌……

"고힘서욕. 고개숙이지 마! 힘쓰지 마! 서두르지 마! 욕심부리지 마!"

송 : ㅋㅋ
이 : 회장님! 제 얘기를 하신 것 같습니다.
심 : 슬며시 웃음이 나옵니다.
유 : 건투를 빌어 드린다고 전해 주십시오. 회장님!
표 : 무릇 익을수록 숙이는 게 자연의 섭리이지요. 그러하나 저는 아직은 고개 쳐드는 한사람입니다. 지당하신 말씀 명심하겠사옵니다.
: 머리 들다가 다친 사람들은 골프 아닌 다른 곳에서도 많았지요……

노천학당엔 야학하는 학동들

2014년 4월 15일

필드에 어둠이 깔리기 시작할 즈음, 노천학당엔 야학하는 학동들이 못다 한 공부, 그 한을 풀기 위해 모여들고 있다.

학동들이여!
오늘은 제발 그 쓸데없는 욕심들 버리고 아주 편안하게 해보시게나……
그럼 아주 쉽게 문제가 풀릴 수 있을 겁니다.
학동들이여! 차라리 급하면 알을 까세요.
열심히 일하는 캐디 괜히 「덮어씌워」 힘들게 하지 마시고요……
부처님께서는 "하지 말아야 할 짓을 하면 무한한 해악이 오고,
도리로 행하면 순조로워 후회하거나 한탄할 일이 없다." 하셨다네.

2014년 4월 13일·

노인은 본디 욕심이 없고 게을러 배가 고프지 않으면 사냥을 하지 않는데,
요사인 봄 가뭄 탓인지 보릿고개를 겪고 있는 터,
오늘은 그물까지 챙겨 투망질을 해봤는데 허탕이라.
덫이며 올무까지도 아무 소용이 없었다.
밤이슬을 흠뻑 젖은 노인은 점점 녹슬어 가는 그의 샷을 안타까워하며,
이제 곧 지팡이로나 쓰게 될 그의 손때 묻은 클럽을 망연히 처다보았다.

100타, 여기저기서 부르는 데가 많지……

2014년6월16일

제발! 그렇게 띄엄띄엄 보지 말자.
좀 어리숙해 보인다 해서 또 말을 하지 않는다 하여 생각조차 없는 거로 착각하지도 말자.

꽃을 보면 아름답다는 것쯤은 알고 있거든.
허나, 인품이 고상해 부르는 것으로 오해하지 말길……
부푼 기대로 나갔다가 축 늘어진 어깨를 하고 귀가하는 만년 재능 기부자라.

70타	금수강산 방방곡곡 이름을 날리고, 어떤 목표물도 정밀 조준 타격이 가능한 자.
80타	그린피는 걱정 안 해도 되고, 굴비 셋 정도는 들고 집에 갈 수 있는 자.
90타	무용담은 제법 하지만, 여기저기 발품만 팔고 다니는 실속 없는 한량
100타	여기저기서 부르는 데가 많지…… 비록 밑밥 신세지만……

골퍼와 알코올 중독자

2017년 9월 19일

골프를 마치고 씻으면서 나누는 이야긴 둘 중의 하나이었다.
"죽일 수 있었는데……" 아님, "채를 그만 접어야겠다."는 것.

알코올 중독자가 만취했던 다음 날, 다시는 술을 입에 대지 않겠다고 다짐하면서도, 저녁에는 다시 술을 마시듯,

볼을 치는 녀석들도 다시는 안치겠다면서 그 자리서 다음 일정을 잡는다.

그렇게 그냥 하던 짓 하십시오. 맹 그 모양이겠지만 볼 치다 보면, 어느 운 좋은 날 죽일 수 있을지도 모르니까.……

알코올 중독자의 다시 마신 술은 몸을 망치게 하지만,
"골프 중독자의 다시 치는 골프는 몸까지 상하게 하진 않아!"

프로 볼은 본 대로, 아마 볼은 걱정한 대로!

2014년7월2일

첫 홀, 첫 샷은
동반자들을 놀라게 하는 데 있지 않고, 실수를 최소화하면 족하다.
절대로 동반자들을 놀라게 하려 들지 말자.
그들도 지금 가뜩이나 긴장하고 있으니까……
또 머릴 들지 않아야 한다.

스윙을 할 때, 절대로 머리를 들지 않아야 하는 것은,
그 순간만이라도 보고 싶지 않은 자들을 보지 않기 위해서다.
또, 그 순간만이라도
안 보면 보고 싶지만 보는 순간 이가 갈리는
저 친구들을 보지 않기 위해서다…

"프로의 볼은 본 대로 날아가고,
아마추어는 걱정한 대로 날아간다."

골프장의 서비스는?

2017년3월26일

SKY72의 붕어빵과 어묵(오뎅) 국물

"참 친절한 서비스"에 익숙해져 있는 나는, 여타 골프장에서의 라운드 시 불편함이 한둘이 아니다. 비가 오던 날엔, 챙겨주는 우비며 따끈한 청주 한 잔과 어묵 국물이, 바람 심하게 불던 날은, 목토시와 슈크림 붕어빵의 그 따스함과 달콤함이 아련하다.

숏티 단 한 개를 제공하지 않는 무 서비스에 서운했고, 핸드폰 밧데리가 다 되어갈 때쯤엔 "그래, 역시 스카이72야!" 였다.

널브러진 페어웨이의 디봇(divot)과 담배꽁초가 너무 크게 들어왔고, 손길이 뜸한 듯해 보이는 그린이며 늘어진 경기 진행에 화가 났다.

봉지 커피 한 잔? 없다는 말에 괜히 뭔가가 치밀어 올랐다.

목욕탕, 따뜻한 물에 몸을 담그는 것은 11시가 되어야 한다는 말에, 나도 모르게 욕이 튀어나왔다.

이들에게 선크림이며 물티슈와 핸드크림, BB크림에 헤어왁스, 멘소래담과 헤어스프레이는 다른 나라 이야기 일 듯싶었다.

전 : ㅎㅎㅎ 익숙함~^^ 그리움.
양 : 200% 동감입니다. ^^
김 : 이렇게 좋은 곳에 운동할 수 있어서 너무 행복했다…… 골프 하는 김ㅁㅅ을 만들어 준 그곳 스카이72 최고입니다… 너무 감사드립니다.
: 나도 그때가 행복했던 때였던 것 같아……
최 : 어묵보다는 그래도 어묵이 더 정겨운……
김 : 환상입니다……붕어빵……중독성 있어요……□
: 김상영 부상은 완쾌되었나요? 난 상한 고긴 싫어서요…… 잘 숙성된 육즙이 먹음직스러운 그런 고길 선호하거든요……
: 요리 명장이 회칼 없다고 회를 뜰 수 없는 것은 아니잖아……
류 : 회칼 준비되었다고요…… 난 무딘 칼로 준비하렵니다. ㅋㅋ

내샤 - 박수에 속지 말고 환호를 믿지 마!

2017년6월28일

"동반자는 계륵(鷄肋)과 같은 존재다."

닭갈비! 먹자니 먹을 게 없고 버리자니 아까운……

하지만, 나를 생각 해주는 척, 목이 터지라 "굿~샷!" 을 외치고 손바닥에 피가 나도록 손뼉을 쳐주는 친구들…… 실은 그것이 인제 그만 어서 한 방 날려달라는 아우성이자, 간절한 바람이다. 하여 그들이 계륵 다름 아니다.

"라운드! 사실 소우주가 펼쳐지는 곳이다."

각자의 생각과 셈법이 다른데 오비를 날린 자는 어찌해서든 보기로 막아보겠다는 것이고 동반자들은 무너질 때 완전히 자빠져 더블보기를 간절히 바라는……

어떤 녀석들은 동반자가 오비 날려주면,

곧바로 뒤이어 자기가 날릴 오비 두 방은 미처 생각지 못하고,

이글 하면 얼마가 들어오고 최소한 버디만 잡아도 얼마라며,

스스로 생각하며 흐뭇해하는 친구들도 있다.

"박수에 속지 말고 환호를 믿지 말자."

박수는 그렇게 치지 말라는 비아냥이고, 환호는 까불지 말라는 경고이기 때문이다.

적반하장? 참 염치없는 것들!

2017년7월10일

골프장의 진상들

전반 9홀 마치고 그늘집에서 쉬고 있는데,

웬 멀쩡한 친구들이 지들끼리 키득거려가며,

골프장 측에 전화로 뭔가를 보상하라 요구하고 있다.

내용인 즉 마샬이 경기진행을 빨리하라고 채근하는 바람에

그 스트레스로 전반 9홀을 죄다 망쳐버렸으니,

그 피해를 보상하라는 것.

적반하장이다.

참 염치없는 이들이다.

이들을 뒤따르는 팀이 이들의 늑장 플레이가

경기의 흐름을 깨자 컴플레인을 하였을 터.

이에 좀 빠른 플레이를 동반캐디가 수차례 요구하였을 것이고,

이에 응하지 않자 마샬이 떴을 터인데,

미안해 하고 사과를 해야 될 일을 갖고 보상을 하라?

동반 플레이어의 긴 인터벌도 스트레스지만,

앞서가는 팀의 늑장 플레이는

뒤따르는 내장 플레이어 모두를 짜증스럽게 하는 것이다.

멀쩡한 친구들이 자기들끼리

서로 눈을 깜빡거리고 키득거리며 전화질을 하는

그 가엾은 모습이

오래토록 머릿속에서 지워지지 않는다.

공을 쳐라. 뒷통수를 치지 말고

한 : 장군님 요즘 이상한 이들이 너무 많아요. 남의 배려는 없고 자기 자신밖에 모르는 파렴치들이 넘쳐납니다. 이번 장마비에 싹 씻겨 내려가길 소망합니다~~^^

정 : 장군님^^ 행복을 드리겠다.♡ 건강히 잘 지내시는지요??? 적반하장 골퍼들이 많군요……

 : 멀쩡한 목욕탕 물에 엉덩이를 데었다고 보상하라는 친구도 봤어야…… 그 친구는 물에 발부터 넣지 않고 엉덩이부터 넣나 봐요……

성 : 모든 일에는 객관적인 사실에 의거해야 된다고 생각합니다. 이런 골퍼의 사업장에 가서 똑같이 하고 싶을 때가 있겠죠~~ 현재 골퍼의 실력과 매너는 걸음마 단계라서 이런 일이 자주 발생할 것입니다.

 : 야간 골프를 하게 되면 모기도 좀 뜯기고 하는 건데…… 모기 뜯겼다고 물어내라는 여자도 봤어요. 볼이 맞지 않는다며 해저드에 클럽 던져버리고 왜 빨리 찾아주지 않느냐고 아우성치는 친구도 봤어요^^

성 : 산에 가서 모기 물리면 나라에 배상 청구하겠네요. 이런 사람은 정신감정이 필요합니다.

정 : 스포츠 중에 자신의 성격과 매너, 인간성이 그대로 가감 없이 나오는 스포츠가 골프인 것 같다. 내기 골프일 경우엔 더 그렇지요……

김 : 암튼 진상들은 어디에나 있네요~

조사를 해보면 골퍼의 80%가 라운드 중에 속임수를 쓴다고 답한다.
나머지 20%는 거짓말쟁이다.
- 브루스 렌스키. 만화 작가, 카투니스트 -

내샷 - 골퍼의 딜레마?

2017년8월9일

골퍼의 딜레마 좀 생소한 말이죠?

"죄수의 딜레마[1]" 란 게 있지요. 저 하나 살겠다고 한 증언이 결국 자신은 물론 상대까지를 더욱 곤경에 처하게 만드는……

이곳 태국 캐디들은 절대로 OB라는 말을 하지 않는데.
OB? "50:50" 이라는 것이다.
이땐 잠정구를 치고 나가는 것이 정답이다.
그런데, 그냥 나가는 친구들이 더러 있긴 하지만.
또 이상하게 볼이 살아있다는 것이다.

"귀신은 속여도 저 자신은 속일 수 없음" 인지,
열에 아홉은 또다시 트러블 샷을 친다.
하여, 더블로 막을 것을 양파로 마무리하게 되지만……

그런데, 소위 이 알까기가 상대의 샷까지 망치게 한다는 것이다.
저것은 아닌데 하면서 한 샷이 그만…… 그렇게 된다.
이름하여 골퍼의 딜레마라……
오죽 다급했으면 저리하겠나 이해되는 바 없지 않지만,
멀쩡한 내 샷을 망가뜨리는데 그 심각성이 있음이다……

1) 죄수의 딜레마 : 2명이 참가하는 비제로섬 게임 (non zero-sum game)의 일종. 노벨상을 받은 존내쉬, 라인하르트젤텐, 존 하사니가 제시한 게임이론. 게임이론은 게임 참여자의 전략적 사고에 의해 시장에 영향을 준다는 이론.

필드는 전쟁(戰爭) 중

2017년9월9일

라운드를 마친 전쟁 후(戰後)나 라운드를 앞둔 전쟁 전(戰前)이나 필드는 전쟁이다. 결혼식 가는 차(車) 안, 지난주에 한판 붙은 모양새인데, 다 같이 볼멘소리들이다.

"넌, 볼 치는데 그 태클 좀 작작 해……"

"난, 형 구찌 때문에 클럽 뺄까 했었어……"

그러고도 다음에 한 번 더 붙자고 날을 잡고 있다.

피로연장, 내일은 눈물이다. ……

"눈물? 너나 몇 홀 돌지도 않고 '볼 있어?' '있어?' 하지 말고 좀 넉넉하게 가져와, 허우대는 멀쩡하게 생겨가지곤……"

보이기엔 평온한 것 같지만 실은 사투(死鬪)가 벌어지는 피비린내 나는 곳이 필드다.

설전(舌戰)으로 개전(開戰)되어 총질과 구전(口戰)을 거쳐 다시 말싸움(舌戰)으로 종전(終戰)을 하게 되는데, 좀 정확히 말하면 정전(停戰)인 셈이다.

휘두른 장검에도 목이 달아나지만,
단도(短刀)도 깊이 찔리면 치명적일 수 있다.
면도날에 베이어도 피가 난다……

그래도 우리는
죽이지는 않네

"어르신! 말씀도 없이 뭘 그리 생각하고 계세요?"

"너흰 샷도 좋지만, 입(口)이 더 화려한 것 아닌가 해서……"

"다 어르신 가르침 덕택이지요. 뭘……"

"아니, 뭣 뭣이라고?"

하여튼 올가을엔 특히, 칼들 조심하자.

단수수 맛보다 더 단 버디 값

2018년9월12일

가엾은 올드 보이들.

한때를 풍미했던 사람들인데.

그냥 물러나 장기판 뒷전에서 가끔 헛기침 한 번씩 하며 살면 될 터인데,

뭘 더 어찌해 보겠다고 나와 풍선, 바람 빠지는 소릴 해 댄다.

촌노들도 때가 되면 고추를 말리거나 논 물꼬나 보면서 물러나 앉는데,

이 친구들은 정신 못 잡을 때까지 눌러앉아, 뭘 해보겠단다.

북(北)이나 한번 같이 다녀오자니까.

때가 아니다느니 들러리 서는 게 싫다는 둥 하는데 때가 아니나,

들러리를 서고 있는 게 다름 아닌 지금의 자기들인 것을 자기들만 몰라.

아이들이 내지르는 것을 보며,

가지랭이 찢어지는 줄 모르고 덤비는 내가 안 돼 보이긴 더 안됐다.

"노을이 지면 저녁을 준비해야 하는데,
지는 해가 멈춰주길 바라고 있으니.
앞서가면서 따르라! 해야 하는데 지팡일 짚고 걸으면서,
멀쩡한 친구들 자빠지기나 바라고 있으니……"

친구들이 스트레스란다.

순간 섬뜩했다.

내가 거추장스러워진 게 아닌가 해서…… 그런데 아니다.

볼이 너무 반듯하게 멀리 나가서란다.

친구들이, 파5. 티샷한 볼을 깃대 160m에 보내놓고 하는 말

이글하면 어떻게 받아야 하는지를 묻는다.

"학교 가깝다고 공부 잘하는 친구 별로 못 봤다" 며

뺀 김이 먹힌 탓인지, 3퍼트, 내가 붙인 3rd 샷은 버디.

그 버디 값이

어릴 적 학교를 파하고 집에 올 때 꺾어 씹던 단수수 맛보다 더 좋다.

이 친구는 똑바로 나가는 것이 스트레스라!

2018년10월28일

“너, 설사증세 있니?”

“아니…… 왜?”

“날씨가 꽤 추운데 웬 땀이……”

“뎅기열이나 AI 아닌가 해서……”

“그럼 떨어져 있어야 하는 것 아닌가 해서……”

필드에 나오는 친구들은 다 환자라.

한 친구는 오십견.

또 한 친구는 발목이 삐끗해,

병원에 갔더니 인대가 찢어졌다나……

이 땀 흘리는 친구 하나 멀쩡했는데,

생크 몇 방에 뒤땅 몇 번 치더니 그만 AI 증상이라.

다들 젊었을 땐,

술 먹고 새벽에 집에 들어갔다.

곧바로 나왔다 게 주류를 이뤘는데,

이제 술 먹을 힘도 떨어진 춘추라……

나도 질 수 없어 작년 겨울 전지훈련 갔다 온 후

첨 클럽 잡은 거라 했지.

나이 들어 거리는 좀 줄었지만,

방향성은 좋아졌다며,

그래도 거리났던 그 시절이 그립다 하자.

또 먹이기 시작한다는 거라.

친구들에게 들릴 듯 말 듯 한목소리로

“볼이 너무 똑바로 나가는 것 이게 난 스트레스야……”

왜 General Han? 장군의 카리스마

2019년8월2일

"어디서 오셨소?"

"네, 어딥니다."

"거기가 다 당신 사는 덴 아니잖아……"

"아! 어딥니다. 잘 모르실 것 같아서……"

"그럼, 누구 아셔?"

"네, 참 좋은 어르신이시죠."

"근데, 어떻게? "

"걔가 내 친구거든요."

"응, 난 당신 바로 그 윗동네가 고향이야."

같은 읍내지만 다녔던 초등학교가 달라 교류가 없었던 것.

"참, 여기까지 와서 동네사람을 만나는구먼……"

"뭐 하나 여쭤봐도 될까요?"

"뭘?"

"왜 다들 General Han이라고 부르는가 해서요……"

한국어학당 아이들한테 그 질문 받았을 땐 퇴역 ☆☆☆라 했었다.

다들 눈이 휘둥그레졌었다.

근데, 이 친구한텐 그럴 수가……

드디어 가짜 장군 탄로가 날 순간.

"우리 윗동네서 장군 된 분이 있다는 말을 못 들어봐서요……"

"볼 치는 것에서 뭘 못 느꼈어?"

"네, 샷을 하실 때,

그 카리스마가 웬만한 별자리들을 능가하시긴 해요……"

필드의 보이지 않는 손!

2019년11월22일

보이지 않는 손(Invisible hand). 시장에서만 가동하는 게 아닌 골프에선 더 엄격하게 작동하는 듯. 디봇 자국 하나 없는 페어웨이, 그런데 내 볼은 언제나 디봇이다. 친구들 곁눈질로 살피며 살짝 빼놨는데. 되레 더 엉뚱한 샷이 되어버렸다. 저 친구들이 아닌, 내 양심에 그것을 들켜 버린 것.

한 타 잃으면 될 것을 두세 타 잃기 일쑤다. 그런데 또, 못 본 척하고 있었던 저 친구들에게 들키기까지 했다. 탓 수 잃어, 돈 깨져, 체면을 구겨.

오래전 일인데, 교육생 캐디에게 살짝 이야기했다.

"내 볼 봤지?" "네."

"해저드 같지?" "네."

"내가 이거 줄 테니 저 근방에 가 살짝 던져 놔" "네."

"들키지 않게 조심해." "네."

녀석이 곧바로 그곳을 향했다.

앞, 뒤, 옆을 두리번거리며 살핀다. 이미 이때 들켜 버렸다.

아이들이 묻는다.

"장군님! 저 녀석 시켜 알 까라 했지요?" "응."

"재한테는 무지 어려울 텐데요."

그런데 더 웃긴 일이 일어났다.

들키지 않아야 하는 그 경황 중에 녀석이 던져 놓은 볼은 해저드에 들어가 있고, 초구가 살아 페어웨이에 있는 것이다.

우리는 한참이나 배꼽을 잡아야 했다.

"샷엔 '보이지 않는 손' 이 있다.

룰보다 더 엄격한 양심이란 메커니즘이……"

시합하기 전부터 기(氣) 싸움

2021년4월22일

그냥 당할 수만 없어 클럽을 잡고 며칠 휘둘렀더니 온 곳이 쑤시고 아파.

격투기 선수들이 시합하기 전부터 기 싸움을 먼저 하듯 전쟁은 이미 시작되었다. 친구 녀석들은

"난, 50수는 준비해야 할 것 같다. 넌 얼마 가져올 거냐?" 는 것이라.

"난 내기는 하지 않겠다." 하자,

"그간 챙긴 것 다 토해내야지. 무슨 소릴 하냐?" 는 게다.

"나만큼만 준비하면 될 것이야." 란다. 난 단톡방에

"팔꿈치 엘보가 와 못 갈 것 같다." 했다.

그랬더니, 다른 친구가 말하기를,

"시합 전 해장으로 소주 몇 잔 들이켜면, 소독이 돼 말끔해질 것이다." 란다.

하여튼 안 보면 보고 싶지만, 보는 순간 이가 갈리는 친구들이라.

어서 몸이 만들어져야 할 텐데……

: 복귀하시기에 따~악 좋으신 파트너들이시네요~

: 제일 큰 친구가 나하고 띠동갑이고,
다른 녀석들은 그보다 훨씬 밑엔 친구들인데
거긴 티 박스가 화이트와 레이드 티뿐이라며
사이좋게 같이 치자네……

굿~샷!과 낫~벳!

2021년6월26일

2nd 샷이 홀컵 가까이 붙자, 뮤지컬 연출자인 동반자,
"굿~샷!" 이라 소리친다.

노인은 "이런 어프로치는 '굿~샷' 이 아닌 '낫~벳!' 이라 하라." 한다.
"아니?" 노인은 "컨시드를 받을 수 있는 1m 이내 붙였을 때 굿샷이라 하라." 한다. 노인은 "좀 괜찮다 싶은 샷이 나왔을 땐 으레 '스트레스' 를 받는다." 란다.

"왜요?" 또 동반자가 묻는다.
"응, 볼이 너무 반듯하게 나가서……"

벙커를 거뜬히 탈출해 파를 낚은 후엔, 혼잣말로 "내가 젤 자신 있는 게 벙커 샷이야." 란다. 끝 모를 자화자찬에 한 동반자가

"근데, 스코어는 왜 이 모양인데?" 이에 또 지지 않는다.
"응, 난 스코어에 연연하지 않는 매니어일 뿐이야……"
"왜 이렇게 시끄러워?" 노인이 한마디 한다. 이에도 지지 않고 또 대꾸한다.
"다 영종 독거노인한테 배운 것!" 이란다.
또 자긴, "이 골프장 블랙 MVP이며, 쌓인 포인트로 환산해 봤더니, 지난 10여 년간 1억 5천만 원 정도를 갖다가 바쳤다. 그 중 1할 정도는 영종 독거노인한테 바친 돈은 포함되지 않은 액수다." 란다.

18번 마지막 홀, 기억력도 좋다.
"지난 10여 년간 수 없이 쳤지만, 독거노인한테 이긴 게 딱 두 번 있었다. 드디어 오늘 또 이길 수 있을 것 같다." 란다.

하지만, 겨우 Four on 한 노인의 긴 퍼팅이 들어가면서 무승부!
"어휴! 노인네, 아직도 되게 까칠 하고만……"
"이제 곧 하안거에 들어가야 해서…… "

에이지 샷

2021년7월4일

볼이 너무 똑바로 나가 스트레스를 받는다는 친구.

내 퍼팅이 연거푸 빗나가자, 회심의 미소를 지으며,

"왜 퍼터를 자꾸 빼?"

나를 먹이는 친구 녀석. 다 자기 사부인 나한테 배워 써먹는 것이란다.

그냥 가만히 있을 수 없어,

"자네가 바로 '됫 글'로 배워 '말 글'로 써먹는다는 친구이로구먼" 해줬다.

오늘 그 친구 회갑 기념 라운드. 기억력도 좋다.

지난 10여 년간, 나하고 수백 라운드를 했는데, 한번은 무승부, 그리고 딱 두 번을 이겼고, 오늘이 그 셋째 날이란다.

1타를 졌다.

싱글벙글!

"80까지는 함께 치시죠." 라고 한다.

"넌 80이지만 난 90인데, 그때까지 살 수나 있을지 모르겠다." 하였다.

못해 본 에이지 샷은 한번 해 보고 샷을 관둬야 할 건데, 그날이 올 수 있을까?

샷을 그만두었다는 한 친구는, 이제 하이에나며 승냥이, 독수리들이 떼 지어 달려든다는 댓글을 남겼다.

스텐레스가 된 스트레스, 스트레이트!

2021년7월 6일

“스텐레스?” 는 스테인리스를 일컫는 녹슬지 않는 스틸이다.
수십 년 전 직장 선배였던 어른과 바둑을 두면서,
내가 대마를 잡을 때면 으레 내뱉던 말이 스트레스였다.
“너무 큰 것을 잡아 스트레스를 받는다.” 며
어른을 먹였던 단어.

어른께선 팔순의 당신 노친께선
스트레스를 “스텐레스 받는다.” 하셨다 했었다.
볼이 너무 똑바로 나가 스트레스를 받는다며
나를 먹이는 친구 녀석한테 한마디 해줬다.
차라리, 그 어르신의 노친같이 “스텐레스 받는다.” 고 하면
자네 샷이 녹슬지 않았다는 뜻이 될 터
말이 되고 좀 제대로 하려면 스트레이트라 하라 했다.
스트레이트! 하지만 어쩌다 한번 스트레이트였다.

기자가 아인슈타인에게 전화번호를 물으면?

2021년8월 14일

인터뷰를 마친 기자가 아인슈타인에게 그의 전화번호를 묻자,
수첩을 꺼내더니 번호를 알려준다.
기자가 깜짝 놀라 "아니?……"
아인슈타인은 "그리 중요하지 않은 것을 외울 것까진 없잖아?" 며 되묻는다.

골퍼들, 어디 몇 번 홀에서 버디를 잡고,
언제, 어디로, 누구와 같이 갔는지,
수년 전 일을 어제 일처럼 기억해낸다.
그런데, 정작 머릿속에 담아두고 행해야 할 것들은,
백스윙하면서 아주 시원하게 잊어버려!
자신을 스스로 최소 "반 천재" 쯤으로
여기고 있는 친구들이 그 증상이 더 심해.

지혜와 믿음으로 샷을 해야 하는데 허황한 꿈과 기도만으로,
샷을 하니 항상 그 모양 그 꼴이 아닌가!

오늘 식사를 같이한
어떤 "드만싱(드라이버만 싱글)" 은
수년 전 어디서 누구와 같이 치면서,
몇 번 홀에서 배탈이 나 화장실에 갔다가
몇 번 홀에서 다시 합류해 쳤다며,
그때 생애 최초로 싱글했다는 거다.
물론 서너 홀은 못 쳤을 테니까,
싱글이 가능했겠네 하려다,
얼른 입을 막았다.

노장불패 : 골퍼의 먹이사슬

양찬국

매번 돈 잃고 마음 상한 골퍼가 연습장을 찾아 피땀을 흘리면서 연습을 하는 목적이 “웬수”의 가슴에 비수를 박겠다는 설욕의 일념일 수 있습니다. “웬수”를 갚아야 한다는 일념에 안 하던 짓도 하지요. 보약도 먹고 헬스클럽에도 등록하고는 겨우 하루 몇 시간 운동을 끝낸 첫날부터 웃통 벗고 알통을 재보고, 또 유명한 프로에게 고액과외를 받거나, 독선생님(獨先生)을 모시고, 합숙 훈련도 하고 심지어 입산수도한답시고, 외국으로 전지훈련까지 가지요. 이 과정에서 비용은 물론이고 고가(高價)의 신형장비 구매는 당연하고, 맞춤클럽을 장만하면서 골프의 과학화를 이루었다고 으스대기도 합니다.

그러나 유감스럽게도 골프계의 먹이사슬에는 “복수(復讐)”, “설욕(雪辱)”이라는 말은 없습니다. 무슨 소리? 그 “녀석”이 바로 저기에 있는데…… 매일매일 소재를 확인하면서, 오직 그날만을 위해 살아가는데, 절치부심! 와신상담! 손자병법에서 모택동의 16자 전법(戰法)까지 섭렵하면서, 매일을 살아가는 이유가 오로지 그것인데……

머리를 얹을 때부터 곁에서 돈을 따먹던 “웬수”에게 통쾌하게 복수를 하고, 그동안 잃었던 돈의 반이라도, 아니 반의반이라도 찾아야, 한(恨)이 풀릴 텐데, 그러지를 못한다는 것이지요.

연습하고 단련하면 안 된다는 것이 아닙니다. “웬수”를 실력으로 뛰어넘지를 못한다는 것이 아닙니다. 이제 됐다 하고 “웬수”를 죽일만하면, 이 “웬수”가 안 보인다는 겁니다. 어디로 숨었는지, 내 돈 따먹을 때는 그림자처럼 곁에 붙어있고, 눈만 마주치면 약 올리면서 코스로 불러내더니, 이제 날이 섰다 싶고, 연습라운드와 실전같은 사부와의 “찐치기”에서 흐뭇한 순간들이 제법인데…… 정작 그 대상이 꼬리를 내리고, 안 보이는 겁니다. 잊어버리세요. 하하하. 그 “웬수”는 벌써 사정권 밖으로 튀었거나, 다른 호구(虎口)를 대상으로 빨고 있겠지요. 해해. 대신 주변을 살펴서, 내 먹이감(후후)을 찾으셔야 해요. 그래서 그 호구(!)에게 공(功)을 정성(精誠)을 들이셔야 합니다.

“당신은 비록 초보지만 무지하게 소질이 있어 보인다.” 라느니, “내가 볼 때 당신은 천재!” 라고, 띄워주고, “불법과외” 도 해주시고, 처음 코스에 데리고 나가는 머리없어 주는 수고도 당연히 기꺼이 해야지요. 그래가면서 서서히 “웬수” 에게 봤던 피해(!)를 복구해나가셔야 합니다. 절대 서두르지 마세요! 사탕은 빨아 먹는 것! 사탕은 깨물어 부수어 먹는 것이 아닙니다. 흐흐흐. 조금씩 조금씩…… 승리욕에 기름을 부어가면서 오기가 생기도록 해야지요. 이렇게 명동에서 뺨 맞고, 남산에서 화풀이하는 엉뚱한 사람에게서 되찾아야 하는 순환(循環)고리가 골프에서의 먹이사슬입니다. 이런 모습을 당신의 그 “웬수” 가 실실 웃으면서 지켜보고 있답니다.

제가 너무 솔직하게 말씀드렸나요? 그래도 어찌합니까? 사실인 것을 실제 경험담이기도 하고요. 곧 날씨가 쌀쌀해진다고 합니다. 해도 짧아지고 있고요. 서둘러야 할 겁니다. 겨울에 따뜻한 남쪽 나라까지 “끌고 가서” 따먹으려고 한다면, 시간이 별로 없어요.

“골프에서의 신분제도” 라는 글에서 골프 생태계의 먹이사슬이 사실과는 조금 달라서 양심고백(良心告白)을 하는 심정에서 긴 글을 올립니다. 이번 주에도 꼭 골프 연습하세요. 물론 새 호구님이랑 라운드도…… 스카이72의 코스 컨디션이 절정입니다. 인기 품목 붕어빵과 어묵도 고객님과 호구 고객님을 기다립니다. ㅋㅋㅋㅋㅋ

노장불패 원장

내샷 - 600만 대군의 총출동

2021년8월 22일

우리들의 세월도 빠르지만, 샷의 그것도 덧 없다.

우리들 사는 사회를 지배층과 피지배층, 기득권과 비기득권 세력간의 계급 투쟁으로 조명해 볼 수 있듯이, 필드도 기득권과 비기득권 세력간의 역학관계를 통해 바라볼 수도 있을 것이다. 필드도 전장이다. 우리들 사는 세상이 그렇듯, 기득권층이 비기득권층을 지배한다.

싱글, 보기 플레이어, 백돌이…… 먹이사슬 또한 촘촘하게 형성되어 있다.

필드에도 포식자들이 엄존한다. 자기 스스로를 기득권으로 칭하며, 지배세력으로 군림하려는 이들 부지기수다. 필드도 기득권들의 말이 법이고 원칙이다. 세상처럼 필드도 신분을 업그레이드를 위한 노력들도 끊임없이 계속된다.

세상의 시계가 있듯, 필드에도 세상의 것보다 훨씬 더 잘 맞는 시계도 있다. 세상의 하루에도 희노애락이 수 없이 교차하듯, 18홀에도 천당과 지옥, 애증과 번뇌가 수 없이 많다.

세상의 두려움이 필드와 다르지 않고, 알 수 없는 불확실성이 주는 공포도 만만치 않다. 그런데 세상엔 이웃과 동반자들이 있지만, 필드는 믿을 게 내 샷뿐이다.

我=1/6,000,000

필드에서의 동반자?

이웃 사촌?

아니다.

한 카트를 타고 있지만, 다 적이다.

근대 골프 역사 600년에
세계 골프인구는 6000만 명이 넘는다 한다.
그 중 10%가 우리나라 전사들! 600만 명,
현역 장병은 60만 명. 병영에 다 가둬 놔 우리들이 볼 수 있는 아이들은,
휴가나 외출 중인 극히 일부 아이들뿐인데도 발에 치일 정도!
하지만 필드는 600만 명이 출동 중이다.
병영과 반대다. 그것도 늘 전시상태, 작전 중이어서 휴가나 외출,
소위 열외 1명 없이……

아일 가져 조심하라고 하였지만……

2017년4월18일

그냥 "입스(yips)" 왔다 하지 왜 칭병을?
볼을 좋아하는 사람들은
"언제 볼 한번 치자!" 는 것이 예(禮)라서
자주 얼굴을 대하는 이들에게 수인사하면,
멀쩡하던 친구들이 우거지상(像) 되어
팔뚝이며 어깨를 가르킨다.

샷이 참 아름다운 처자!
볼을 아주 좋아하는 친군데,
언제부턴가 갑자기 인사를 받지 않는다.
아이를 갖게 된 것이다.
하여 이 친구에겐 인사말을 바꾸었다.
"축하한다!" 라고.

코리안 투어 스타 : 인생의 참가치를 뿌리고 키워주신 말씀들

이 프로! 항상 마음속으로 성원하고 있는데 그간의 노력이 결실을 맺고 있음이라. 나는 요사인 운동 뚝! 그간 일상이었던 골프 여정을 한 권 책으로 엮어볼까 해, 올 한해 작업을 해왔네. 연말쯤 출간 예정. 하여 파일을 보내줄 테니 한번 훑어보고 좋은 생각 보태 주시게. 앞으로 더 큰 성취를 기원하네. 우승을 축하하네. 이번 우승이 계속 거머쥘 우승의 실마리가 되어, 더 큰 성취 이루길 마음 모아 비네.

- 2021.10.16. 한 장군 -

이준석

장군님! 안녕하세요? 잘 지내셨죠? 항상 건강 잘 챙기시고 좋은 일 가득하시길 바랍니다. 감사합니다. 2017년 다시 코리안 투어로 복귀하게 되어, 스카이72에서 연습하며 맺어진 인연. 한 장군님 함께 많은 라운드를 하지 못한 게 아주 아쉽지만, 라운드하며 인생에 대한 가치관과 좋은 말씀 많이 해주심으로써, 저의 골프 인생에 많은 도움이 되었습니다. 골프나 인생에 대해 많은 지혜와 경험이 이 책에 많이 묻어납니다. 잘 읽고 다시 한 번 더 배우겠습니다.

2021 코리안투어 상금랭킹 3위

왜 캐디를 탓할까?

2017년6월6일

캐디에 대하여.
날마다 갈고 닦는 샷도 생크가 나고 뒤땅을 치기도 하는데,
오늘 처음 만난 캐디가 어찌 "나" 이기를 바랄까?
캐디는 나와 라운드를 함께 하는 동반자다.
특히나 투전판에서는 나를 도와줄 유일한 조언자가 아닌가?
"언니!" 그렇게 함부로 부르지 말자.
내 샷을 탓해야지
왜 캐디의 거리를 탓할까?
내가 잘못 본 퍼팅라인을 캐디 몫으로 하지 말자.

골퍼 스승 : 인생의 나침판이 될 "골퍼의 철학서"

한영권

스카이72와 인연이 되고 16년 넘게 곁에서 항상 관심과 애정으로 대해 주셨던 장군님은 골프장의 산 증인으로 골프와 희로애락을 함께 하시며 600만 골퍼들의 영웅이십니다. 골퍼들이 인생을 살아가는데 도움이 되는 책을 출간하게 되어 기쁘게 생각하며 축하를 드립니다~~^^

골프아카데미 원장

"아는 것보다 이를 행하는 것이 어렵고, 배우는 것보다 이를 가르치는 것이 더 어려운 법인데, 아는 것을 행하는 것으로 착각하고, 부족한 배움을 망각한 째 가르치려 듭니다. 이렇게 제자와 이를 가르치는 스승이 하나 될 때 배움과 가르침이 있는 것입니다."

(2021년 10월 30일· 한갑덕 페이스북에서 퍼온 글과 사진)

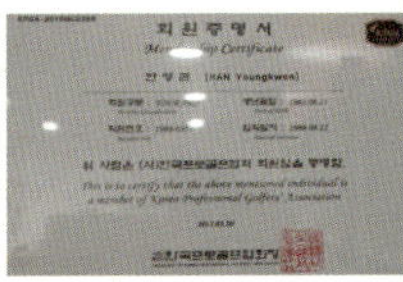

골프 꿈나무?! 방정하고 부지런한 꿈나무들

2019년8월20일

스카이72 드림 골프레인지에 둥지를 튼 한영권 골프아카데미 꿈나무들과 저녁을 함께했다. 특히, 올해 KLPGA 정회원이 된 이정우 프로를 축하해주기 위해 마련한 자리. 지난 몇 년간 연습장과 전지훈련캠프에서 녀석을 지켜봐 왔는데, 부지런하고 참 열심히 운동하는 친구다.

"이제 시작이야. 더욱더 열심히 해…… "

"또 동생들의 본보기가 되는 프로로 구름 같은 갤러리를 몰고 다니는 그런 선수로 커나가야 해."

아이들과 함께 한 시간이 내게도 너무 즐겁고 행복하다.

멀리건이나 컨시드가 김영란법에?

2018년3월30일

멀리건과 OK.
무조건 받아야 한다.
아내 모르게 받는 보너스보다 더 좋은 것인데
어떤 녀석들은
깐에 존엄을 지킨다며 사양을 하는 바보짓을 한다.
개뿔! 존엄은 무슨……
그걸 지키겠단 녀석이 그 꼴이야?
김영란법에 멀리건이나 OK를 처벌한다 했나?
설사 후회를 한다 해도
"일단 받는 것" 이
"안 받고 더 망가져 안타까워하는 것" 보다는 훨씬 낫기 때문이다……

양 : "물. 커피. 멀리건은 self" ??? ㅋㅋㅋㅋ
: "셀프 OK" 에 "셀프 멀리건" 을 쓰는 골퍼들도 더러 있는데요……
류 : 누굴까요? 혹시 바다 건너에서 요즈음 자~알 나간다는…… 그 챔프 ㅋㅋㅋ

필드의 호랑이와 그 포수가 된 여우

2018년12월10일

그의 닉네임이 필드의 호랑이란다.

하여 그를 아는 뭇 짐승들이

혹여 그와 눈이라도 마주칠까 설설 피하고 있는 상황.

짐승들은 그간 자기들 대장 노릇을 하던 저 늙은 여우와

호랑이가 붙었을 때 어찌 될 것인가가 최대 관심사.

"호랑이에겐 잽이 안 될 거야……"

"맞아, 좋은 먹잇감이 될 거야……"

심지어 "이번 참에 저 여우가 좀 정리되었으면 좋겠어" 라는 소리까지……

등 뒤로 들려오는 이 소리에 여우는 며칠째 잠을 못 이뤘다.

그리고 장렬한 전사(戰死)를 택하기로 했다.

토끼며 승냥이들이 내기를 걸었다.

호랑이에게 9를 여우가 1이라.

그런데 그 여우가 호랑이 포수가 되어 돌아왔다.

"참 힘든 하루였어." 라며

모든 짐승은 이제 그를 "포수" 라 부르기로 했다.

볼도 하나님 은혜 가운데 있어 무탈!

2018년 12월 18일

장애인 교회에서 시무하시다, 은퇴한 목사님과 며칠간 함께 하게 되었는데,
이 어른이, 곧 이 시대 "참목(참된 목사)" 이었다.
그의 사유와 기도, 그리고 일거수일투족이 하나님 은혜 가운데 있었고,
말씀 한마디 한마디가 곧 성경이었다.
무슨 교회 무슨 교회의 저 탐욕스러운 목사들.
예수 팔아 제 배 속 채우고 있는 저 가엾은 이들과는 비교할 수 없는……
24년 목회 후 남는 것은 6천8백만 원 빚이었단다.
그는 나를 장애우들에게 한 걸음 더 다가가게 해 준 선생님이었다.

"아니, 내 볼?"
캐디는 "50:50[2)]" 이라 말하였으나, 난 말했다.

"목사님! 볼도 하나님 은혜 가운데 있어 무탈할 것입니다."

최 : 저도 어느 대회 주관할 때, 지적장애아 골퍼를 일부러 초청한 적이 있는데. 그나저나 장군님은 참 멋지게 사십니다.^^

2) 50:50 = 태국에서만 쓰는 표현임. 페어일 확률이 50%, 헤저드에 있을 확률이 50%라는 표현임. 그런데 100% 헤저드인데, 페어일 수 있는 50%의 희망을 가져라는 격려가 섞인 표현.

골퍼의 소망

2021년8월 4일

사람들의 바람은 다양하지만, 볼을 치는 사람들의 소망은 한결같다.

"어떻게 하면, 한 타라도 더 줄일 수 있느냐?"

"더 멀리 비거리를 낼 수 있을까?"

하여 2~30이 더 나간다는, 그야말로 대면 나간다는 신무기를 실전 투입해 보기도 했지만, 비거리는커녕 탓 수가 2~3타가 늘었다. 뭐니 뭐니해도 어프로치란다. 52, 56을 썼는데 54와 58, 내킨 김에 60까지 장만했다.

오버플로우가 된 것인지? 느닷없는 생크에 뒤땅이 작렬한다. 그 광고 속의 친구가 치던 우드였다. 그런데도 그 모양 그 꼴이다. 이때, 갑자기 머릴 스쳐 지나가는 것이 있다.

"그래, 맞아…… 찍어두기 잘했지" 하며 휴대폰을 꺼낸다.

이제 그에겐 마지막으로 하나가 있었다. 벌떡 일어나 시동을 걸었다.

그가 향한 곳은 양평. 그 신통하다는 점쟁이, 아들이 치매 걸렸다고 광고한 9순의 그 할매집이었다. 하지만 할매는 내 자식 하나도 건사하지 못했다며 봐줄 수 없다고 했단다. 하지만 그는 아직도 핵 주먹 타이슨이 제일 간절한 소망이자 바람이란다.

필드는 전장이다. 일발필살(一發必殺)!

2021년8월 6일

필드는 전장이다. 하지만, 너나 할 것 없이 친구들을 한 방에 제압할 수 있는 일발필살(一發必殺). 쐈다 하면 10점인 명궁도 아니고, 더더구나 가공할만한 그런 화력을 가지고 있는 것 또한 아니다. 바로 이것이 샷을 하는 우리들이 풀어야 할 과제이자 고민이다. 티박스에 올라간 한 녀석 젖 먹던 힘까지 다해 휘두른다. 빈 스윙을 그것도 서너 번씩이나……

"왜?"

"친구 녀석들에게 겁을 주기 위해서" 란다. 하지만 놀란 친구는 없었고, 되레 제 그 빈 스윙에 자기가 놀란 탓인지 토핑[3]이 났다.

"군대 갔다 왔어?"

"네."

"사격할 때 오른쪽 눈으로 조준을 했어? 왼쪽으로 했어?"

"전 왼쪽 눈을 감았어요……"

"주시가 오른쪽 눈이구먼"

"왜요?"

"퍼팅할 때 어느 쪽 눈이 주시인가 해서……"

"주시라니요?"

"퍼팅이 참 좋은 넌, 퍼팅할 때 어느 쪽 눈에 더 힘을 주는가 해서……"

실력으로 안 될 것 같고, 저 친구 무너지는 것 기다릴 도리밖에 없는 듯한데, 그것 또한 난망하긴 마찬가지라……

---

3) 토핑(topping: 쪼로)=볼의 상단 부분을 가격해 볼이 뜨지 않고 굴러갈 때

유도보다 골프가 훨씬 어렵다

2013년8월19일

실력이 비슷한 선수들과 시합에선 한판승이 어렵다는

애틀란타 올림픽 유도 은메달리스트는 유도보다 골프가 훨씬 어렵단다.

골프는 기술을 써야 할 상황과 플랜이 너무 복잡하고 다양하단다.

예측 불가능하고……

지루한 게임을 하다.

버디, 버디, 버디로 마무리했다.

참 지루한 경기를 하다 마침내 찾아온 행운을 놓치지 않고 「한판승」을 거두었다.

버디. 버디. 버디로 경기 마무리……

"미래에 살리라" 올림픽 영웅 김민수

2012년 8월 8일

올림픽 은메달리스트, 전 K1 Fighter 김민수! 그의 새로운 도전이 시작되었다. 스카이72가 그의 새로운 도전을 후원한다. "과거가 아닌 미래를 살리라!" 는 그가 너무 아름답다.

윤루디아 : 도전하는 남자 그 시선 너머로 희망이 보이는 듯합니다.^^
표동삼 : 김민수 선수 파이팅입니다.

골프는 10년을 쳐 10타 줄이기가 어려운 참 고약한 운동

2013년 11월 30일

자전거나 운전은, 1시간 정도 배운 것으로 평생을 사는데…… 바둑이나 고스톱. 카드는, 그냥 전장에 뛰어들어도 되는데, 골프는, 쟁기질 게을리 한순간 천 길 낭떠러지다. 가끔씩 경로위안잔치에 와줘. 내 지갑을 두둑이 채워주곤 하는 유도 챔프이자 K1 선수 출신의 김민수 프로! 그도 골프가 유도나 격투기보다 훨씬 어렵단다. 골프는 마음을 다스리고 수양을 하는 그런 스포츠인 거 같아. 힘을 쓰고 기량을 뽐내는 그런 운동이 아니고……

투어 골퍼 : 새로운 도전의 큰 기둥이 된 어르신

김민수

2012년 어른과 첫 대변 후, 나의 미래에 대해 이야기를 하였습니다. 곧바로 스카이72와 스폰서 계약을 체결하고, (아틀란타 올림픽 메달리스트 첫 프로골퍼 도전) 김민수 인생의 새로운 도전이 시작되었습니다.

골프는 멈추어 있는 골프공을 살려내 멀리 정확하게 보내고, 잘 굴려 홀컵에 들어가게 하는 스포츠입니다.

나에게 새로운 도전과 인생의 터닝 포인트가 되는 기회가 주어졌습니다.

스카이72에서 어른과 새벽 라운드를 마치고, 곧바로 연습장에 가 하루에 공 1200개 정도를 치고, 숏게임을 2시간 이상씩 하면서도 좀처럼 줄어들지 않는 스코어 때문에 힘들었습니다.

하지만, 포기할 수 없었다. 첫 프로 테스트에서 9홀 마치고 기권하기도 한 적도 있었습니다…… 2014년 마지막 KPGA 프로 테스트에서 첫째 날 4개 오버, 둘째 날 2개 오버를 하면서 KPGA의 높은 턱을 넘지 못했습니다

나의 도전에는 어른이 큰 기둥이었고, 정신적 지주였지만……

너무 감사드립니다.

아틀란타 올림픽 은메달리스트

미스터샤크김민수멀티짐 대표 총관장

골프와 술 그리고 운전

2014년7월3일

골프와 술은 마누라와 함께 하면 탈이 없다.

골프와 운전은 함께 즐기는 것이야 후환이 없지만, 절대로 가르치려 해선 안 된다. 한 녀석, 마누라가 샷을 할 때마다 "GOOD SHOT!" 도 아닌 "GREAT!" 를 연발한다. 그것도 오토매틱이다. 건성으로 그런다는 걸 눈치를 챘는지, 마누라 "당신은 보지도 않고……" 친구, "으~응 나는 소리만 들어도 알아……" 너도 참 피곤하게 산다 했더니, "이제 습관이 되어서 괜찮다." 고 한다. 필드에서도 마누라는 「수퍼 갑」 이다.

굿~ 샷! 3대를 잇는 가족 샷

2019년2월7일

향 80 할아버지의 샷을 지켜보고 있는 6개월 구력의 초등학생 손주, 첫 홀 보기, 둘째 홀 보기가 이어지자 손주는 할아버지 귀에 대고 뭔가를 속삭인다. "할아버지가 신경 쓰여 샷이 제대로 안 된다." 라는 듯, 할아버지가 얼른 자리를 피해 준다.

향 70 할머니와 40대 딸. 딸은 엄마의 샷에 "굿~샷!" 을 연호하고, 엄만, 딸의 샷에 매우 흐뭇해한다.

80대 할아버지와 10대 손주가, 70대 할머니와 40대 딸이 함께 즐길 수 있는 운동이 골프 아니고 또 있을까?

중독환자 - 골프홀릭(Golfholic) 꿈 이야기.

145m, 해저드를 넘기는 파3.
8번 아이언 샷이었는데,
2 바운딩 후 들어가는 순간,
홀인원 보험을 들어놓지 않는 것이 몹시 후회스러웠지만,
동반자들의 환호에 그 안타까움도 순간이었다는 녀석인데,

"네임텍에 가명을 썼는데,
실명으로 홀인원 증서를 해줄 수 있어요?"
라고 캐디한테 물어보기까지 했단다.
그런데, 깨어보니 꿈이었단다.

이 친구는, 꿈조차도 너무 리얼한 녀석이라.
자기 차례가 되어 샷을 하려는데,
보이는 곳이 페어웨이가 아니고, 난데없이 아파트 숲이 보여,
정신을 차리고 보니,
자다 벌떡 일어나,
침대 위에서 스탠스를 잡고 있더란다.

금식기도보다 더 힘들어.

2018년12월23일

옛날 옛적에 방귀를 참지 못하고 연신 꾸어대는 며느리가 있었다.

시아버지가 말씀하시기를

"소리는 그렇다 치더라도 그 냄새는……"

볼이 좀 서툰 것은 그렇다 치더라도 인터벌까지 늦는 것은……

"냄새는 참기 어렵지만, 그 인터벌은 냄새보다 더 하다네!"

7번 꺼내 빈 스윙을 두 번이나 한 후 고갤 갸우뚱,

6번으로 다시 두 번. 또 뭐가 맘에 들지 않았는지,

다른 클럽 꺼내 몇 번인가를 휘두른 후,

친 볼이 해저드를 향했는데도

또 볼을 찾아…… 한 친구는 클럽 접어 들어가 버린다.

은퇴한 목사도 "금식기도보다 더 힘들어" 라고 한다.

내샷 - 속지 말아야 한다

2018년6월20일

속지 말아야 한다. 박수에 속지 말고, 환호에 들떠서는 안된다.

Not Bad !	'죽은 것이나 다름없다.' '이어질 샷은 완전히 무너져라.'
Good Shot !	'어쩌다 한번 잘 맞았다.' '다시는 그런 샷을 보고 싶지 않다.'
Great !	'살다 살다 별일을 다 보겠다.' '너도 놀랐지?'
Fantastic !	'못 볼 걸 보았다.' '그래, 쭈욱 그리 쳐 보시게나.'

대면 나간다는 드라이버가 치면 쪼로다.

2019년7월26일

분노조절장애로 약을 먹고 있다는 친구는
볼만 그만두면 될 듯싶은데
볼을 치면 약을 오랫동안 먹어야 될 듯……

달팽이관에 이상이 있다는 친구가
'룰 맨' 에게 한소릴 듣는다.
"왜 잔딜 밟아!"
볼을 건드렸다는 것이다.

"형님!"
달팽이관이 또 부른다.
"저 드롭하는 것 보세요."

대면 나간다 해서 장만했다는 드라이버인데
치면 쪼로(토핑 Topping)
드라이버 판 녀석(者)을 저승사자에게 보내겠단다.
하여튼 "골프장은 인간시장" 이다.

*쪼로(토핑 Topping) : 볼의 위쪽을 쳐서 볼이 떠서 날지 않고 쪼로록 굴러갈 때

새벽의 혈투

2014년 11월 1일

바로 엊저녁 "만세는 없다!" 라고,
손도장 찍고 카피까지 하자던 예의 그 녀석(者)이
자기가 쏜 총에 연거푸 맞더니 5번째 홀에서 그만 "만세!" 를 부른다.
수(數)로 이야기를 하자면, 그 녀석(者)이 다른 친구들보다 '유효' 나 '효과' 정도로 우세한 데, 잔재주로 상대 얕봤다가 그만 한판승을 내줬다.

'운7기3' 인 '운(運)' 이 70%, '기술(技術)' 이 30%인 형국의 필드에서도 그 정도 우세는 "난쟁이 키재기" 와 다름 아닌 거기서 거기다.

그 녀석(者), 18홀 내내 무당 주술 하듯 구시렁구시렁……
인정 많은 아이가,
홀아웃하며 몇 닢 던져주자,
피투성이 녀석(者)의 얼굴에서 하얀 이빨 꽃이 피어난다.
그 녀석(者)!
에어건으로 신발 털면서,
"이제, 골프도 그만둘 때가 됐다." 라는 말을
또 잊지 않는다.

엄마가 좋아하시는 붕어빵 사 왔건만……

2013년 2월 26일

눈이 무릎까지 오던 날
어머니는 기차, 버스를 몇 번씩 갈아타며,
군대 간 아들 면회를 오셨다.
북녘 오성산이 한눈에 와 닿는 GOP 적근산 OP.
아들은 눈을 헤치며 2시간을 달려 어머니를 만날 수 있었다.
야전잠바며 방한모가 땀에 흠뻑 젖어 머쓱해 하는
아들을 어머니는 꼭 껴안아 주셨다.
인정 많은 선임하사는 자기 셋방에 군불을 따뜻하게 넣어 주었다.
창호지 문틈 사이로 드나드는 찬바람이 매서웠으나
어머니의 품 안은 너무 따뜻하고 행복했다.

휴가 때, 그 선임하사가 햇볕 따사롭던 어느 봄날 철책 보수공사를 하다,
지뢰를 밟아 순직하였다는 아들의 말에 어머니는 한참을 우셨다.
고 배월용 중사……
어머니! 올 현충일엔 그를 꼭 만나고 오겠습니다.

오랜만에 아들 집에 오셨다.
아들 너무 반가워 빨리 집에 들어가고 싶었지만,
일들이 그것을 허락하지 않았다.
밤늦게 좋아하시는 붕어빵 사 들고 들어갔으나,
어머니가 계시지 않았다.
배가 홀쭉하게 되어버린 붕어빵은 차갑게 식어 있었다
꿈이었다.
돌아가신 어머니는 꿈에서조차 아들의 뒤에 있었다.
아! 보고 싶은 어머니.
죄송합니다.

6 전장과 전쟁

골퍼의 눈으로 비춰진 세상

노병의 샷

제 눈이 안경

세월의 샷

골프는 인생의 반사경, 티샷에서 퍼팅까지의 과정이 바로 인생 항로다.
동작 하나하나가 바로 그 인간됨됨이를 적나라하게 드러낸다.
- 윌리엄 셰익스피어 -

노병의 샷

골프를 보면 볼수록 인생을 생각하고 인생을 보면 볼수록 골프를 생각게 한다.

- 헨리 롱허스트, 극작가로 2016년 '골프 명예의 전당'에 헌액됨 -

월척을 한 날

2014년3월21일

"즐거운 라운드이었다. 담에 또……"

경험칙상, 나의 "홀 방정식" 은 거의 틀리지 않았다.
여섯 홀이면 핸디가 회수되고
열두세 홀 때쯤이면 캐디피를 확보하고,
그 후 서너 홀에서 장갑이며 골프화 징 바꿀 몇 닢을 땡긴다.

오늘은 샅바를 힘껏 당기며 이 기술 저 기술 죄다 써 봤지만,
젊은 장사들은 꼼짝하지 않았다.
힘은 빠지기 시작하고 맡겨 놓은 걸 되돌려 받기는커녕
녀석들에게 수고비까지 덤으로 주는 상황이다.

「복수의 종」도 쳐봤지만 ……
Par 3홀, 롱퍼팅 들어가
"니뻐4)" 즉, "니어 + 버디" 를 낚았다.
연이은 두 홀에서 버디, 버디……
그 후 나머지 두 홀에서도 던진 투망에 또 월척이 걸려들었다.
오늘은 캐디를 대신하여 한 장군이 마무리 인사를 했다.

"줄거운 라운드 였습니다. 담에 또 뵙겠습니다. 안녕히 가십시오."

---

4) 니뻐 : 니어 + 버디. 골프에서 가장 핀(pin = hole)에 가깝게 붙인 골퍼에게 주는 니어핀상(Nearest-to-the flag stick, Closest-to-the pin)이 있음. "니어"를 하고 "버디"까지 하면 "니어버디(니어 + 버디)"인데 이를 줄여서 "니뻐"라고 함.

골프 파파라치?

2014년11월25일

뭐야 골퍼 파파라치?
제법 깔 줄 아는 동네 골목대장급 골퍼!
연타석 내리 깨지자 드디어 오늘 멘붕과 함께 『시스템 다운』.
첨 노인이 그에게 핸디를 몇 개씩을 줬는데 언제부턴가
노인의 흔들리는 샷을 안타까워하던? 그가 『핸디! 이제, 그만』한 상태.

노인, 첫 홀 버디로 출발한 후 줄줄줄 파파파파.
웬일인지 그의 『마냥 도시락』이었던 친구도
기~인 겨울잠에서 깨어나 배고픈 맹수처럼 그를 물어뜯어 버렸다.
노인은 그의 오랜 경험을 통해 알고 있었다.
저 골목대장의 다운된 시스템이 정상복구 되려면,
꽤 오랜 시간이 걸릴 거라는 것을……
그런데, 이 음흉한 노인!
타이어 공기압이나 좀 보고, 엔진오일이나 워셔액 좀 보충하면
괜찮아질 거라며 내일모레 사이에 한번 다시 붙자고 한다……

프로님도 연습을 하세요?

2015년2월21일

"프로님도 연습을 하세요?"
한 녀석이 지나가며 조롱한다.
갑자기 프로가 되었다.
내 바로 뒤 타석에서 연습을 하시던 어르신께서
40년을 쳤다며 조용히 다가와 성중하게 묻는다.
"어떻게 하면 프로님같이 그렇게 쉽게 스윙을 할 수 있을까요?"
"전, 프로가 아닌데요……"
너무 진지하게 도움을 청하는지라 몇 마디 거들었는데,
연습을 끝낸 어르신 다가와 갑자기 봉투 하나를 꺼냅니다.
"이건?"
"얼마 안 되는 돈이지만 레슨 비입니다."
"아닙니다."
"제가 되레 어르신께 한 수 배웠습니다."

황 : 장군님의 포스에,
힘들이지 않으면서도
부드럽게 나오는
강력한 샷을 보고
범인(凡人)이라 할 자는
아무도 없을 듯합니다……
올해도 살살
부탁드립니다.^^;;;

샷이 플레이어를 만든다. 샷이 사람을 만든다.

2017년4월4일

샷을 만드는 것은 사람이지만, 그 샷이 사람을 만들기도 한다.

고매한 인격자를 만들기도 하고, 때론 아주 고약한 난폭자를 만들기도 한다.

9홀 내내 동반자들을 즐겁게 해주던 친구는, 마침내 실어증세까지 보이더니, 파3 니뻐를 낚고 나서야 말문이 터지고 차단해뒀던 휴대폰을 꺼내든다.

첫 홀, 버디로 스마트하게 출발했던 친구 녀석에게

"첫 홀 버디는 18홀 내내 재수 없다" 는 말을 건네자마자,

OB를 내더니 그 말, 씨 되어 내내 식은땀을 흘렸다.

좌탄, 우탄, 지랄탄의 전염성이 조류독감 AI보다 강했던지,

멀쩡하던 친구가 내내 휘청거리며 안 하던 짓을 해댄다.

블랙 티(black tee)[5]에 끌려간 노인은

예의 그 하던 대로 뚜벅뚜벅 우보(牛步 : 소걸음)를 내딛었지만,

9홀 종료 후 캐디피를 내며 알 듯 말 듯한 미소를 지어 보인다.

샷이 사람을 만든다.

5) 블랙 티(Black Tee) : 프로 토너먼트나 클럽챔피언(Club Champion) 대회를 위한 검은 색 티박스(Black Tee box)임. 빽티(Back Tee)라고도 함.

퍼팩트 스코어 하던 날!

2017년6월8일

★ 퍼팩트 스코어 ★

이제 클럽을 놓을 때가 된 듯하다.
홀인원, 언더파, 앨버트로스에 이어
전 홀 올 파.
독학도가 이루어 낸 쾌거다.
하여, “손뼉 칠 때 떠나라.”는 말대로
이제 그만 채를 내려놓을까 하는데……
박수 좀 더 받으며,
4-5년 후 Age Shot을 한번 하고 떠나란다.

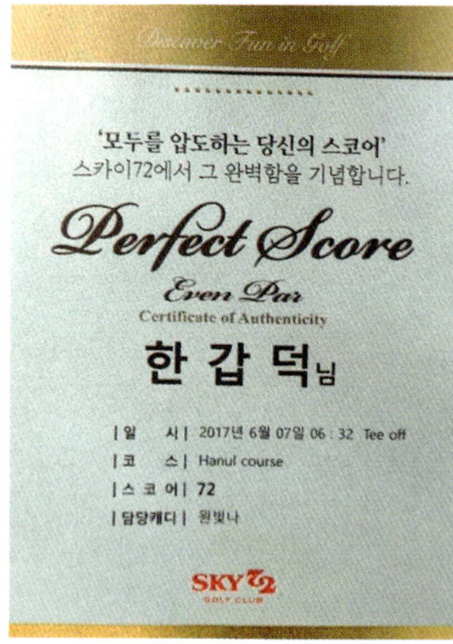

“이 세상에서 골프보다 더 재밌는 것 있으면 어디 한번 내놔봐.”라는 어떤 프로님의 말이 귀에 아직 생생하지만, 인제 그만 퇴장을 준비한다.

김 : 꿈의 스코어입니다. 축하드립니다.
: 고맙고, 감사해.

김 : 우와 축하드립니다.
: 고맙습니다. 언제 한번 보고 싶어요…… 스카이72에 오실 때 연락 한번 주세요……
김 : 네네 스카이 갈 때 꼭 연락드릴게요. 고맙습니다.

최 : 뭔 일이시래요…… 무척 축하드립니다.
: 아이들은 배가 아파서 이 쾌거를 철저하게 모르쇠하고 있네요……
최 : 모르쇠를 해야 키가 크는 것인지도 모릅니다.^^

: 이 대표님! 무탈하게 잘 계시죠?
이 : 네. 잘 있습니다. 세월이 참 잘 가네요. 회장님과 즐거웠던 시간늘 생각납니다.
: 세월! 세월입니다.

이 : 축하드립니다.^^ 계속해서 기록을 이어 가시길 기원합니다.^^
: 언제 한번 봅시다…… 이 근방 오실 때 연락주세요……
이 : 넵^^

김 : 축하드립니다.
: 감사해요……

박 : 부럽네요…… 과연 가능한 숫자인지!
: 운이 많이 따라줬어.

백 : 와우~~ 대단하시네요, 아직 클럽을 놓을 때가 아닌가 싶다. 고정하시옵소서.
: 언제 한번 만날 수 있었음 좋겠어요.^^

이 : 축하드려요. 대단하세요~~^^
: 감사해요……

장 : 장군님. 축하드립니다!!!
: 고마워요.

정 : 축하드립니다. 회장님.^^*
: 고생 많이 했어.
정 : 네, 감사합니다. 회장님.

이 : 축하드립니다. 역시~^♡^ 고수이십니다!
: 이 프로도 왕성한 활동 기대해.

한 : 축하드립니다.~~^^ 연세랑 같은 타수도 한번 치셔야죠.^^
: 될까 싶지 않아……
한 : 되실 겁니다. 꼭~^^

이 : 와~ 축하드립니다~^^
: 고생 많이 하시죠? 그 결실이 맺고 있음을 봅니다.

이 : 와! 올파! 그저 감탄!
: 고맙습니다.
이 : 그 어떤 것보다 어렵다고 하던데요!

맹 : 장군님!!! 멋져요~~
: 맹 프로의 그 호쾌한 샷 잘 다듬고 있지?
맹 : 부족함과 연습이 없어 장군님과 부끄러워서 함께 할 수 없는 실력입니다.

유 : 이제 골프에 달인으로 불러드려야 될 것 같다. 축하드려요.^^
: 멀리서 하루하루 즐겁고 알차게 보내시게.^^

안 : 정말 대단한 기록이십니다. 조만간 age shot 기록도 볼 거 같다.
: Age Shot을 하려면 오래 기다려야 될 듯싶은데, 그땐……

이 : 전 홀 파 플레이는 프로도 하기 힘든……대단합니다…… ^^
: 행운이예요. 운7기3. 감사해요……

이 : 멋지십니다. 꿈의 스코어. ^^~~

: 사업 번창하세요.

이 : 서원힐스 대회 처음으로 나가봅니다. ^^~ 연습은 한 번도 안 하고 일단 제 현주소를 정확히 느끼려고요.

이 : 파이팅^^

: 감사해요……

이 : 물이 너무 맑으면 고기가 없다. 장군님~^^

: 이 친구들은 배가 무지 아픈가 봐요.

: 어제저녁 김 회장이 찾아와 암소 갈비로 영양보충 해줬어요.

백 : 맑고 밝은 스코어네요.~~ 수많은 사연을 이겨내고 만들어 내신 올파 기록에 경의를 표합니다. 다음에도 또 우럭 지리 모시겠습니다……^^

: 우럭구이의 효험 같아……

백 : 다음에는 더 큰 고기로 굽겠습니다.^^올 버디 한번 하시게~~~^^

김 : 👍👍👍 회장님~^^ 최고네요.

: 김형도 잘 계시지여? 새 정부와 함께 더 큰 성취 이루세요^^

김 : 넵~^^고맙다 회장님~♡

박 : 와우!!!! Congratulations on your perfect score of even score.

: 실력이라기보다는 運이 많이 따라 줬어요…… 그저 감사할 뿐이지요.

이 : 와! 주변 사람들 보여주었더니 다들 입이 쩍 벌어지네요. 대단하십니다……

: 건강히 잘 있지?

유 : 회장님 진짜 대단하십니다.👍👍👍👍👍👍

: 감사해요……

이 : Good shot. For happiness……

: 올여름 태국 농카이 갈 때 한번 들를게……

이 : 네 연락해주십시오.

정 : 임종운 부사장님께서 축하드린다고 하시면서. 종운 형님도 채를 내려놓으려 했는데. 이제야 골프스윙에 대해 뭔가를 알 것 같으시다고 하십니다. 도전장! 임종운 부사장님께서 도전하신답니다.^^ 개인적으로 축하드립니다.

: 임 부사장이 나보단 한두 수쯤 위여요…… 잘 계시지요?

정 : 형님. 전 잘 지내고 있습니다.^^ 조만간 인사드리러 가겠습니다.

김 : 아 최고입니다. 아들, 오늘도 열심히 달리고 있습니다…… 화이팅 하겠습니다.

: 그래, 열심히 달려 봐. 운동선수로서의 영광이 사업에서도 이어지길 기원해줄게. ^^

양 : 대단하십니다……한 수 전해주시고 천천히 떠나셔도 됩니다. ㅎ

: 전수할 수준의 기량에는 아직 미치지 못했다.

이 : 혹시 올파를 위해 버디들을 일부러 뺀 건 아니었어요? ㅎㅎㅎ 형님~축하드립니다.

: 몇 년 전, 집사님하고 라운드할 때 홀인원을 했었죠. 오션 17번 홀에서요…… 손주 탄신을 축하합니다.

: 버디 퍼팅을 일부러 뺀 적은 있어요.^^

이 : 버디를 일부러 빼신……ㅎㅎㅎ 그럴 줄 알았어요.

: 집사님께선 믿음이 깊어 벌써 장로님이 되셨어야 하는데…… 사유화된 교회 권력과 맞서 싸우는 집사님! 존경합니다.

이 : 장로, 집사 등은 직급이 아닌 직책일 뿐입니다. 하나님 보시기엔 다 같은 자녀, 제사장일 뿐이죠. 한국교회에서만 그리 따질 뿐………

이 : 한국의 목사들이 그걸 자기네 목회가 편하려고 은근히 계급화시킨 거죠. 이게 현재 한국교회의 문제점이죠. 중세 종교개혁 때처럼……ㅎㅎㅎ

: 하나님의 말씀을 전하는 자들이 그 말씀으로 살아가야 할 텐데요…… 염불에 관심 없는 땡중, 젯밥에 신경 쓰듯 하면 안 될 일이지요.

송 : 대단하십니다.~ 축하 축하드리옵니다! ^^*

송 : 올 파~속 터집니다. ㅎㅎ 저도 시합 중에 버디도 없는 올 파. 속이 새까맣게, 입술이 바짝~ 마르더라고요…… ㅋㅋ

: 참 힘들었어요.^^

김 : 오잉?!…… 멋져요!…… 올~~~파!…… 축하드립니다……😊

: 오랜만이네요…… 무탈하시죠?

정 : Amazing. ……

: 그리 놀라운 것은 아니고……

이 : 축하합니다. 멀리서나마.

: 미향이도 잘 있지요?

이 : 네, 잘 지내고 있어요.

이 : R 선두더군요. 축하합니다.

: 우승 한번 해줬으면 하는데……

이 : 올해는 꼭 하리라 믿어요. ^^

이 : 감사합니다. 올해 안되면 내년에 배로 하면 되지요.

이 : 축하! 축하! 대단하다.

: 감사해요……

현금영수증 필요하신가?

2017년6월17일

따당 땅 땅…… 따발총에 맞아 죽을 뻔한 날.

녀석들이 "빈 공은 재미가 없다." 라며 내기하잡니다.

"아직은 내기를 할 수준은 안 되는데 세 분이 하심이……"

두 홀쯤 지나자, 묻지도 않았는데 백스윙이 적다며 친절하게(?) 레슨까지 해주었고. 핸디를 좀 줄 테니 또 같이하자는 것이다.

어르신께선, 그나마 쓰고 있는 틀니 상할까 봐 물고 있던 사냥감도 그냥 놓아주는 터라 쩐(錢)치기는 가급적 피해왔는데 "영 아니다." 싶어 못 이기는 척 합류를 했다. 상대를 얕봐선 결코 안 됩니다. 어르신의 그 재래식 포(砲)가 금방 작렬하기 시작하였다. 아이들은 마치 실성한 사람처럼 따당 땅 따당을 불러댔다.

경로석 어르신, 담배 연기 길게 내뿜으며 중얼거렸다.

여덟째 홀을 마치면서 아이들의 지갑이 결제금액에 미치지 못하게 되었다.

전반 마지막 홀! 복수의 종이 네 번씩이나 타종 되었다.

어르신, 티샷 어드레스를 풀며,

"지갑 돈 떨어진 사람들 하곤 내기는……" 단호하게 거절하였다.

결국 전반을 마치고 포스기를 다녀온 후반 첫 홀이 돼서야 쩐치기가 재개될 수 있었다.

"아주 재수 없는 늙은이야!"

먼발치서 들리는 소리였지만, 어르신께선 그리 기분 나빠하지 않았다.

언짢은 기분은 잠깐이요. 나이 들수록 현찰이라며 누런 이빨을 또 드러냈다.

경로잔치에 왔다고 생각하세요…… 현금 영수증 해드릴까요? 연말정산 때 세액공제 받으시게…… 저녁 늦은 시간, 돼지 갈비집서 "혼술"을, 혼자 술을 마시는 어르신을 볼 수 있었다. 너무 뜻밖의 횡재에 손주에게 사줄 선물을 생각하고 있는 듯하였다.

"!자업자득이니 이해해 주세요…… 맞으면 아픈 줄 아는 사람이 대부분인데 꼭 맞기를 자처하는 사람들이 있죠…… 그나저나 손주 좋겠네요."

"그냥 조용히 내 샷만 하며 라운드를 하고 싶어도 여의칠 않아요……"

명품 에픽 300yds? 연장 탓하는 장인 봤나?

2017년7월17일

"여보게! 언제 또 머릴 올리시려나?"

에피소드, 에픽 300yds

드라이버를 대기만 해도 300야드 나간다며

단톡방을 하도 뜨겁게 달궈 붙어진 필명이 에픽 300야드라.

그 에픽 300을 실전배치하는 날.

"내 홈구장이 싫다." 하여 멀리 원정을 나간 5인전이었는데, 실전배치에 실패, 강제퇴역 조치 되었다.

에픽 300yds, 본디 지대지(地對地) 미사일인데, 어인 일인지 박격포가 되어,

하늘로 치솟아 300은 커녕 160에도 못 미쳐……

"야! 넌, ICBM급 미사일에 14pcs 죄다 '핀빨' 이다더니 지금 폭죽놀이 하남?"

얼굴 벌게, 등짝 땀으로 범벅된 친구 녀석,

"어찌 치는지를 잃어버렸어요." 라.

넷이서 십시일반, 몇 닢씩 건네주는 위문금

손에 쥐고 뒤돌아서는 그의 뒷모습이 너무 짠해 보였다.

몇 년 전만 해도 우리들은 그가

티박스에 올라가기만 해도 벌벌 떨어야 했고,

퍼터를 건네받는 순간부터 가슴 졸여야 했던 챔프였다.

"동네 연습장 300야드가 어디서 까불고 있어!"

그의 성품으로 잠작건데,

당분간은

또 칩거에 들어갈 것으로 예상되었다.

샷은 과학이 아닌 예술이다

2017년 9월 4일

참 안타깝고 가엾은 늙은이다.
둘 중 하나다.
골프가 참 어렵거나,
내가 좀 덜떨어진 사람이거나……
십여 년을 넘게 매일 첫 새벽부터 단 하루 거르지 않고,
서서 다짐하고,
치고 반성하며,
걸으면서 생각하고,
넣으면서 기도하고,
마치며 늘 후회하였는데,
단 한 발자국도 앞으로 못 나가기 때문에 내린 결론이다……
서당 개도 3년이면 풍월을 읊는다는데, 그 3년에 몇 곱절 세월인데,
아직도 풍월은커녕, 바담 풍(風), 바담 풍(風)하고 있다.
새벽 예불에 이런 치성이었음 벌써 부처까지는 아니더라도,
거의 고승의 반열쯤엔 오르고도 남음 직하고,
신학을 했어도, 이미 목사 안수를 받고,
전도양양한 목회자의 길을 가고도 남을 세월인데……
더 이상, 필드의 우스갯거리로 회자되고,
투전판의 VVVIP가 되기 전에 클럽을 던져야 될 듯……
"잘 안 맞으니까 아쉬움이 남아 계속 치게 되는 것 아닐까요?"
"아주 끝없는 수행인 것 같아요."

인제 그만 게이트볼로 전향을 하심이?

2017년10월20일

아주 고약한 녀석들이었다.

날씨가 쌀쌀해졌다며 영양보충 시켜주겠다고 족발집으로 불러 앉혀 놓더니, 느닷없이

"이제 그만 게이트볼로 전향을 하심이?"

"왜?"

"저희가 너무 피곤해서요……"

"왜? 내가 인터벌이 좀 길든?"

"아니요."

"아니면 매너가 썩……?"

"아니요."

"지갑을 잘 안 열어?"

"더 더욱 아니고요……"

"그럼 눈탱이 터질 때 언제 결제를 안 한 적 있어?"

"아니요, 결제는 칼이시잖아요."

"그럼, 왜? "

일전 야간라운드, 레이크 17번 홀 175m Par 3에서 나한테 "니뻐" 맞은 친구 왈,

"지갑에 3만 원 이상 가지고 다니지 않잖아요……"

"그래서? 지금껏 단 한 번이라도 결제 미룬 적 있었어?"

"아니지요, 바로 그것이 저희에겐 젤 큰 스트레스이거든요…… "

"또 어르신이 경로당 게이트볼로 이적하셔야 될 이유고요……"

"내 참, 살다 살다 별 미친 친구 녀석을 다 보겠네…… "

"이 녀석들아! 이럴 시간 있으면 레인지에 나가 볼이나 때려…… "

"다음부터는, 돌려주는 뒷돈 받는 녀석 있으면, 손목을 잘라 버리겠다"

고 말하면서도 되레 내 손을 얼른 뒤로 감추었다.

불을 쫓는 불나방처럼

2018년1월6일

그는 이곳에 나보다 2~3주쯤 먼저 들어와 틈틈이 족집게 과외까지 받으며 나를 도모하려고 맹훈련을 한 모양이다.

또 나름 자신감도 있었던 듯하고. 내가 들어오기 며칠 전부터 언제 들어오냐며 성화더니 마침내 비행기서 내리자마자, "얼릉 들어오라!" 또 문자다.

예감이 심상치 않다.

그리고 그 예상은 또 적중한다. 샷이 예사롭지 않게 변해있다.

연거푸 두 판을 유효나 효과 정도로 진다.

10년 만에 처음으로 받은 핸디로 버텼다며 그간의 서러움이 한꺼번에 씻겨졌단다.

"공한증(恐韓症), 그 10년 트라우마에서 벗어났다." 는 것이다.

오늘 아침엔 날이 새기도 전에 노크한다.

핸디도 이제 그 반만 받겠단다.

허~어, 이것 참……

"애완견, 이(齒) 갈았다고 하이에나 되었단 소린 아직껏 못 들었는데……"

일단 말 포격부터 가하고 말싸움을 걸어오는 그를 아주 무시하면서 한 샷 한 샷 집중한다.

오래 걸리지 않았다.

세 번째 홀 파5에서 6오버 하더니 식은땀을 흘리며 눈이 풀리고 이내 다리까지 풀려 버렸다.

이때, 한 방을 더 먹인다.

"무너질 때 완전히 무너져야 일어설 때 벌떡 일어나는 것이라." 고……

"한판승, 대첩이었다. 낼 한 번 더 해야지?"

말이 없다.
하지만 나는 안다.

불을 쫓는 불나방처럼 낼 새벽 그가 다시 나를 찾아올 것이라는 걸……

내가 언제 네 친구들 거세라도 시켰냐? "존구" 다!

2018년2월22일

"존구(存口)". 존재 자체가 구찌라는 말이다.

수 년전, 주인이 버린 것으로 의심되는 웬 고양이가 코스를 헤맸다. 평소, 동물을 사랑하는 어른께서는 아이를 시켜, 예방접종에 거세까지 시키고, 거처할 집까지 마련을 해주었다. 끼니때가 되면 오가는 캐디들이 먹을 것을 준비해와 줘, 고양이에게는 아무런 걱정이 없는 듯 하였다. 그런데, 가끔 요녀석이 소스라치게 놀라 도망을 치며 숨곤 하였는데, 그럴 때면 꼭 자길 거세시키려 동물병원에 데려갔던 그 아이가 저 멀리서 나타나는 것이었다. 다행히 그 아이가 다른 곳으로 간 몇 년 전부턴 고양이의 이런 버릇이 없어졌다.

오늘은, 바람도 쏘일 겸 해 코스를 한번 둘러 보는데,

캐디 교육 중이던 녀석들이 멀리서 나타나는 나를 알아보는가 싶었는데,

순간, 그만 그 잘 맞던 볼이 해저드에 뒤땅치기라.

한 친구 녀석이 "존구!" 라며 외마디 신음을 토해냈다……

'존나 구질이 좋은 노인' 의 준말이려니 짐작했는데 그게 아니었다.

함께 라운드를 하지 않더라도,

'존재만으로도 구찌' 라는 말의 준말이라 하였다.

"예끼 녀석들!

내가 언제 너희 녀석들을 거세라도 시켰냐?……"

최 : 저도 후배들이 같이 골프를 치면,
존재 자체가
악의 기운이라고들 했었는데……
저만 있으면 공이 안 맞는대요……
물론 거세도 안 시켰지만……

내샷 - 펌프가 고장나 있으면 다 부질없는 짓

2018년3월4일

젖 먹던 힘을 다해 펌프질을 하는데 물이 나오지 않는다.
고무 바킹이 다 닳았나? 가뭄으로 지하수가 바닥이 났나?
내 샷이 저 꼴이 되어 버렸다.
고무바킹 망가진 지 이미 오래 됐고, 상수원까지 고갈 된 듯,
다리만 건너면 그만 망신살이 뻗치는데 일전엔 부른다고 덜렁 나섰다가
또 만신창이가 되어 돌아왔다.
나는 가슴 아팠지만,
라운드 내내 녀석들은 싱글벙글 박장대소였다.
오늘은,
사우나에서 오랜만에 후배 녀석을 만났는데
볼이 안 맞아 스트레스라는 거다.
"몇 타를 쳤는데?"
"버디 3개 잡고 1오버나 했어요." 라
묻지 말았어야 했다.
앗차! 그만 깜박 잊고 물은 것이다.
녀석은 사우나를 나오려는 내 등 뒤에
바람이 너무 세게 불었다는
말을 비수처럼 꽂았다.
이 비가 그치고 나면
긴 가뭄은 해갈될 터
고무바킹만 갈아 끼우면
좀 괜찮아 질까?
펌프가 고장 나 있으면
다 부질없는 짓인데……

담양 레이나 CC 설치물

차이를 인정할 줄 알아야 한다

2018년3월22일

중국인들은 3불문(三不問)이라 하여 세 가지를 묻지 않는다고 한다.
나이, 고향, 학교.
하지만, 우린 이것을 먼저 알고 나야 관계가 시작되고 설정된다.

나는 골프를 할 때 나이며 핸디, 구력을 묻지 않는다.

그냥 볼만 치면 되는 것.

나이는 알아 어쩌겠다는 것이고 핸디나 구력은 샷이나 퍼팅 몇 개 보면 대번에 알 수 있는 것 아닌가.

이 친구들도 나일 묻는다. 자기들 셋이서 갑장이다.
샷이 내기 골프에서 결코 지지 않을 만큼 견고하고 연륜이 배어난다.
첫 티샷을 먼저 하란다.
예사롭지 않다.
어라~ !
이것은 한 수 아래에게 고수(高手)가 베푸는 것인데……
첫 홀 파5 심한 맞바람에 드라이버가 매우 성공적이었고,
연이은 우드는 나도 놀랄 정도로 잘 맞아줬다.
버디. 이 친구(者)들도 "다른 것은 몰라도 드라이버 하나는 ……"
같은 과(科)다.
그런데, 내 비거리가 좀 되자,
두 번째 티샷부터 들어간 힘이 장갑 벗을 때까지다.
차이를 인정할 줄 알아야 한다.
상대를 얕잡아 봐선 결코 안된다.
그리고 묵묵히 자기의 샷을 이어 나가면 되는 거다.
나중에 실토한다.
한창 때 그들이 클럽 참피언을 번갈아 가며 주거니 받거니 했었다고……

존구 노인네가 정말이지 싫어

2018년4월3일

이 친구 녀석은,

18홀 한 라운드에 통상 드라이버를 최소 열여섯 번 이상 씩 하는데,

사연인 즉, 전반에 멀리건 하나,

후반에 셀프 멀리건 한 둘 정도를 해서란다.

그런데 어쩌다 한번 잘 맞았다 하면 스스로가 감탄해

이마에 굵은 땀방울이 맺혀 페어웨이로 나가는데

그 양태가 이미 버디는 낚아있다.

친절하기도 으뜸인데

동반자 등 뒤에 따라붙어

"아이언 두세 클럽 이상은 족히 차이가 난다." 는

멘트를 잊지 않고 한다.

동반자들은 그에게 꼭 응수를 한다.

"클럽이 아닌 탓수로 두 세타 차 나지 않도록 조심하라." 고……

한번은 뒷땅, 다음 샷은 생크를 내 그린 오버, 해저드다.

이젠 이마가 아닌 등짝이 식은땀으로 범벅이 된다.

언제부터인지

그는 우리들을 피하기 시작했다.

싫단다.

특히,

존구(존재 자체가 구찌)라 불리고 있는 노인네가 정말이지 싫단다.

최 : 한장군님의 별명은 저와 비슷하시군요……
　　제 후배들도 제 존재 자체가 악의 기운이라고
　　존악이라 부릅니다.

: 아무 말도 하지 않고 그냥 볼만 치는데여

라운드 총량제? 자가격리 수칙!

2021년2월1일

오늘도 걷는다. 며칠 동안을 허리 통증으로 앉았다가 일어나거나, 계단 오르내릴 때 조심 했다. 너무 무리 했나? 그래도 한번 마음 먹은 것인데…… 반짝 추위로 며칠 쉰 게 원인이었다. 날씨가 풀려 어제, 오늘 다시 재개 했더니 말끔하게 멎었다.

1년여 만에 한 친구 녀석 전화가 왔다.

"어떻게 지내세요?" "그냥 숨만 쉬고 있어."

"요새도 잘 맞으세요?" "채 놓은 지 오래 되었어."

"왜요?" "총량제에 걸렸어."

"총량제라니요?" "일종의 자가격리 수칙인데, 지난해 PGA 룰에 머리 올린 후, 라운드 횟수 총 몇회 이상이면 못치도록 하는 새 규정이 신설되는 바람에……"

녀석, 깔깔대면서 하는 말,

"그 규정 진즉 만들어졌으면, 지난 십 수 년간 그 많은 돈 털리지 않았고, 자존감마저 뒤집어 놓는 그 모진 수모도 당하지 않으며, 참 맘 편히 칠 수 있었을 텐데……" 다.

"넌 요새도 짤순이냐?" "네."

"아직도 180이야?" "네."

190 키에 100kg 체중인
1주에 최소 두번은 나가는 녀석인데,
만났다 하면 꺼내는 말,
클럽 잡아 본 지 6개월도 넘었다는 친구라……
올해 환갑을 맞는다는 이 친구도
골프계의 연구대상 중 한 친구라.

필드는 전장(戰場)이다. 나는 공공의 적!

2021년5월3일

'한국조폐공사' 와 소령 '강재구!'

'한국조폐공사' 는 돈을 찍어내는 공기업이다.

'강재구' 는 잘못 투척된 수류탄을 끌어안고 산화한 소싯적 우리들의 영웅이었던 친구.

오늘 분명 내가 그 둘 중의 하나였는데, 고맙다는 친구 녀석은 없었고,

강재구처럼 명예도 얻지 못했다. 난 그저 만신창이가 되었을 뿐!

녀석들의 안타까워 하는 시선에 낯이 뜨거워 얼굴을 들 수 없는 하루였다.

필드에선 예수님이라도 그렇게 좋은 일을 할 수 없는……

곤지암 큐로CC 필드는 전쟁터였다.

너를 보내지 않으면 내가 죽어야 되는 곳.

하지만, 우리들이 사는 세상,

이 지옥보다는 훨씬 괜찮기 때문에 샷에 골퍼들이 그렇게 열광하는 듯 하다. 친구들의 전화통이 불이 났다. 내게도 뜬금없는 전화가 오고……

타작을 하려고 나섰다가,

친구들의 도리깨에 맞아 타작 된 그 보리나 콩처럼,

내가 낟알이 되어 버렸다.

이 소문이 바람을 타고 벌써 온 동네에 쫙 퍼져 두 번, 세 번을 죽었다.

친구들의 환호하는 모습이 안 봐도 눈에 선하다.

'보이지 않는 손' 은 시장 가격을 조정하는 기능을 하지만,

친구들의 저 보이지 않는 눈과 환호가 내 가슴을 후벼 판다.

내가 공공의 적이었음을 확인하는 하루였다.

박수 받을 때 떠나야 했었는데……

탈출! 한 장군 트라우마

2021년5월3일

나하고 띠동갑인 100kg에 300야드 거포는, 예의 그대로 낯설지 않은 샷을 날렸다. 깔끔한 샷을 하는 막내는 그간의 "한장군 트라우마"에서 완전히 벗어나 홀로서기를 한 날. 골프장으로 가는 첫 새벽. 친구가 우선 내 지갑부터 검사한다. 차를 세우더니 50수를 채워야 한다며 현금인출기로 갔다. 거포 이르기를 드라이버를 아예 안 가져 왔단다.

"왜?" 코스가 너무 짧아 드라이버 잡을 만한 홀이 별로 없어서란다. 친구가 크게 흔들리고 있다는 것을 본능적으로 알아 차렸다.

"그래도 그 맛에 볼을 치는 건데……" 아니나 다를까, 4번 아이언을 들고 티샷에 나섰다. 그냥 못 본 척 지나가려다가,

"하기야 그 아이언이 우리들 드라이버보다 훨씬 더 나가니까……" 하며 말꼬리를 흐렸다. 하지만, 티샷이 제 얼굴이라던 친구의 그 한 방은 결코 볼 수 없었다. 여느 때처럼 녀석의 이마엔 진땀이 나기 시작했고 이제 실어증 차렌데, 내가 자빠져 친구의 백업이 되어 주니까 친구가 거기까지는 이르지 않았다.

또 드라이버를 친 후 으레 내뱉던 "내가 치긴 좀 치지요?" 이 소리 역시 단 차례도 들을 수 없었다. 예전처럼 무너진 나를 보며 느긋이 즐겨야 할 친구인데, 안도의 한숨을 쉬는 데 그쳐야 했다.

더 한심한 친구는 나였다. "고마워……" "왜요?" "너라도 무너지니까, 내가 피를 덜 보잖아……" "그 노인네 어찌 됐어?"

난, 애써 모른 척했지만, 내가 당한 피해를 보상해 줄 친구들도 아닌 친구들이 내 피해 조사에 열을 올린다는 것을 라운드 중반부터 난 알고 있었다. 그나마 다행인 것은 카트 선탑을 해서 친구 녀석들의 딴 돈 세는 모습을 볼 수 없었던 것이라.

최 : 100kg 거포가 누군지 알 듯. 그는 동반자들이 자기에게 굉장히 겁을 먹을 것이라고 생각하는 듯한데 아무도 겁을 내지 않고 있다.

큐로CC

이제 투망질도 힘들어 졌어……

2014년 8월 3일

노인은,

어쩌다 「입신」의 경지에 오르기도 하지만,

통상 「초인」수준이라 하면 틀림이 없었다.

원래 소식가인 노인은

투망 던져 건져 올린 물고기들도 당신 드실 만큼을 제외하곤 다시 바다로 돌려보내는데.…

"요즘 종일 투망질에 몇 수도 잡지 못한다." 며,

마음이 무척 상해 있는 듯했다.

어떨 땐, 투망질이 힘겨워 던지는 그물에 끌려 바닷물에 빠지기도 하고.

심지어 잡으려던 「달인」「고수」 같은 물고기 밥이 되기도 하였다.

"이제 나이 들어 투망질도 힘들어졌어!" 긴 한숨 소릴 나는 자주 듣게 되었다.

노인, "내일은 「노장불패」어른 모시고, SILK RIVER로 원정투망 나가는데, 「노장불패」는 고사하고, 「노장연패」당하지 않을까 걱정된다." 며,

벌써 혼자서 벌벌 떨고 있었다.

노인은 "그래도 「평민」「하수」였던, 그때, 그 시절이 좋았다." 며,

담배 연기를 길게 빨아 내뿜었다.

입신	入神	0~ 4	인간을 초월한 신같은 존재
초인	超人	5~ 9	절대 무적의 지존수준 강자
달인	達人	10~13	땀방울로 빚어 도달한 경지
고수	高手	14~18	고수된 듯 착각에 기고만장
중수	中手	19~22	늘 깨달아 다된 듯한 몽상가
평민	平民	23~27	늘 돈으로 메우는 폼생폼사
하수	下手	28이상	될 듯 될 듯, 2% 부족 수준

좀 기다려 주고 또 너그러이 봐줘

2018년8월28일

함께 라운드한다는 건,
사실 굉장한 인연이랄 수 있다.
불가(佛家)에선
잠자리 날개가 바위에 스쳐,
그 바위가 눈꽃처럼 하얀 가루가 될 때,
한 번쯤 맺어지는 게 인연이라 한다.

그런데, 운동에 취하다 보면,
이런 인연에 틈이 가는 것을 가끔 보게 된다.
가장 가까이에 있는 사람이 적이 되기 때문이다.
그러나 지금 내가 갑자기 쓰러진다면,
누가 나를 구해 줄 것인지를 생각해 보면 답이 바로 나온다.
지금 당신과 함께 하는 동반자들보다 더 소중한 분은 없다.
너무 몰아치거나 다그치지 말자.
좀 기다려 주고 또 너그러이 봐 주실 수는 없는 것일까?
한 번쯤 그냥 못 본 척 넘어가 보자.
그것을 지적할 때보다 훨씬 편해진다.

득템한 염원의 볼

2012년6월30일

필드 후미진 곳에서 득템한 볼인데,
이 친구의 희생정신에 손뼉치고 싶다.
자신이 비록 두들겨 맞더라도,
이 볼을 쓴 골퍼는 반듯하게 나가길 염원하며
이 볼을 만들었을 것이다.
그런데?
집 나간 뭐는 다시 나간다는
옛말이 생각나 망설였지만, 티에 올려놓는다.

거리의 화가로 전업한 노인

2012년 8월 7일

로스트 볼을 주워……
못 말리는 골퍼입니다.
"더위를 자셨나?"
아님, "누비는 필드에 지치셨남?"
노인이 이젠 "거리의 화가 " 로 전업 하셨나 봅니다.
"아까워서 못 칠 것 같아요. ㅋㅋ"
"三光 ㅋㅋㅋ 좋아요."
"골퍼 여러분! 더위에 광박 쓰지 마세요."

골프 홀릭들의 필드 종무식

2012년 12월 31일

골프 홀릭들이다.
안녕, 2012년
눈 덮인 필드에서의 종무식
저런 눈밭에서 어떻게?
사막에서 샷을 해보셨나?
비슷하다.
사막에서
낙타를 타지 않더라도 샷은 가능하지 않은가?
볼을 찾는데 고생을 하긴 하지만……

유병장수, 지병과 함께 살아가기

2020년3월12일

독일 미르켈 총리는 전 국민의 6~70%가 코로나 감염 위기에 처해 있다며,

"우리의 대응은 바이러스의 확산속도를 늦춰 보건체계가 이에 대응하는데 초점이 있다" 고 말했다.

사태의 본질을 정확히 꿰뚫어 본 것이다. 우리처럼 대통령이 물러나야 하고, 장관을 잘라내야 하는 그런 문제가 아니라는 게다.

어느 날 병원에 갔더니 고혈압에 당뇨, 고지혈증……

그야말로 종합병원이다.

그때부터 운동도 열심히 하고 몸에 좋다는 건 다 먹는다. 하지만 쉽게 호전되지 않는다. 또 이런 것들과 함께 살아야 한다는 것을 알게 되는데, 그리 오래 걸리지 않는다. 처음 성인병 진단을 받았을 때 당혹스러웠던 것처럼, 이제 그렇게 바이러스가 우리들의 일상이 되어버린 것이다.

의사는 운동 열심히 하고,

술 끊고, 담배 피우지 말고,

과로하지 말라 한다.

여러 사람 모이는데 가지 말고,

손 잘 씻고 마스크하고 다니라 하듯……

술에, 담배, 마작까지 즐겼던 등소평은 93세까지,

여기에 더해 첩까지 거느렸던 장학량은 103세까지 살았지만,

술 담배도 일절 않고 온갖 선행만 하던 레이펑은 23세에 요절을 한다.

너무 그렇게 과민할 것은 없다.

그것이 이미 우리의 일상이 되었다면,

함께 살아가야 한다.

우리가 지병을 관리하며 함께 살아가듯이……

나의 재능기부는 골프!

2021년 9월 1일

재능기부에 대하여.

미국의 어느 대학은 교수들에게 재능기부를 하라 하고 있는데,

기부해야 하는 것은

자기가 연구해서 알아낸 것 또는 연구논문 등을

유치원생들에게 설명하는 것.

유치원생에게 그것을 설명하여

설명한 내용을 그 유치원생들이 알아듣지 못하면,

그것은 아무 쓸모가 없는 연구라는 취지에서란다.

뉴턴은 그의 만유인력에 대해서 어떻게 아이들에게 설명할 것이며

코페르니쿠스의 지동설은?

아인슈타인의 상대성 원리는?

차라리 그레셤 법칙은 설명이 좀 나을 듯싶다.

재능기부!

좀 늦은 감도 없지는 않지만,

나도 이제 재능기부를 고민할 때가 온 것 같다.

그럼 내가 그나마라도 좀 알고 있는 것이 무엇인가?

골프다.

거의 반평생을 골프와 함께 살아왔다.

수많은 골퍼들이 지병처럼 앓고 있는

그 자괴감들로부터 어떻게 벗어나게 할 것인가?

그것이 내가 안고 있는 과제이자,

재능기부해야 할 아이템이 아닌가? 하는 그런 생각들을 해본다.

샷의 본질을 꿰뚫어 보는 스승

2021년 8월 31일

5년 전 동계훈련캠프. 한쪽 팔이 없는 웬 친구가 그가 지도하고 있던 아이들을 데리고 캠프에 왔다. 동행한 학부모로 보이는 이에게 물었다.

"아니, 저 프로님은 골프를 하다 팔에 이상이 생겼나 보죠?"

"아니요" 라 했다.

"본디 장애" 라 했다.

"그럼?"

하지만 그에게 배우려는 아이들이 장사진을 이룬다 했다.

며칠 동안 그를 유심히 지켜봤다.

그럴만한 이유가 있다.

그는 "이렇게 샷을 해라" 가 아니라,

"샷!" 그 본질을 꿰뚫어 보고 있음이었다.

네 샷에서 풍겨 나오는 반지하 냄새를 없애야 돼.

2020년1월18일

영화 “기생충 이야기”. 그 도입, 반지하 창문에 소변을 보는 장면.
“소변금지를 써 붙였어야 된다” 하니까,
“그런 것이 있으면 더 싸고 싶으니까 안된다”는 씬.
그래서 너도 쳐들어 선 안된다는 고개를 자꾸 쳐드는 거니?
영화는 이어진다.

자네들 다 냄새가 똑같다고……
그 “반지하 냄새!”
자네도 마찬가지일세.
우선 네 샷에서 풍겨나오는 그 반지하 냄샐 없애야 하네.
스윙을 깔끔하게 고쳐, 반듯하게 해야 한다는 말이야.
영화를 보는 내내
단 한 순간도 눈을 뗄 수가 없지 않든?
빈틈이 없어야 해.
첫 티샷을 한 후, 마지막 홀 땡그랑 소릴 낼 때까지,
친구들이 긴장을 풀지 못하게,
자네 샷을 설계하고 시행해야 한다는 말이야.

기억나니?
“돈이 다리미”라는 구절,
“구긴 것을 쫘~악 펴준다”라는……
필드에선 오직 네 샷만이 구겨진 널 쫘~악 펼 수 있는 거야.
그렇지 않으면, 네 돈을 쫘~악 펴서 친구 녀석(者)들에게 바쳐야 돼.

영화에서처럼 너와 네 샷이 함께 어우러질 때,
봉준호나 송강호같이 대박을 터트릴 수 있는 거야.

반전에 반전을 거듭하는 영화,
폭우에 떠났던 가족들이 돌아오던 날 벌어지던 일들……

골프는 18홀 내내 반전에 반전이 이어지는 운동이야.
하여 한순간이라도 긴장을 풀어선 안 되는 것이야.
"지하철 타는 사람들에게서 나는 특이한 냄새를
만에 하나라도 혹여 그런 냄새를 풍겨선 절대 안 돼."
"아랫배에 힘 단단히 주고 널 감추라!" 이 말이야……
"아버지! 절대 실패하지 않는다는 계획이란 게 뭐예요?"
"무계획, No Plan이야……"
그렇다고 아무 생각 없이 갔다가 죽지 않을 만큼 두들겨 맞고 와도 안 되고……
"오빠! 아까 나와 뽀뽀할 때 딴생각했지?"
넌, 딴생각하지 말고, 젖 먹던 힘까지 다해 자네 샷에 집중해야 해.
인디언 복장의 송광호 멘트 들었지?
"사모님이 원래 이벤트, 서프라이징을 좋아하나 봐여?"
넌 그런 흉내를 낼 생각일랑 아예 하지 마.
넌, 배우가 아니니까……
"네 샷을 그냥 네 방식대로 하라!" 이 말이야.
아수라장이 된 그 파티장에서
그렇게 자기 자동차 키만 챙기다 칼 맞는 거 봤지?
물론 어렵게 땄겠지만 다 돌려주시게.
그 꼴 당하지 않으려면……
미란다 원칙이 고지되지 않든.
당신은, 변호사를 선임할 수 있고……
하지만, 샷은 너 혼자만 할 수 있는 거란다.

가미카제 특공대원의 출격

2021년 8월 23일

특공대원의 출격을 알리는 첫 새벽 전화.

오늘 겨룰 친구 녀석. 날 보러 어서 기침을 하라는 것이다.

그래도 다행이었다.

전처럼 7번 아이언으로 얼마를 보내야 하냐고 첫 새벽부터 묻지 않는 것이……

완전군장으로 집을 나서면서

오늘은 좀 멀쩡한 친구들하고 겨루었으면 하는 마음으로 시동을 걸었다.

녀석에게선 술 냄새가 진동했다.

보통은 3~4시까지 술, 한잠도 못 붙이고 나왔다는 친구들이었는데

이 친구들은 아주 잠을 한 숨도 자지 않고 밤샘을 하고 왔단다.

"네가 무슨 가미카제 특공대니?"

내 작지만 간절한 바람(?)인

좀 멀쩡한 친구들과 같이하고픈 소망이 산산이 조각나는 순간이었다.

"요새 잘 맞냐?"

"얼마를 가져왔느냐?" 로 피의자 심문이 시작되더니 지갑을 까란다.

친구의 샷이 그런대로 맞아 나가자 조용하던 한 녀석이 말문을 열었다.

아직은 술이 덜 깨서 그나마 맞는 모양이라고……

다른 한 친구, 술이 좀 깨면 이렇게 낯설지 않은 예전의 그 익숙한 모습을 볼 수 있을 거란다.

그 말은 적중했다.

후반, 그 익숙했던 모습들이 아주 자연스럽게 NG 전혀 없이 연기된다.

이미 결제한 후였지만 스코어가 잘못 기재 되었다며 캐디에게 정정하란다.

더블보기가 보기로 정정되었다.

장갑을 벗으며 친구는 내게 한 타를 이겼다며,

싱글벙글한다.

가미카제 특공대원으로 오늘 출격한 친구들과 나는 띠동갑이다.

중독환자 - 볼에 한참 미쳤을 땐? 이제 라이도 흔들려!

2019년5월31일

볼에 한참 빠져 있었을 땐

길거리를 걸어가면서도 라이를 읽고,

다 먹을 수 있었던 놓친 판,

그 아쉬움이 잠꼬대로 이어진 적 한두 번 아니었다.

인터벌 늦은 친구하고 라운드를 한 날이면 이것 또한 잠꼬대를 했다.

볼이 시들해 지면서 책과 바둑인데 잡았다 하면 밤을 샌다.

못 읽은 책, 꼭 읽어야 할 책들이 너무 많아, 그 압박감에 머리가 아파지고,

돋보기를 쓴 채 운전을 하다 앞차를 들이받기도 했다.

바둑은 아침에 잡으면 점심 먹을 시간이 없다.

저녁은 그냥 건너뛴다.

화장실조차 갈 틈이 없다.

볼에 미쳐 있었을 때처럼 사람들이 모여 있는 것이며,

밥상 위 반찬 그릇들조차 포석으로 보인다.

같은 환자인데 그래도 볼 중독이 훨씬 양반인 듯하다.

주초 있을 시합을 위해 낼과 모랜 레인지에 들러,

샷을 좀 가다듬어 볼까 한다.

드라이버 거리를 포기한 후론 샷이 좀 편해지긴 했는데 라이조차 흔들린다.

그것도 이제 포기를 해야 할까?

아님, 돋보기라도 준비해 가는 게 나을까?

비거리, 아이들 조롱거리 된 지 이미 오래됐다.

소싯적, 늘 내게 좋은 손님이 되어줬던,

어떤 친구 녀석은 내 뒤 졸졸 따라다니며,

드라이버가 세 클럽 이상 차이가 난다는 것이다.

2nd에 힘들어가라고……

가끔 더블파까지 기억해 내야 하는 애로가……

2019년9월1일

나이 들어가자 우선 눈이 나빠진다.

스케링을 하러 가면 의사가 "건치라며 칭찬을 하던 그 치아" 도 하나둘 이상이 생기고. 즐기던 술도 그리 먹고 싶은 생각이 없다.

들리는 것은 아직 멀쩡한데 이것 또한 그리 얼마 남지 않은 듯.

곧잘 깜빡 깜박해 자동차 키를 손에 들고 한참을 찾고,

휴대폰이며 선글라스는 몇 개를 잃어버렸는지 헤아릴 수조차 없다.

수백 명 전화번호를 기억해냈는데, 내 전화번호조차 기억하지 못 하는가 하면, 갑자기 친구들 이름이 생각나지 않는다.

하지만 그래도 밥 먹으면 배부른 것을 알고, 피로를 느끼고 잠이 부족해, 졸음이 오는 것만으로도 얼마나 고마운지……

얼마 전까지만 해도 보기, 그 후는 기억할 필요가 없었는데,

이젠 가끔 더블파까질

기억해 내야 하는 어려움에 직면하기 일쑤다.

그래도 볼 치러 가는 날 놓치지 않는 게 천만다행이다.

눈 나빠지는 것은 보지 말고 상관치 말라는 것일 테고

이빨의 이상은 이젠 조금씩 먹으라는 신호일 터,

들리지 않는 귀는 늙음이 편하다는 것을 일깨워 준다.

깜빡깜빡하는 것은 그 전철 무임승차권으로도

"아무 데나 나다니지 말라." 는 경고일 터!

내가 며칠 전 얼굴 점을 빼낸 것은 늙음을 추하게 보이지 않게 하기 위한 몸부림이었다. 그런데 이 멀쩡하던 어깻죽지, 들기조차 힘들어지는 오십견은 이제 클럽도 내려놓으라는 것인가?

"육십이 넘어서 오십견이 온 것은 그간 그만큼 건강하셨었나 봅니다.

저도 요즘은 손가락이 아파 드라이버 200m 넘기기가 힘들어져,

생전 거리 때문에 파4 투온 걱정을 해본 적이 없었는데……"

노 골퍼의 추억

2021년 09월 06일

칠순을 훨씬 넘긴 어르신들이었지만, 샷엔 언제나 힘이 있었다.

"샷이 참 좋으세요……"

"아니, 좋기야 한 장군만 하겠어?"

"고문님께선 주 몇 회씩이나?"

곁에 있던 어르신께서 담배연기를 내뿜으면서 말씀을 하셨다.

"한 장군만 못하겠지만 주 8회 정도는 될 거야……"

후농 선생이었다.

나는 하루 두 갑이나 피우며 뿜어대는 저 후농 담배연기 때문에……

진반농반이었지만 어르신은 후농의 그 담배연기였다.

하지만 두 어르신은 필드의 단짝이었다.

"김 총리님과도 많이 치셨지요?"

"많이 쳤지……"

"싱글이라면서요?"

"싱글은 무슨……"

그늘집에서였다.

어쩌다 남영동 대공분실 고문전문가

김@@ 이야기가 나왔다.

"그 친구 참 징한 친구이었어……"

"붙들려 가 지하실로 끌려 내려가는데 여기저기서 신음이라…… "

"아 글쎄, 그 친구가 날 발가벗겨 칠성판에 올려놓으며……"

어른께선 시골 농부 논에 물 대는 이야기 하듯 한다.

10여 년 전쯤의 이야긴데

선생은 몇 해 전 작고 하셨다.

골프는 가장 민주적이다!
알까기만 하지 않는다면?

이렇듯 뜻 있는 어른들이 목숨 바쳐 일궈 놓은 민주주의인데……

나만 100돌이? 세리, 경주, 우즈도 백돌이었다!

2017년6월30일

"나만 백돌인가?.
다들 백돌이었다.
세리, 경주, 우즈도
모두 백돌이었다.
벗으면 다 같아."

네, 벗으면 다 똑같습니다.
클럽을 챙겨 집을 나설 때도 똑같다.
하지만, 타는 차가 다르고,
가는 곳이, 걸리는 시간이 제각각이다.
장갑을 끼고, 첫 홀 티 박스 들어설 때, 똑같다.
멀리 똑바로 치고 싶은 마음은……
그러나, 이내 길고 짧고,
좌탄! 우탄!
오비 해저드 제각각이다.
챙기는 자와 터지는 자,
또한 같을 순 없지만,
좀 더 잘하고 싶은 마음은 한결같다.
이렇듯
다름이 틀림이 아니고,
같음이라 하여
항상 같을 수는
없는 듯하다.

탈모 명의란 친구가 대머리라!

2019년 12월 10일

나이가 들면서, 머리카락이 빠지기 시작하더니,
백약(百藥)이 무효(無效)라.
하루는 명의(名醫)가 있다 하여 찾아갔더니,
아침 점심 저녁으로 이 약을 보름 정도 먹으면……
머리가 다시 난다는 말에 눈이 번쩍 뜨여
이 명의(名醫)라는 친구의 대가릴 보니
이 친구가 대머리라……
화장실 가는 척하면서, 냅다 튀어나왔단다.

대머리면, 대머리로 살면 되는 것을……
필드에 나가면, 이 친구 같은 스트레스에 빠져 있는 이,
또 탈모 그것을 고쳐 주겠다는
저 대머리 명의 같은 이들이
쫙 깔려 있어……

덧없이 인생? 안절부절, 조마조마, 두근두근……

2019년3월4일

이렇게 덧없이 나일 먹으며 늙어가는 게 인생이다.

아이들, 대학만 가면 한시름 놓겠거니 했는데 아니다.

군엘 다녀와야 하고, 기다리는 취업이 있다.

운 좋게 직장을 잡고 나니, 이제 또 결혼을 시켜야 한다.

힘들게 먹고 살아온 터라,

혼인시킬 아이들이 거처할 곳까질 마련할 겨를이나 생각조차 못 했다.

이리되자 아이들의 결혼이 늦어진다.

어찌 어찌해 결혼을 시킨다.

이젠, 한시름 놓겠거니 하는데 아니다.

옛날 같지 않은 만혼들이라서 임신이 어렵다.

둘 정도는 가져야 할 것 같은데, 하나도 힘들다.

너무 안타깝고 가슴 아픈 일이다.

이젠 세 쌍에 하나꼴로 헤어진단 소리에

또 이 친구들이 어찌 잘 사는지 항상 안절부절 못한다.

손주를 본 기쁨도 또 잠깐,

녀석들이 기침만 해도 이젠 가슴 조마조마 한다.

이쯤 살아왔으면 살아온 가족들

좋은 면들이나 보고 박수쳐야 하는데

허물들이 보이면서 잔소리를 하게 되고,

또 그 서운함이 지워지질 않고 오래 가곤 한다.

이렇게 안절부절,

조마조마,

두근두근하며

사는 것이 인생인 듯하다.

내샷 - “나눔과 베품”의 전투의 군계일학(群鷄一鶴)

2017년3월12일

오늘, 무장(武將)들의 긴급회동이 있는 날,
멀리건 김.
그는 보검(寶劍)이 없어 빌린 검으로 전장에 임한 탓도 있었지만,
9홀 전투에 “셀프 멀리건”을 여덟 개나 쓴 진기록을 남긴다.

6척 거장(巨將), 가공할 위력의 지대공 미사일이 그의 주포(主砲)인데,
오늘은 박격포 유효사거리에도 미치지 못하는 부진 속에 마지막 홀,
어찌 한 방 제대로 맞자 ֍ “이제 드디어 잡았다!” 나……
이 친구는, 영구 구제불능이다.

단신(短身)의 예비역 병장.
본디 정직함이 주 무기인 무사(武士)로서 상황 판단력이 뛰어난 친구,
오늘 전투의 군계일학(群鷄一鶴)이다.
여느 때처럼 그는 오늘도 “나눔과 베품”을 실천하는 미덕을 보인다.
노인에게 “블랙티”는 버겁지만,
저들의 강권에 못이겨 오늘도 노인은 거기에 서야 했다.
흔들림 없이 제 자리를 지켜냈다.
6척이 그와 띠동갑,
멀리건과 병장은 훨씬 아래.
이 무장들 주무르길 떡 주무르듯 했다.

제 눈이 안경

골프는 구력이 오래될수록 어렵다는 것을 깨닫게 해주는 유일한 게임이다.

\- 바비 존스 -

화가 나서 클럽을 내던질 때는 전방으로 던져라. 그래야 주우러 갈 필요가 없으니까.

\- 토미 볼트, 급한 성질로 유명했던 선수. 1958년 US오픈 우승자 -

Covid19 언제까지? 그리운 한국어학당

2020년10월22일

지금은 꼼짝을 못하고 있지만
드나들 수 있었을 땐
현지에 한국어학당도 열어
우리 말과 글을 가르치곤 했는데……
이렇게 오갈 수 없게 되자
답답하기가 이를 데 없다.
보고 싶은 얼굴들이 그립다.

태국 농카이 Victory Park CC에서 한국어학당 학동들과 함께

내샷 - 진정한 고수? 리드하는 바르고 곧게 하는 샷!

2019년9월19일

버디나 이글은 자랑거리가 아니다. 언제든 그냥 할 수 있는 일상이기 때문이다. 문제는 더블 보기나 트리플 같은 것을 범하지 말아야 한다. 진정한 고수(高手)는 내 샷을 바르고 곧게 하여, 친구 녀석들을 리드하는 수(手)인데 녀석들 무너지기 기다리다, 내 샷 망가뜨리며 헤매는 주제에 자기가 고수(高手)인 듯 착각하며, 소위 행세를 하려는 경우를 허다하게 목격한다.

내 샷이 바르지 못한 녀석들이 멀쩡한 이들의 샷을 훈계하며, 꾸짖는 일들은 비단 필드에서만 벌어지는 게 아닌 듯싶다.

"매너, 매너 하지 말고 네 매너나 깔끔하게 지키라!"

"제발 너나 잘해!"

배은망덕한 골프? 멀리건 한번 시원하게 줘!

2019년11월23일

"아버지는 열 자식을 키워 낼 수 있지만,
열 자식이 늙은 아버지 하나를 건사하지 못한다." (독일 속담)

진정한 골퍼는 아버지 심정으로 동반자들을 건사한다.
물론 아들처럼 훗날 나를 보살펴줄 친구,
멀리건이라도 한번 시원하게 줄 친구, 단 한 녀석도 없지만……
저 키워 준 날 자기가 맨 첫 번째로 손 봐줄 이로 정해 놓고,
이를 가는 참 배은망덕한 운동이 골프다.
비록 그래도, 날 노리는 친구가 많을수록, 행복해지는 게 또한 골프다.
백수가 왜 과로사를 하는가?
여기저기 부르는 데 빠지지 않고, 가기 때문이다.
혼술, 혼밥에 가슴 저미는 슬픔을 함께하듯,
손님들 다 떠나버린 이 늙은이의 "나홀로 골프" 도
추운 날이면 시린 옆구리가 더 아프다.

사돈이 논 사면 배가 아파!

2020년5월18일

피팅 센터에서 볼 스피드가 프로 수준이라 했다며,
자기 자랑을 바쁜 사람 붙잡아 놓고 1시간 이상을 떠들어 댄다.
자신을 "아이언 류" 라 칭하며, 몇 몇 친구에게 녀석이 보내준 이 영상을 보내줬더니 자기들은 벌써 며칠 전에 받았단다.

자기는 우드가 필요 없단다.
"왜?"
이 녀석(者)의 의도를 이미 간파했지만,
얘기는 추임새가 필요해서다.
파5에서도 아이언으로 2온이 가능해서란다.
이때 친구를 좀 먹일 필요가 있을 듯해서,
"골프는 그래도 우드 치는 맛인데" 하니,
김이 좀 빠지는 듯하다.
친구 녀석의 이야기는 계속된다.
"지난주 어딜 갔는데, 전반에 버디를 3개나 낚았다" 는 것이다.
이때를 놓치지 않고 또 다그친다.
"그래서 몇 개 쳤는데?"
"그럼 더블이나 트리플도 한두 개 나왔겠구먼……"
그러자 이 녀석(者)의 목소리가 맥없이 낮아진다.
이제 이 녀석(者)의 기분을 완전히 잡치게 할 필요가 있어,
"더블이나 트리플은 초보자들이나 하는 것인데."
친구 녀석은 본전도 못 건진 듯 더 이야기를 이어가지 않는다.
내가 이렇게까지 할 필요는 없었는데……

세월의 샷

골프는 작은 공을 쳐서 더 작은 구멍에 넣는 데,
그것도 잘못 만들어진 도구로 집어넣는 게임이다.
- 윈스턴 처칠-
익으려면 세월이 필요하다. 골프도 그렇다.
-도원-

노 골퍼의 세월, 웬 낯선 늙은이가……!

2019년5월22일

이발소 거울 속에 웬 낯선 늙은이가 나를 빤히 쳐다본다.

50 초반쯤 하나둘 보이던 새치가 중반에 반백이 되었다.

어른들 뵐 때 자식 늙은 모습에 가슴 아파하실까 봐, 시작한 머리염색을 어른들 세상 뜨신 후부터 하지 않고, 편히 살았다.

예순 중반이 넘어 "아니다!" 싶어 다시 염색한다.

거울 속 늙은이는 검버섯투성이의 곱게 늙어가는 노인이 아닌

삶에 찌든 황폐한 늙은이이다.

"내보기가 역겨워!" 인 데, 아이들이 얼마나 싫어할까?"

온몸에 전율이다. 하여 곧바로 피부과에 갔다.

검버섯이며 잡티라도 빼 보면 좀 나아질까 싶어서……

레이저 기기를 든 의사는 1시간 내내 단 한마디도 없다.

나는 점을 빼지만, 넌 진짜 찌든 깊은 병에 들었구나!

최 : 아마 그 의사가 초보거나 처음 하는 일이라 엄청 긴장을 했을지도 모릅니다.^^ 그리고 그렇게 늙어 뵈지 않으세요.

: 내 평생 환자에게 단 한마디도 묻지 않는 친구는 처음이라서 당황했지요.

놀려대는 "동물왕국"의 늙은 종이호랑이

2017년3월28일

그것이 세월입니다.

어느 날 갑자기 신문이 흐릿하게 보인다.

가끔 치과를 들러야 하고,

손에 쥔 핸드폰을 찾겠다고 법석을 피운다.

자리 양보를 받는 수모(?)를 당한 후,

"다신 전철을 안 탄다!"는 다짐도 하고……

거울 쳐다보며, 마늘주사까진 아니라도 점 몇 개 빼고,

늘어진 것 당겨볼까? 어느 날부터 비거리가 확 줄고,

갑자기 생크가 나고, 그린에 잘 올라가질 않아 그만둘까 고민이다.

이제 지갑도 예전과 달리 두툼하게 준비를 해야 한다.

만나는 아이들마다 종이호랑이라 놀려댄 지 오래다.

필드의 저녁노을을 바라보며 왜 하필이면

그때 "동물의 왕국"에서 보았던 늙은 호랑이가 떠올려지는 것일까?

황 : 여전히 매우 무시무시하십니다. 장군님, 잔치부대 항시 대기중입니다.

민 : 감사합니다. 아기 퇴원하면 할아버지한테 세배드리러 가겠다! 검은띠라고 쓰려다가. 장군님! 범띠 승기 출격 대기 모드입니다! 불러주십시오~

박 : 사랑하는 손자분이 시나브로 성장하고 있다. 먼 훗날 그러한 손자가 할아버지를 따라가서 우연히 잡은 클럽으로 앞쪽에서 할아버지의 비거리 방향을 조심스레 지켜본다면 대견하다는 생각이 들겠지요? 그리 생각하심은!

: 그렇겠지요. 그런데 그때쯤이면 내가 샷을 놓아야 할 때? 롱 아이언! 그 정교함도 옛날이야기가 되었어요.

류 : 예전 남이천 17번 홀에서 앞바람 180m 니뻐(니어+버디)가 또 생각나네요. 그래도 날카로움은 여전하신 듯……

이 : 거리는 줄고 자꾸 옛날 생각만 나서 스트레스받아 골프를 그만두었다.

정 : 그래도 세월은 흘러도 아직 변치 않는 장군님의 알 듯 말 듯한 미소와 어딘가를 바라보고 있는 볼록한 인격!! 아직도 멋지세요~~^^

이제 지갑을 활짝 여는 것 외엔 ……

2018년9월11일

부천 도당공원 조각

"지갑을 활짝 여는 것 외에는 없다." 는 생각을,
사이클이나 수영을 하면서도 했는데,
이젠 샷을 하면도 한다.
마음이 달리는 시간이나 변하는 세상을
따라잡질 못하고,
동작 또한 굼떠 실하지 못하다.
바로 본 듯한데 바르지 못하고,
힘껏 휘둘렀는데 미치지 못한다.
바르게 멀리 나가는 아이들과 함께하면서 세월을 본다.

기껏해야 서푼 어치도 안 되는 재주로
지금껏 무탈하게 살아온 것이 기적인데,
이 모자람이 안타깝기 그지없다.
임플란트한들 제 이빨에 어림이 없고,
보청기를 낀들 제 귀만 할 수 없듯,
이 나이에 뭘 좀 달리한다 한들,
얼마나 바르고 멀리 나갈 수 있겠는가.
저들이 한 번이라도 더 날 불러주길 바란다면,
이제 지갑을 활짝 더 여는 것 외엔 다른 방도가 없을 듯.

초인(超人)의 경지에 있음 뭐하나?

2018년3월20일

공항으로 오는 차안에서 걸려온 전화를 받았다.
그리고 골프백을 내린 것뿐,
그런데 휴대폰이 감쪽같이 사라졌다.
차(車)속 움직인 동선(動線)……
아무리 찾아도 없다.

전화도 계속 걸어 보는데 답이 없다.
모처럼 중요 일정들이 있는 날인데……
머리가 하해진다.

달리 어찌해 볼 도리가 없는 터,
하여 다시 전화를 해 볼 뿐.
그런데, 뜻밖에 누군가 전화를 받는다.
뛸 듯 반가웠다.

흡연구역에서 담배를 피우는데 갑자기 쓰레기통에서 벨소리가 나더라는 것. 차 속에 있던 빈 종이컵을 버리면서 휴대폰을 같이 버린 것. 흡연자들을 그렇게 경원시만 해서도 안 될 일인 듯……

입신(入神)이다, 초인(超人)의 경지에 있음 뭐하나?
그저 가엾게 늙어가는 노인(老人)일 뿐인데……

전주공항버스터미널앞

새해엔 새 샷! 새 맘! 향기로운 커피 한잔에 담아

2015년 2월 20일

친구야!
맞아, 곱게 늙어가야 할 텐데……
차나 한잔 함께 나누자.
진한 커피 향이 느껴지는가?
올핸, 아픈 기억들, 너무 억울하거나
가슴 아팠던 일,
또 부아가 치밀어 오르는 일들이랑은
잊자.

친구야!
OB난 볼, 해저드 들어간 볼을 왜 찾으려 하나?
그냥 잊고 새 볼로 새롭게 치자.
마음이 한결 가벼워질 거다.
OB치거나, 3퍼트면 뭐 어떻나?
"월백클럽 종신회원" 이면 또 어떻나?
그 매 순간순간을 즐기자.
그렇게 바로 행복해지자.

초반, 점잖을 떨며 관광 볼 치자더니, 전투모드!

2021년 8월 12일

스카이72 오션코스 17번 홀 par 3, 145m.

흔한 "다 보기" 나, "첫 홀 일파만파" 는 더블, 트리플 메들리다.

한 친구는 홀컵 5m. 미국 프로는 그린 엣지. 세 번째 친구는 홀컵 20cm 붙이면서 "니어에 버디 낚았다." 고 싱글벙글. 노인의 15m 퍼팅이 들어가는 이변이 생기면서, 그 "우주의 기운" 이 이상해지더니, 20cm는 결국 니어만 챙기고 만다. 버디가 흔치 않은 친구들인데…… 엊그제 미국서 살겠다고 짐 싸 갔었는데, 벌써 10년 전에 노후를 이곳에서 지내겠다며 귀국한 미국 프로와 그의 친구 둘과 함께 한 라운드. 친구들은 초반, 점잖을 떨면서 관광 볼 치잔다. 참새가 방앗간을 그냥 지나갈 수 없었던지, 두 세 홀 지나자 이내 전투모드로 돌입했다.

"어르신은 빠지세요."

"왜?"

"샷이 흔들려요."

"나도 요샌 동네골퍼 되었는데……"

"그래도 안 돼요."

미국 프로는 뭘 좀 보여주겠다고 단단히 마음먹고 왔음이 그의 샷에 묻어난다. 하지만 전반 내내 뒤땅에, 그 버벅거림이며 잘 맞은 티샷 한방 나오면, 이미 버디는 기본으로 낚을 듯한, "너희들은 다 죽었어……" 그 익숙했던 모습을 연출한다.

그늘집 들러 막걸리 한 사발 하며 조용히 귀띔 한마디.

"샷이 참 좋아졌어……"

"그냥 미국서 치던대로……"

후반이 되자, 그 보여주길 포기한 탓인지 아우디를 그리는데, 그와 함께 한 지난 20여 년 동안 전혀 볼 수 없었던 낯선 모습이다. 연예인이야 얼굴을 가지고 살지만, 샷을 하는 사람들은 이렇게 샷으로 말을 해야 한다.

산전수전 다 겪은 구력 30년 어르신이 오늘 처음 들은 멘트는 한 친구의 "탓타령".

'어제 먹은 술' 이 아닌 '그저께 먹은 술' 이라……

"군대 장군" 과 "필드 장군", 그 진짜와 가짜

국방대학원에 다니던 한 친구,

"오늘은 진짜 장군과 라운드를 한다." 라며 한 장성을 소개한다.

한 녀석은 20여 년 전 군 생활을 할 때, 사단장 운전병을 했는데,

"그때 사단장으로 모셨던, '**장군님' 입니다." 며 소개한다.

전지훈련캠프에서 만난 60대 중반 할머니는 필드의 한 장군에게 묻는다.

"왜 다들 노인한테 장군님이라 해요?" 라며,

"어느 군 출신이에요?" 묻는다.

"왜요?"

"제 아버님이 인천상륙작전 당시 해군 통역장교로 참전하여 대령으로 예편을 해서요." 라.

"어느 날부터인지 그렇게 불려 '필드 장군' 이 된 것이라오."

"근데 샷을 할 때 그 카리스마가 진짜 장군보다 더해요."

"본디 가짜들이 진짜보다 더 사실적으로 보이는 것이라오."

아니! 5세트나?……

친구가 하루는 날이 시퍼렇게 서 있는 클럽을 가지고 나타났다.

"아니, 이 클럽은? "

"맞아요. 프로용 클럽입니다. 미국 출장을 갔다가 꽂혀 5세트를 샀지요."

"아니, 누구한테 선물하려고?"

"아니요. 이제 이 클럽 하나로 평생 치려고요……"

"그래도 5세트씩이나?"

나는 "내가 나일 먹어 잘못 들었나?" 라고 생각했다.

그러던 어느 날 연습장에서 그 친구가 나를 자기 락카로 데려간다.

"너, 내 말을 곧이듣지 않았지?" 하는 투다.

락카에는 아직 포장도 뜯지 않은 4세트가 도열해 있다.

오늘, 내가 낸 숙제 잘 풀어줘 고맙다고 마련한 식사 자리.

"그래, 요새 볼은 잘 맞으시는가?"

"도로 100 되었어요…… 어깨 고장이 났어요."

이 친구의 100은 어깨 멀쩡할 때도 가끔 하는 그런 100이다.

밥을 먹지 않거나 잠을 자지 않고도 살 수 있다는 친구인데,

볼을 치지 않고선 살 수 없을 정도로 볼을 즐기는 친구다.

"그간 나의 골프 여정을 글로 써보려고 한다." 며,

그간 작업한 초고의 감수를 부탁하였다. 그런데,

"왜 내 이야긴 빼놓았어요?"

동반 프로 : 동반자에게 후한 편한 샷의 추억

서윤호

지난 10여 년 스카이72에서 일했던 시절이 그리워집니다. 라운드할 때면 저자께선 항상 컨시드에 후 하셨지요.

어느 날, 참 어려운 라이였는데 컨시드를 주셔서,

"아니?"

"골프는 내가 잘해야지 동반자의 실수나 바라는 그런 운동이 아니라서." 였습니다.

"골프는 전쟁이다" 는 골프를 즐기는 이들에게 '편한 샷' 을 할 수 있는 "골프 라이프 가이드" 가 되었으면 하는 마음을 담아 봅니다.

골프존 GS코스사업팀장

동반 프로 : 그 어려운 걸 해냈지 말입니다.

이성준

페이스 북에서 형님의 예리한 정치, 경제 등 시대적 상황 분석, 시원한 비평과 해결방안 등을 골프로 메타포하시는 모습이 책으로 출간되면 좋을 듯하여 권유도 했었는데, 드디어, 출간하게 되어 제 일처럼 기쁘네요.

"그 어려운 걸 내가 해내지 말입니다." 태양의 후예에서 송중기 대사가 자꾸 생각나 오버랩됩니다. 그 어려운 걸 형님이 해냈지 말입니다.

관세법인 에이치앤알 대표관세사

7 전장의 4계절

골프장의 4계(四季)

스카이72 G.C

Victory Park G.C

골프코스란 모든 홀이 파는 어렵고 보기는 쉬운 것이어야 한다.
-로버트 T. 존스, 현대 모던 코스 설계의 거장. 전 세계 35개국 400곳 코스를 설계 -

스카이72 G.C

골프 스윙이란 수많은 물건을 한 가방에 넣고 싶은 수트케이스다.

\- 존 업다이크, 극작가로 퓰리처상 두 번 수상 -

탐스런 결실의 가을

2014년8월26일

탐스러운 결실의 가을이다.

때리는 족족 OB, 해저드라……

게임이 안 풀릴 땐 좀 어눌해 뵈는 동반자라 할지라도 한번 묻자.

뭐가 잘못되었지? 그도 제대로 때리진 못해도 볼 수는 있을테니까.

"프로님! 얻어터져 아파하는 이 있으면, 손 내밀어 끌어주시면 안 됩니까?"

PGA 룰이, 원칙이 어쩌고 하는 뭐 같은 소리 집어치우자.

"프로님! 하수(下手)라 샷이 좀 투박해 보이고, 목소리 또한 크고 거칠어도, 그냥 보듬어 가면 안 될까요?"

"안 본 척, 못 들은 척 해 줄 순 없나요?"

"프로님! 저는 아우성치는 저들보다 프로님이 더 가엽고 안돼 보여요."

석존께서 이르기를

"어리석은 자는 그 스스로 칼과 몽둥이를 불러들이고, 끝내 '과보[6]'를 받는다." 하셨다.

"친구야! 잘 되어가고 있는 판을
어리석은 생각으로 그르치지 말자.
그 망친 판이 나까지 망가뜨리니까……"

6) 과보(果報) : 인과응보와 같은 뜻으로, 이숙 (異熟)이라고도 씀. 인 (因)으로서의 업 (業), 곧 과거에 심은 업인 (業因)으로 말미암아 얻는 선악 (善惡)간의 보답의 결과 (실용 한영 불교용어사전)

희망의 종과 복수의 종

2014년 10월 15일

『희망의 종』과 『복수의 종』

초등학생 때, 타종은 시작과 끝을 알렸다.

억울한 자,

사무치는 한이 있는 자,

다들 나와 두드리라는 『복수의 종』이

매만 더 벌고 아픔만 크게 하는 등 별 효과가 없어서였을까?

새로이 『희망의 종』을 설치하였다.

그런데, 여기서도 들리는 건 『곡소리』뿐이다……

이 복수의 종은 억울한 자, 사무치는 한이 있는 자들이 두드리는 종이다.

복수의 종을 두드리며 희망을 불러오겠다?

어릴 적, 때를 알려주던 우리 동네 예배당 종소리.

수학여행 때 산사에서 들려오던 새벽 범종소리.

그 고즈넉함이 그립다.

NHR 투어 프로 : 재미나고 다양한 골프 추억의 보물창고

김훈

『골프는 전쟁이다』에 담긴 미녀 골프선수들과
한 장군님의 추억이 이렇게 재미나고 다양하게
남겨질 거라 생각도 하지도 못했으며,
"와" ~ 라는 감탄사만 나옵니다.
스카이72와 오랜 시간 동안 함께 오시면서
담은 내용이 미녀 골프선수들과 함께한
LPGA 대회를 더욱더 그립게 만듭니다.
최상의 코스 컨디션을 보고 있다 보면,
그 환호의 시간들이 뇌리를 스치고 갑니다.
시간이 흐르다 보면 잊혀질 수 있었던 추억이 잘 담겨,
기억을 더듬어 볼 수 있도록 보물창고를 개방해주심에
깊은 감사와 응원을 드립니다.

스카이72 바다코스 지배인

코스에 핀 꽃들

2021년5월31일

스카이72 오션코스의 창포와 수련, 금계국
창포는
액운을 없애준다고 하여,
예로부터 단옷날 아낙네들이
창포 삶은 물로 머리를 감고 얼굴을 씻곤 했으며,
남정네들은 그 뿌리를 말려
허리춤에 매달고 다니기도 했던 꽃.
수련은 연꽃과 비슷하다.
연꽃잎엔 물방울이 맺혀 구르지만,
수련은 물 위에서 바로 떠 있어
연꽃잎 같은 물방울이 맺혀 흐르는 것을 보지 못했다.
수련과 창포,
그 어울림이 아름답기 이를 데 없다.

어디론가 떠나고 싶다

2012년4월10일

스카이72 하늘코스 15번 홀 티 박스 앞
옛날의 조그마한 포구
골프코스 헤저드 폐선
물안개에 숨은 외로움
먼바다의 물을 부른다.
떠날 채비를 서두른다.
물길따라 골프채 싣고
어디론가 떠나고 싶다.

내샷 - 코스의 반려견

2021년3월25일

멀쩡한 친구 녀석들 넷이 11년 경력 캐디 안내받으며 볼을 친다.
영 안 미더운지 친절한 견공, 플레이어들과 동행하며 볼 방향 봐준다.
해저드 방향으로 간 볼까지 찾아준다.
그 덕인지 녀석들의 샷이 차츰 안정화된다.
견공, 흔적 없이 사라진다. 또 다른 얼치기들을 찾아 나선 듯……

코스에도 이제 봄이 찾아왔다.
눈꺼풀 사이로 노쇠해진 내 샷이 보인다.
지는 햇살이 쓸쓸하게 드러눕는다.

남양주 해비치CC

코스의 아름다움

2017년5월28일 · 2016년 6월 17일

스카이72는 참 아름다운 골프 코스의 종합 세트이다.

헤밍웨이와 노인이 함께 하는 바다!
연락선, 고깃배가 오가는 오션 코스!

생텍지 페리와 어린왕자의 고향하늘!
여객기, 화물기가 뜨고 내리는 스카이 코스!

펄 벅과 민초들이 숨 쉬고 있는 대지!
고라니, 삵이 뛰노는 클래식 코스!

차이콥스키와 백조가 사랑하는 호수!
백조, 청둥오리가 노니는 레이트 코스!

뭍과 섬을 잇는 연륙교에서 사랑을 노래하고 세계로 꿈을 펼치는 곳.

눈길, 손길이 닿지 않는 곳 없는 필드

2018년7월9일

골프장은 풀 한 포기,
나무 한 그루에 일하는 사람들의 손길이 닿지 않는 곳 없다.

코스며 그린은 물론이고, 해저드에도,
잡풀 우거진 러프에도, 꽃잎 하나하나도,
깎고, 다듬고, 다지고, 정성스레 손질한다.
웬, 담배꽁초를?
골퍼들은 그냥 즐기고 아무렇게나 버리면 그만이지만,
이것이 모두 일거리다.
골퍼들이 싫어하는 곳 벙커,
하지만, 일하는 이들의 땀과 열정이 묻어있지 않은 곳 없다.
오늘 휴장일, 코스엔 비가 내린다.
그러나, 일하는 사람들의 손길은 더 분주하다.
코스를 한가히 노닐고 있는 갈매기가
이 모든 것들을 보아 안다.

웬, 전승기념비? 아직도 교전(交戰) 중인데……

2017년4월24일

소싯적, 해안초소 야간 경계근무 중 깜박 졸다,
지나가던 들고양이에 놀라 방아쇠를 당겨 영창까지 갔다던 후배.
자기도 참전용사란다. 총격전을 치렀다고……

노인이 잠시 어웨이 게임을 위해 다릴 건넜다 오는 사이, 이때다 싶었는지 좀 덜떨어진 애들 몇 데리고 뭘 "초토화" 시켰다는 친구의 무용담을? 온종일 들어주고 있다.

1 "자네도 참전용사일세~"

2 "참전용사(參戰勇士)?"

3 "그래, 아예 전승기념비라도 세워줄까?"

4 "난, 아직도 교전(交戰) 중이라네……"

거미줄에 걸리지 않도록 조심

2017년7월26일

오랜만에 보는 일출이다.
바람이 잘 통하는 곳에,
거미, 그물을 치고 먹잇감을 사냥한다.
혹여 숨소리라도 새어 나갈까 두렵다.
미동도 멈춘 째, 이렇듯 오래 참고 기다린다.
하여, 걸려들면 전광석화처럼 달려들어,
포획한다.
서둘거나 덤벙거리다,
상대가 쳐놓은 거미줄에 걸리지 않게 조심한다.
조심하는 하루 보낸다.
오늘도 "굿~샷!" 을 외친다.

동반 프로 : 동반자에게 후한 편한 샷의 추억

박춘배

읽다가 너무 푹 빠져서 진도가 안 나갑니다.

평소 운동하면서 신세 지는 분들에게 선물이라도 하려는데 마땅찮은 것이 없었는데 좋은 선물 만들어 주어 고맙습니다.

단어 하나하나, 상황 하나하나가

짧게는 18홀과 길게는 그간의 여정이 응축된 지라,

재미있고 또 간략히 쓰여서,

속도감이 있지만. 몇 번을 곱씹어 읽어보고 느껴볼 만합니다.

잘 지은 한편의 시집 같습니다.

수일 전에 또 어느 캐디분이 스카이72에서 일했었다고 하여, 제가 장군님 애제자라고 하였더니, 놀라시며 그런데 수업 중에 많이 졸았냐고 해서. 저 같은 제자도 있는 게 세상 이치라고 하였습니다. 죄송합니다. 뭔가 보여주려다 또 새로 산 볼을 잃어버렸습니다. 하늘코스에서 바라본 느낌표 있는 일출 순간. 모두가 장군님 덕에 바라본. 그리고 행복했던 순간들입니다.

YPGA 프로

Victory Park G.C

골퍼들은 멀리서 보이는 샷만으로도 그가 누구인지를 알 수 있다.

- 도원 -

Victory Park G.C

8 노병의 일상

노(老)골퍼의 일상

할아버지와 손주
할아버지 골퍼의 기도
COVID19와 동행한 노 골퍼
사위 사랑은 장모
할아버지의 세월
골퍼와 뮤지컬

연습을 많이 할수록 좀더 많은 행운을 얻었다.
- 게리 플레이어(250승 전설) -

할아버지와 손주

골프를 보면 볼수록 인생을 생각하고 인생을 보면 볼수록 골프를 생각게 한다.

- 헨리 롱허스트(극작가) -

그 사람의 됨됨이는 18홀이면 충분히 알 수 있다.

- 스코틀랜드 속담 -

골프에 나이는 없다. 몇 살에 시작하더라도 실력은 늘어난다.

-벤 호건-

골프 좋아하는 할아버지와 손자

2018년7월3일

할아버지가 연습장에 가던 날, 손주 녀석이 따라나선다.
형과 누나들의 연습광경에 눈을 떼지 않는다.
할아버지 카메라에 포즈를 취해주는 제법 여유를 갖는 녀석이다.
2017 Hana.KEB LPGA CHAMPION 대회 마지막 날,

할아버지와 산책, 스카이72 바다코스 나들이, 녀석은 모두 새롭고 신기하다.
하나하나를 빼놓지 않고 기억하고 있을까?
그린 라이와 스피드를 읽고 있을까?
골프장은 녀석에게 낯선 경험임에는 분명한 듯,
스카이72 하늘코스 나들이때 마침 또 휴장일이다……
코스 단장을 하는 삼촌들이 기꺼이 그린을 내주며 환영한다.
녀석의 첫 돌날. 온 가족이 함께 즐겁다.

할아버지와의 골프장 나들이가 잦아도 아직 말은 좀 더디다.
듣기는 제법 한다. "할아버지와 함께 골프장 갈까?" 하면
하던 놀이 당장 멈추고 따라나서는 녀석이다.
맛있는 것을 할아버지에게 먹여주는 녀석이다.
할아버지 사무실에 녀석이 와서, 할아버지를 오후 내내 즐겁게 한다.
엊그제 녀석이 내게 온 것 같다. 그런데, 백일, 첫돌이 지나고 곧 두 돌이다.
요샌 할아버지 무릎이 놀이터다.
장마가 걷히면 또 골프장 나들이
할 예정이다.

할아버지나 손주나 골프는 마음 설레는 일

2021년 10월 13일

네살박이 요 녀석은 할아버지를 따라 나섰던 골프장에 또 가고 싶단다.

골프가 일상이었던 시절

"낼, 뭐 하니?"

"별 일……"

"그럼 볼 칠 수 있나?"

새벽이니 별 일 있을 턱이.

그렇게 맴버를 짰고,

하루 일정을 소화 해냈었다.

그런 전화가 어제 늦게 왔다.

"혹시 낼?"

"별 일……"

"그럼, 란드 할 수?"

"그리 하십시다."

이름하여 땜빵이었다.

30여 년 구력에 처음 있는 일.

설렌다.

명함도 챙겨야지……

혹 인사 나눌 일이 있을지도 모르니……

벌써 일어나 채비를 갖춘다.

"07:08이라 했지……

맴버들은 누굴까?

참 오랜만인데 잘 될까?

언제 잘 되었는데?"

할아버지나 손주에게나 골프는 마음 설레는 일이다.

노골퍼의 가족 나들이

2021년9월21일

녀석은 할아버지를 따라 처음으로 골프장 구경을 하는데,
할아버지는 녀석이 그것을 기억하고 있는지 알고 싶어 묻는다.

"우리 골프장 갈까?"

"골프채 안가져와 다음에 가."

"다음에 올 땐, 골프채 꼭 가져와요."

"네."

아들,
며느리,
손자 손녀,
할아버지 3대가
골프장 나들이에 나선 하루!
때마침 스카이72 하늘코스는 휴장.
그 여유로움이 황족들의 골프장 나들이 다름아니다.
손주들에게도 좋은 추억거리가 되라.

코끼리 속에서 골프하는 할아버지

2021년 11월 11일

별이 아름다운 것은 보이지 않는 꽃 때문이다. 사막이 아름다운 것은 어딘가 숨어 있을 우물 때문이고. 어린왕자에 나오는 이야기인데, 여섯 살배기 손주가 그린 그림을 보내왔다. 할아버지, 뭐 해요? 코끼리 속에서 골프를 하는 할아버지를 그렸단다. 녀석이 벌써 어린왕자를 읽은 것일까? 아니면, 할아버지와 같이 놀았던 필드가 녀석의 눈에는 코끼리처럼 보였던 것일까?

어쩔 수 없는 골프사랑 DNA

2017년10월14일

LPGA KEB HanaBank Championship 대회 셋째 날

라운드 횟수로만 이야기를 하자면, 세계기록을 보유할 법한 할아버지가 두 살배기 손주 녀석을 데리고 갤러리로 나선다.

녀석도 숨죽여 경기를 관전하고, 갤러리들의 함성과 환호엔 두둥실 춤을 추기도 한다. 생애 처음으로 많은 사람을 접한 오늘이 녀석에겐 인상 깊은 추억으로 자리매김할 것이다.

"손주의 DNA는 어쩔 수 없나 보네요. 최경주처럼 훌륭한 골프선수는 어떠신지요. 아무튼, 손주 사랑이 대단하십니다."

할아버지 골퍼의 기도

골프는 망쳐진 좋은 산책(a good walk spoiled)이다.
- 마크 트웨인, [톰 소여의 모험], [허클베리핀]을 쓴 미국 극작가 -

페북을 왜? 1

2019년8월6일

하루에 단 몇 명하고라도 소통하고 싶다.
물러나 뒷방에 있어야 할 친구들의 추태는 보기 싫다.
나이가 들면 외로워진다.
특별한 현안도 없는데 그저 안부 차 전화라도 한번 하면 받는 이들이 깜짝 놀랄 수도 있기때문에 그것도 쉽지 않다.
어디라도 한번 가고 싶어도 호주머니 사정이 그리 녹록지 않다.
여기 기웃, 저기 끼웃하며, 말이라도 한번 섞어보고 싶다.
하지만,
늙은이 냄새난단 소릴 들을까 봐 막상 용기도 나지 않는다.
손주 녀석 재롱이라도 보고 싶을 때 한 두 번 아니다.
이마저도 며느리며 사위 녀석 눈치를 보게 돼 싫다.

소싯적엔 5시면 눈이 떠졌는데 이제 살날이 얼마 남지 않아선지,
4시, 3시 하더니, 이젠 2시면 눈이 떠진다.
그 시간에 어딜 나다니다 낙상이라도 당하면 그 꼴이 뭐가 되겠습니까?
문득, 일찍 일어나 뒤척이다 아침 먹고 점심 때우고 여기저기 기웃거리다,
집에 와 저녁 먹고 뉴스를 본다.
울분 참지 못하는 하루는 참 길다.
하지만, 일주일, 한 달, 일 년은 눈 깜짝할 새다.
어느덧 아프지 않고 몹쓸 병 걸리지 않는 것이 최대 과제가 되었다.
이 외로움과 싸워 이겨내기 위한 것.
이것이 내가 페북을 하는 이유다.
듣는 이를 피곤하게 할 이유도 없다,
냄새피워 남 불쾌하게 할 리 만무하다.
나이 들수록 자꾸 머릴 써야 그 몹쓸 병도 예방할 수 있다……
다만, 올린 글을 보는 이가 피곤하질 않길 바라는 마음 간절할 뿐이다.

페북을 왜? 2

2019년8월7일

내가 페북을 하는 또 다른 이유 중 하나는
10년, 50년 후라도
오늘 대체 무슨 일이 있었을까?
이런 것들은 인터넷 매체들을 통해 언제나 다 확인할 수 있다.
하지만 지금부터 30년, 60년 후의
내 아이며 손주 녀석들이
내 나이쯤 되었을 어느 날
내 아버지가, 우리 할아버지가
무슨 생각을 하며,
어찌 살았는지
한 번쯤 알고 싶을 때가
있지 않을까 싶어
아버지의, 할아버지의 소소한 일상을
어디엔가 담아 둘 필요가 있지 않을까 하는 생각에서다.
궁금할 수도 있는 아버지며 할아버지의 모습……
아버지나 할아버지가 어디를 다녔으며, 또 그 소소한 일상은 어떠했고,
어떻게 살았는지 알려주고 싶다.
아버지가 헛살았으면 넌 그리 살지 말라는 본보기일 수도 있고,
할아버지처럼 여유로운 삶도 생각을 한번쯤 해 보라는 거다.

COVID 19와 동행한 노 골퍼

코로나에도 골퍼는 멈추지 않는다.

- 도원 -

골프의 요체는 살아있음이 얼마나 좋은가를 느끼게 한다.

- 피터 도브라이너 -

골프를 즐기는 것이 바로 이기는 조건이다.

- 헤일 어윈 -

골퍼의 라이딩(Riding)

2021년5월11일

동네 한 바퀴를 도는데 3시간 정도가 소요된다.
해안을 따라 섬 한 바퀴를 돌 수 있는 자전거 도로가 있다.
아주 잘 다듬어져 있어 마니아들에게 인기다.
잠시 쉬면서 물때에 맞춰 낚시하는 사람에게 말을 건다.
"좀 잡히나요?"
"아니요……"

낚시하는 이들이 꼭 고기가 잡혀서 하는 것만은 아니다.
샷을 하는 사람들도 꼭 볼이 잘 맞아서 하는 것만은 아니다.
고기 물지 않는다고 때려 치우겠다는 낚시꾼 없다.
그까짓 볼 좀 안 맞는다고 너무 짜증 내지 말자.

잡히지 않는 고기를 탓하거나,
맞지 않는 볼을 원망할 필요가 없다.
라이딩도 좀 힘들면 쉬었다 가면 그만이다.

전혀 예상 못한 혼밥, 혼술, COVID 멘붕

2020년4월15일 · , 2021년5월2일

코로나 이후 전개할 질서들,

하루하루 일상들이 문화로 정착하는 것인데……

우선 엘리베이터 안에서 그나마 나누던 눈인사마저도 주저하는 세상.

혼밥, 혼술이 하나도 이상할 게 없는 세상.

이어질 결혼이나 장례문화의 변화.

썰렁한 식당이며 관객이 없는 극장가와 공연장.

마스크가 완전히 망가뜨린 우리들의 관계를 다시 살려내진 못 할 듯하다.

이 '사회적 거리두기' 가 '영원히 외면하기' 로 정착될까 걱정이다.

빈말이라도 점심이나 저녁 한 번 같이 하자는 게 인사였는데,

이것조차도 먼 옛날이야기가 될 듯하다.

마스크의 일상화는 감기를 줄여, 돈벌이도 그다지 시원치 않게 되겠지만,

기침조차도 제대로 할 수 없는 그런 세상이 되지 않을까 싶다.

더불어 사는 사회, 미래로 가는 나라, 정의로운 사회 다 좋은데.

어찌 지내는가?

지난 몇 년간 전지훈련을 같이했던 친구들한테서 자주 연락이 온다.

어떤 이는 이제 멘붕까지 왔단다.

볼 치는 이들에겐 볼만 보인다.

하지만 잠시 클럽을 접고 둘러보면 여유롭게 즐길 것들이 얼마든지 있다.

걷고, 뛰고, 타면서, 새로운 소식들도 접하고, 공부도 하고 음악도 듣고……

뛰는 게 좋아도, 뜀박질에 익숙하지 않은 이가 갑자기 뛰면 무리가 따를 터, 우선 좀 걷다가 이력이 나면 라이딩해보면 괜찮아질 듯하다. ……

볼을 치지 않아도 즐길 수 있는 것들은 차고 넘친다.

할아버지의 세월(歲月)

많은 비기너들이 스윙의 기본을 이해하기도 전에 스코어를 따지려 든다.
이것은 걷기도 전에 뛰려는 것과 같다.
- 잭 니클라우스 -

운 좋은 날과 죽을 쑤는 날1

2018년7월7일

30여 년 볼을 쳐 오며 좋은 날은 언더 파, 사이클 버디 같은 것도 해봤다.
더 좋은 날은 홀인원의 행운도 잡고, 앨버트로스, 퍼펙트 스코어도 해봤다.
거리 나가는 클럽, 대면 들어가는 퍼터, 치면 붙는 웨지 등도 사용해 봤다.

바다, 호수, 하늘, 골짜기, 섬 등 국내외 온 군데를 헤집고 돌아도 다녀봤다.

드라이브, 어프로치, 퍼팅 등에 용하다는 점쟁이는 안 찾아가 본 데가 없다.
장마, 눈보라, 태풍, 안개, 빙판, 하얀 눈에서도 아랑곳하지 않고 볼을 쳤다.
골프장엔 400여 명의 캐디가 있는데 "한 장군" 을 모르는 친구가 없다.

지난 15여 년간 2000여 명의 신입 캐디들을 교육하며 함께 했기 때문이다.

가는 골프장마다 한 둘은 인사를 하는 동반 골퍼들이 있다.
두 살배기 손주 녀석에게도 골프를 가르치면 어떨까 하는
할아버지의 욕심이 손주를 골프장에서 뛰놀게 하기도 한다.
녀석도 할아버지의 피를 받았음인지 아주 재밌어하고 있다.
마음은 30여 년 전인데 거리며 방향도 아니고,
퍼팅감도 훨씬 미치지 못한다.
세월이다.

그래도 죽 쑤는 날이 많아졌고 80을 훨씬 넘는 스코어에 멘붕이 잦아진다.
좀 오래된 아이들이 잊지 않고 한마디씩 해준다.

"장군님! 거리가 많이 줄었어요……"

좀 센스있는 녀석들은 "아직도 아이언 샷의 번뜩임이 섬뜩 하네요." 라

죽 쑤는 날이 많아진다.
이렇게 클럽 대신,
"낚시대를 잡아도 정신이 샷에 가 있는데, 고기가 입질을 하겠습니까?"

훌륭한 선생님의 레슨을 곁눈질해 보지만,
습(習)을 버리지 못하는 내겐 아무 소용이 없다.

빨갛게 녹슬었지만, 아직 어프로치는……

2019년7월12일

20m쯤 될까 싶다. 왼쪽 나무 넘기는데 케리[7] 210이란다.
노인은 씁쓸히 미소를 짓는다. 210이라…… 한창때 망설임 없이 질렀던 거리다. 그냥 페어웨이 중앙을 본다.

세월이다. 노인의 그 반질반질하던 피칭이며, 9번 날이 벌겋게 녹슬어 간다. 6, 5번이 햇살에 눈 부시다. "핀 빨" 핀 방향에 꽂히던 샷이 어쩌다가 한 번 정도 Par on이다. 그나마 아직 어프로치와 퍼터가 사람 노릇을 하게 해준다. 그것만도 천만다행이다. 하지만 그의 몸이 이제 그것도 얼마 남지 않았다고 경고한다.

새벽 3시인데 노인, 벌써 일어나 새벽을 준비한다. 독거수행이다. 이것 역시 다행이다. 서둘지 않고 망신당할 일 없이 누구 신경 쓰지 않고 그야말로 구름에 달 가듯이 수행할 수 있음에도 힘들어진다. 이것마저도 리타이어를 준비해야 하나?

참 좋은 세상이 되었어.

2021년 8월 26일

참 좋은 세상이 되어간다. 딱지가 날아왔다. 제한속도 50km 도로를 67km로 주행했단다. 그런데 아무리 찾아봐도, 얼마를 언제까지 내라는 것이 없다.

사연인즉, 내가 위반한 그 지점은 사고위험이 커 무인 단속 장비를 새로 설치했다. 이를 홍보키 위해 내가 위반은 했지만, 언제까진 과태료는 부과하지 않겠으니, 교통법규 잘 지켜 안전운전하라는 안내문이다. 이 정도면 참 괜찮은 나라다.

7) 캐리(Carry) : 볼을 친 곳부터 날아가 떨어진 거리

금단현상과 두문불골(頭門不Golf)!!

2019년9월18일

클럽을 던지는 것도 함부로 하면 안 된다.

담배를 끊으려면 우선 그 흔적들을 죄다 치워야 한다. 여기에 즐기던 바둑이며 내기 골프도 하지 않는다. 술도 끊는다. 몇 달이 지나도 여기저기서 쓰던 라이터들이, 피우던 담뱃갑들이 나온다.

골프, 내가 볼을 쳐 먹고 사는 사람도 아닌데 지난 15년간 무지 쳐댔다.

72홀 골프장의 신입 캐디 교육을 해왔다.

4~5년 전부터 해외 캠프를 열고 여름 2개월, 겨울 3개월여를 보낸다.

그런데도 핸디는 뭐 그렇고 그런 수준이다.

하지만 라운드 횟수로는 기네스북에 충분히 올리고도 남는다……

한 후배 녀석은 골프가 총량제였다면 십수 년 전에 난 벌써 잘렸을 거란다.

의식화 교육처럼 해오던 볼 치기가 이제 싫어졌다.

그 멀쩡하던 어깨가 우선 신호를 보내왔다.

가보처럼 애지중지해오던 클럽이며 등등도 죄다 내다 버렸다.

금연은 그 결의를 굳히려고, 여기저기 이야기도 해놓았다.

하지만, 볼이야 안 치면 그만이다.

하안거 이후, 내 이 큰일(巨事)을 결행키 위해 굳게 마음먹었다. 한 달여 두문불골(頭門不Golf) 하는데, 금연의 금단증상이 오듯 안절부절못한다. 그런데 왜 또 여기저기서 부르는 녀석들이 그렇게 많다…… 라이터며 피우다 남은 담뱃갑 나오듯, 아니 그보다 훨씬 많이 여기저기서 불러댄다. 어떻게 그럴 수 있냐는 원성들이다.

그동안 딴 돈 다 기어 내놓고 떠나든가 자빠지든가 하란다……

매너, 매너 하시던 어른이 저 친구들 닮아가냐며 아우성친다.

이 일을 어찌한다?

골프 실록을 엮어 볼까?

2021년 9월 2일

30여 년, 구력이 자꾸 늘어난다.
20여 년 전부턴 아예 골프장에 둥지를 트고 볼을 쳤다.
볼이 일상이 된 것이다.
직업인들조차도 감히 흉내 낼 수 없을 정도로 친다.
매일 첫새벽부터 밤늦게까지 그냥 필드에서 산다.
10여 년 전부턴 그 일상들을,
볼을 치며 나누는 이야기들을,
끝없이 반추하는 생각들을,
보고, 듣고, 느끼고, 접한 것들을,
페이스북에 올린 3,000여 쪽이 넘는 편린들을,
3,000여 회 이상 라운드 경험들을,
LPGA의 여전사들의 모습들을……
2,000명이 넘는 신입 캐디들을 가르치며 배운 것들을,
여름과 겨울 전지훈련 캠프에서 같이 한 분들, 볼거리들, 먹거리들을,
골프장에서 일하는 아이들의 애환들을……
골퍼들의 손맛과 아픔들을……
자주 격은 골프장의 애물단지인 진상들을……
이들을 정리하여 한 권 책으로 만들기로 마음먹었다.
소싯적부터 그 흔했던 백일장 대회도 한번 참가해 보지 못했다.
독후감 써오라는 숙제도 친구 것을 베껴 냈다.
하지만, 이를 몇 달 전부터 정리를 하고 있다.
진도가 나갈수록 알 수 없는 두려움들이 밀려온다.
귓속을 울리는 소리들,
쓸데없는 짓 그만하라는 소리들,
점점 더 가까이, 점점 더 크게, 점점 더 자주 들려 온다.

친구야! 세상사 별 게 아니라!

2018년 10월 22일

"이보게 친구!

이렇듯 세상은 함께 살아가는 것이라네."

고생고생하다 어찌 배고픔 면하고, 등 따뜻하게 잘 수 있게 되면,
반장, 계장, 차장, 팀장, 과장, 국장, 본부장, 장, 장, 장…… 완장만 차면
갑질하는 친구 녀석을 만나면,
온 세상이 제 눈 아래로 보는 친구 녀석을 만나면,
좀 당혹스럽고 난감하다네.

"노각인생 만가비(老覺人生 萬可非)" 라고,

"늙어보니 이제 세상사가 별 게 아니다."

"이보시게 친구!

'빈천지교 불가망(貧賤之交 不可亡)' 이라고,

가난하고 없이 살 때 친구는 잊지 말아야 한다."

내가 그 친구를 쳤을 때,
그 친구가 오갈 데가 없다면
어서 그것을 거둬야 한다.

"아무리 예쁜 꽃이라도
함께 할 때가
더 아름답다네."

계명-열하일기 속의 골퍼 5계명

2021년 8월 11일

열하일기는 양반전, 허생전을 쓴 연암 박지원이 1780년 청 건륭황제 칠순 생일을 축하하기 위한 조선사절단에 섞여 6개월간 청을 여행한 후 쓴 글이다. 그는 양반이지만 평소 건달, 도사 등을 가리지 않고 사귀는 등 자유분방하다. 압록강을 건너며 의주상인의 상술, 벽돌집, 수레 등을 보며 감탄을 한다. 봉황산에 간 그는 안시성을 언급하면서, 요동에 평양, 패수 등이 널렸는데 중국기록만 믿고 우리 영토를 줄이는 어리석음을 지적한다.

보름 만에 청의 옛 수도인 심양에 도착, 수레바퀴들은 물론 사람들 어깨가 부딪힐 정도의 번화함, 청에선 금지된 한족의 변발에 대해서도 적는다. 조선의 우황청심환은 중국에서 최고의 의약품이었음을 엿볼 수 있다. 북경을 방문, 잘 정비된 건축물과 시가지에 관한 법과 체계를 소개한다. 우린 지방에 신작로도 없던 시절에 벌써 중국엔 불을 끄는 119 수차에 놀란다.

피서산장인 열하에 머문 황제가 조선사절단을 열하로 부른다. 황제는 먼 길 오느라 고생이 많았다며, 당시 티베트 불교의 살아있는 부처라는 판첸라마를 만나게 해주는데, 연암은 불교를 천시한 사절단 일행이 그를 만나며 저지른 무례를 꼬집으며, 판첸라마가 선물한 불상을 어디다 버릴지 고민하는 내용까지 적는다. 그는 많은 중국인들과 교류하며, 그때 이미 지구가 돌고 있음을 안다. 이야기가 길어졌다. 조선은 그의 열하일기(熱河日記)를 천박하다고 금서로 지정한다. 샷을 하는 당신도 금서로 할까?

나는 골퍼의 지혜를 열하일기에서 찾는다.
열하일기를 읽고 깨우친 새로운 골퍼로 거듭나기 위한 나의 다짐은

① 우리가 남인가?	동반자를 배려한다.
② 남을 얕보거나 무시하지 말자.	내 샷에 더 집중한다.
③ 게임에 집중한다.	내 볼이 갈 곳은 홀 컵이다.
④ 늘 새것은 배워 익힌다.	동반자가 스승이다. 배우자.
⑤ 샷에서 깨우침을 얻자.	페어웨이, 볼, 클럽, 내가 하나되자.

따뜻한 온돌방에서 처음

2018년11월8일

한국을 찾은 태국 친구의 가장 가고 싶은 곳이
"전주 한옥마을" 이다.
태국 친구와 함께 묵은 전주 한옥마을
"정명헌" 토방에 가지런히 놓인 검정 고무신.
맨발에 저 신을 신고 한나절을 돌아다녀 본다.
그런데,
그 촉감이 나를 저 먼 옛날 추억속으로 데려간다.
낯선 이국인들에겐 우릴 체험하기 충분하다.
특히, 따뜻한 온돌방에서 처음 묶어 본 친구들은
너무 특별한 체험으로 그 맛을
오래도록 기억할 거란다.
저 친구나 나에게나 "우리 것" 이 "딱!" 이다.

골퍼와 뮤지컬

뮤지컬이야말로 골프와 닮았다.
골프도 리듬의 운동이다.
뮤지컬과 골프는 한 박자에 따라 희비가 엇갈리므로
고도의 집중력과 긴장감을 요구한다.
- 뮤지컬 스타 남경주 -

뮤직컬 “밥퍼” 연출자 : 연구대상1

“너 요즘 어떻게 지내냐?” “장군님 덕분에 잘 지내고 있습니다.” “왜, 내 덕분에?” “네. 다 잘 지내는 게 장군님 덕분이죠.”

“어째서?” “장군님 만나서 란딩 안 하니, 돈 굳고…… 돈 잃고 스트레스 안 받으니 다 장군님 덕분 아니겠어요?”

190 키에 100kg 체중. 비만 덩어리냐고요? 아닙니다.

녀석은 자신의 집 근처인 강남 고속버스터미널 뒤 M호텔 헬스크럽을 매일 드나들며 헬스로 단련된 녀석이다.

라운드할 때 첫 티에 서면 올해 딱 2번 나갔고, 이번이 올해 들어 세 번째 라운드라 매번 쉴드치는 녀석.

30년 넘는 구력에 매주 2회 정도는 라운드하는 녀석인데, 나랑만 라운드하면 꼬리를 내린다. 이놈도 골프계의 연구대상 중 한 놈이다.

그 육중한 몸매에서 뿜어내는 샷. 호쾌, 장쾌……

드라이버 헤드 돌아가는 소리까지는 바람을 가르며 윙~

헤드가 티 위에 놓인 볼을 강타하는 순간 스위트 스폿에 맞는 빡~!! 소리를 기대하지만, 여지없이 퍽~

티를 떠난 공은 저속 모드로 포물선을 그리더니 정확히 180m 언저리에 떨어진다. 그래도 똑바로 가면 다행이다.

가끔 OB나 해저드에 샷을 날리면……

덩치 큰 큰 거인은 마냥 어린양이 되어 “엄~마~야~!” 라고 외친다. 그가 “엄마야!” 를 외치면, 필드의 모든 동반자와 캐디까지도 뒤집어진다.

그 덩치에 어찌 샷의 비거리가 안 나가는지 연구대상이다.

전영택 뮤지컬 감독-연출자 에피소드1

필드에도 확인사살이란 게 있다는데……

뮤지컬 "밥퍼(밥짓는 시인, 퍼주는 사랑)"를 기획한 녀석은 기억력도 좋다.

그 창의력과 기획력을 샷에 펼치면 그를 당할 자 없을 텐데.

5만 원 지폐가 나온 지 얼마 안 돼서 귀한 때였으니까 꽤 오래전 이야기이다.

1박 2일 일정으로 골프장 가는 차 안,

그가 지갑을 꺼내 내게 보여준다.

"이틀간 이거면 되지요?"

"웬 돈을 그렇게 씩이나……"

"60수인데 오늘 30수, 낼 30수면 되지요?"

"아니, 내가 털릴 게 그렇다는 게야?"

"아니요, 제가 바칠 돈이요……"

"나야 좋지 뭐……"

첫날, 녀석은 3홀에서 그의 목표액을 달성한다.

그리고 "만세!"

뒷문을 열어 놓고 한 게임이라서 피해가 크다.

둘째 날은 7홀에서 목표치를 달성한 후 또 만세를 부른다.

돌아오는 길 "지갑 한번 봐? "

"왜요?"

"아니, 그 많던 돈이 다 어디 갔어……"

"어제, 오늘 두 번 죽였으면 되었지 또 죽입니까?"

"응, 확인사살이라는 게 있잖아……"

뮤직컬 "밥퍼" 연출자 : 연구대상2

그런 사람이 있다면 프런트나 내게 교육을 받고 필드에 나가 있는 수많은 캐디 중 누군가는 귀띔을 해주었을 텐데…… 식사를 마치고, 나는 수십 년 알고 지내던 연구대상1을 따로 조용히 만났다.

"00아, 내가 평생 살았어도 저렇게 얼굴색 하나 안 변하고 거짓말하는 사람은 못 봤다. 네 친구라고 했지, 저 친구 잘 아냐?" "네, 고등학교 동창이에요." "최근까지 쭉 만나던 친구냐?" "아뇨, 학교 졸업하고 뜸했다가, 동창회 가서 요즘 만났어요." "내가 봐선 조심해야 할 친구 같다."

그렇게 우리는 그날 라운드를 마치고 헤어졌다. 그러고 한참이 지난 어느 날 스카이72 연습장에서 아카데미를 운영하는 후배 프로를 만나러 가는데, 연습 매트에서 불쑥 사람이 나오며 인사를 한다.

"장군님, 안녕하세요?" "누구?……" "저 지난번에 00이(연구대상1)랑 함께 라운드했던 **입니다."

순간 생각이 났다. 연구대상1에게 조심하는 게 좋겠다고 말했던 그 친구. 그런데 그가 연습장 라커룸 앞으로 나를 데려가 조용히 라커룸을 열며, 보여준다. 거기에는 싱싱한 아이언 4세트와 여러 장비가 가득했다. 집에 가져다 놓으면 부인이 뭐라 할 것 같아서 연습장 라커룸에 비장의 장비를 보관한단다. 요즘 아이들이 잘 쓰는 말 그대로 헐~ 나는 멋지게 한 방 맞았다.

얼마 후 그로부터 공연 초대장이 왔다. 세종문화회관 대극장에서 하는 뮤지컬. 그가 제작 참여한 작품이었다. 드라마, 뮤지컬 제작 등이 그가 하는 사업이었다. 그러니 유명 배우 들을 알 수도 있었다.

헐~ 나는 제대로 두 방을 맞았다. 마치 배판에 니어와 버디(니뻐)를 맞은 거 같았다. 그 일로 선입견이란 것이 얼마나 잘못된 방향으로 작용할 수 있는가를 깨달았다. 이 연구대상 2는 이후로 지금까지 십여 년간 필드의 친구로 사귀고 있다. 그리고 그에게 닉네임을 지어줬다. 그냥 골퍼가 아니라, 진정 골프를 즐기는 '골프 아티스트' 라고…… 컨디션 좋은 날은 싱글도 치지만, 아직도 그 어려운 아이언 가지고 90대를 넘나들고 있다. 왜 그 어려운 아이언을 아직 고집하는지 연구대상이다.

전영택 뮤지컬 감독-연출자 에피소드2

샷만 보아도 누구인지를 안다

2021년 11월 20일

꾸미지도 개입하지 않은 연출이 돋보이는 박혁지 감독의 다큐멘터리 영화 “행복의 속도”를 명동 CGV에서 관람했다. 1500 고지에 있는 일본 특별천연기념물 최대규모의 습지 ‘오제’ 그 ‘천상의 화원’ 산장까지 짐을 나르는 짐꾼 ‘봇카’ 들의 일상을 영상에 담은 독립영화.

이가라시의 신발과 그 어머니 모습. 이시타카씨가 흘리던 땀방울과 거친 숨소리. 산장 밤하늘을 수 놓았던 별빛들. 신보다 먼저와 아기 탄생의 비밀을 알려 줬다는 할미새. 사람이 가까이 가도 피하지 않는 잠자리와 새. 새와 사슴만 걷은 누구도 가지 않은 봇카들의 하얀 눈길. 1급수 원천……

서도 앞 취재 중인 이승구 PD

2016년 11월 19일 전지훈련 캠프에서 만났던, 2015년 세월호 다큐멘터리를 제작하여 독립PD정신상인 ‘이성규 상’을 수상한 이승구 PD님 소개를 받아 박 감독님과 한 컷 하는 영예까지 누렸다.

이승구 PD의 초청으로 ‘행복의 속도’ 라이브러리톡에도 참석할 수 있었는데, 이 자리에 “골프는 전쟁이다”의 캘리그래피는 물론 골프 샷을 삽화로 그려주고, 편집 및 디자인 등에 수고를 마다하지 않은 김영춘 박사와 함께할 수 있어서 더 뜻깊은 자리였다. 오래 잊히지 않을 듯……

“봇카들은 멀리서 들려오는 발소리만 들어도 그가 누구인지를 안다.”

“골퍼들은 멀리서 보이는 샷만으로도 그가 누구인지를 알 수 있다.”

내가 꼭 해야 될 『일』

2015년2월23일

좋은 술도 많이 마시면 그 주독(酒毒)으로 다음 날 고생을 한다.
음식도 너무 먹으면 질린다.
제아무리 일등석이라도 오래 타면 피곤하긴 마찬가지다.
참 예뻤던 여인도 세월이 흐르면 주름살이 생긴다.
그런데 골프는 너무 많이 해 질렸다는 친구 녀석을 못 본다.
골프 독(毒) 때문에 해장 골프 했다는 친구 녀석을 못 본다.

황제골프 짜증 났다는 친구 녀석을 아직껏 한번도 못 본다.
또 연식이 좀 된 친구일수록 그 중독성 때문인지 더 빠져든다……
1년 365일 단 하루도 거르지 않고 필드에 나간다는 내가 잘 아는 노인은
멤버 없을 땐 저렇게 혼자서라도 하는 정도인데,
그 영감의 그런 소리를 아직 단 한 번도 못 듣는다.
"어르신! 날마다 질리지 않으세요?"
"응. 내가 꼭 해야 될 『일』인 것 같아서……"
노인, 수행 중 세상으로 나가 뮤지컬 로빈 후드를 관람한다.
그때, 로빈 후드가 꿈꾸었던 세상이나
지금 우리들이 이루려는 세상이 다르지 않음을 본다.

9 사이버 골프 전쟁

세계화 전략 세미나

필드 세미나

필드의 보세창고 꿀추억 대방출

비즈니스 골프의 주인공은 동반자, 적당한 칭찬, 남에게 관대하고 나에겐 엄격해라

\- 도원 -

필드 세미나

미리 준비하고, 미리 움직이고, 동반자를 배려하라

- 도원-

필드에서 펼쳐지는 세계화

2018년11월30일

친구들은 세계를 향해 달린다. 그런데, 나는 문밖조차 나가지 못한다.
이번 겨울 여정의 첫 일정이다.
"말귀 못 알아듣는 늙은이" 란 소릴 듣기는 정말 싫다.
따라가긴 좀 힘들어도 걷는 시늉은 할 수 있다.
친구들의 세미나에 동참한다.
진도가 빨라 정말 따라가기 벅차다.
내용도 알아들을 수가 없을 정도로 새롭다.
친구들의 세계를 향한 걸음에 뜀박질로 따라간다.
땀방울 돋는 겨드랑이로 스치는 바람이 향기롭다.
세계로 향한 문 밖의 공기가 상쾌하다.

미래를 향한 발걸음들

2018년 12월 2일

세계화 추진전략 세미나 폐막.
우수 발제자들에 대한 시상을 끝으로
나흘간 일정을 모두 마친 일행들이
짐을 꾸려 다시 일터로 향했다.
아무쪼록 이번 세미나가
미래를 향해
거듭 태어나는 기회가 되었으면 하는 마음을 담아 본다.

필드 세미나의 밤

2018년12월1일

5개월 여,
먹고, 마시고 싶었던 것들을 참고,
죽을 고생을 하며 7kg을 감량 했는데,
돼지갈비, 닭다리 바베큐 파티.
그만 넋을 잃고 정신없이 먹어 치웠다.
또, 좀 자제를 해야 하는데,
땡길 때 땡긴다는 것이,
오비를 두 방이나 냈다.

필드의 보세창고 꿀추억 대방출

성공으로 가는 길은 끊임없이 노력하는 데에 있다.

- 아놀드 파머 -

친구와 골프치면 꿀맛이다.

- 도원 -

진검승부사 : 필드를 뒤흔든 노련과 패기의 대결

진인근

그때 추억이 그립습니다. 10여 년 전 어느 날, 스카이72 식구들과 저녁을 함께 하는데 저와 저자님, 그리고 스카이72 대표선수 둘이 각각 한 편이 되는 시합을 걸어 왔습니다.

골프장에서 일하는 30대 패기의 젊은 친구들과 50대 후반 노련한 노인들의 샷 대결!

젊은 친구들의 오션 코스에 파도치는 호쾌한 샷들, 정확히 핀대를 향하는 볼, TV에서나 볼 수 있었던 백스핀이 매홀 이어졌습니다. 하지만, 결과는 노련한 우리 노장들의 승리였습니다. 젊은 친구 녀석들이 그것을 받아들일 수 없었던지 다시 도전을 해왔었습니다. 하지만 뭉개구름이 피어나는 하늘코스에서 대결은

젊은 친구들의 호쾌한 샷보다,

중년 노인들의 상쾌한 발걸음이,

통쾌한 승리를 거두었습니다.

계속된 연꽃이 미소짓는 레이크 코스에서의 재재도전도 승리의 여신은 우리들의 편이었습니다. "골프는 전쟁이다" 출간을 축하합니다.

YPGA 투어 프로

리그 챔프 : 골프 역사의 기록은 전설이요 고전이라

백철형

골프역사가 담긴 기록이 드디어 세상에 그 모습을 드러낸다는 일이 너무 기쁩니다. 소주 한잔 마시며 소탈하고 간결하게 말씀하시던 골프 에피소드, 매너, 잔디전쟁 그리고 인생……

특유의 은유와 비유로 촌철살인 하는 페이스북의 내용은 은근히 기다려지던 골프와 인생이 어우러진 연재 칼럼이었습니다.

책으로 엮어서 내어주시면 좋겠다고 얘기를 드린 지 수년째였는데, 책을 낸다는 일이 보통 작업은 아닌지라. 좀 세월이 걸릴까 싶었는데, 특유의 멘탈과 뚝심으로, 몇 달 두문불출 끝에 인고의 작품을 이리 준비하시고 마무리를 하신다니, 그 혼신의 열정에 경의를 표할 수밖에 없습니다.

골프를 통해서 만날 수 없는 동반자와 라운드를 다 기록하지는 못하지만, 회장님(장군님)의 전설을 담아낸 첫 책자의 출간을 진심으로 축하드립니다. 스카이72의 홀 명칭처럼 전설의 글귀가 대한민국 바다, 하늘, 호수에 고전처럼 회자하기를 기원합니다.

YPGA 투어 프로

스카이72 오션코스 17번 홀 홀인원

2011년12월4일

스카이72 오션코스 17번 홀 홀인원 하다!

2011.12.04.18:13.

120M Back Pin. 9번 아이언

옛 친구들과의 라운드에서 뜻밖의 행운을 낚았다.

같이 한 친구도 앨버트로스, 언더 파에 이어 홀인원 운수대통할 것이다.

멋진 한해 마무리이면서 엄청난 희망 메시지인 듯 하다.

이제 친구들과 한운야학(閑雲野鶴)처럼 유유자적하는 것도……

눈탱이 밤탱이 된 후 내쉬는 그 긴~ 한숨 소리

2014년 11월 1일

후배, 승진하였다고 쏘는 어제저녁. 대화 주제는 처음서 끝까지 골프, 골프, 골프다. 만나기만 한번 모두 다 쓸어버리겠다는 녀석(者). 다음엔 올인하는 그런 약한 모습 보이지 말라는 녀석(者). 옛날의 자기가 아니라는 녀석(者). 녀석(者). 녀석(者). 녀석(者)들…… 이 녀석(者)들은, 어쩌다 드라이버 한번 잘 맞은 녀석(者)들은 쎄컨(2nd) 걸어가면서 "이미 버디 해 있는" 바로 그 녀석(者)들이다.

"이 녀석(者)들아! 오늘, 내가 어디 한번 두고 보련다…… 첫 홀 시작하는 티박스에서도 그리 당당한가를……" 눈탱이 밤탱이 되고 난 후 내쉬는 그 긴~ 한숨 소리들은 합창곡이다……

오늘따라 안 맞아! 1

2014년 7월 5일

남자들을 가장 거짓말쟁이로 만드는 것은 군대와 골프 이야기다. 「군에 갔다 왔다」는 것 빼고는 이야기의 대부분이 거짓말이다. 한 친구, 귀신 잡는 해병을 나왔다며 무용담 침 튀기며 토해낸다. 가만히 그것도 여러 번 듣다 곰곰이 생각하니 내무생활 이야기가 없다. 다그쳤다. 해병대 방위였다……

바로 며칠 전, 나한테 비굴한 미소까지 지으며 구제금융까지 받았던 자인데. 티박스 올라가며 "올해 들어 처음 나와 맞을지 모르겠다." 나는 오늘도 입에 지퍼를 달기로 한다. 첫 티샷 볼 해저드, 모레 찜질 두 번 한 후, "오늘따라 안 맞는다." "그럼 자네가 언제 잘 맞은 적 있니?" 할 뻔했다. 내리 쓰리 퍼트를 몇 개씩 하면서도 "웬 쓰리 퍼트냐?"며 투덜대고…… "넌 기본이 셋이었는데 뭘?" 단 한 가지 아주 잘하는 게 있다. 눈도 안 좋은 친구가 웬일인지 러프에 들어간 볼은 아주 기막히게 찾는다.

오늘따라 안 맞아! 2

2017년 10월 10일

첫 직장의 근무지는 항도 부산이었다.
부산에서 같이 일을 했던 친구들을 모시고 라운드를 한다.
스카이72, 야간 라운드! 이제 가을이다.
한 나그네는 스코어를 적는다.
한 친구는 그것을 본다.
망가진 나그네는 문자를 확인한다.
"오늘따라 안 맞아!"
스카이72의 가을밤이 깊어 간다.
몇백 명의 전화번호도 기억했는데, 이제 아내 전화번호도 깜박깜박한다.
그런데, 친구들이 펴 놓는 30년 전 옛날 풍미했던 이야기들이
페어웨이에 푹 파인 뚜렷한 디봇 자국보다도,
밤하늘에 야광탄처럼 빛을 발하며 날아가는 공보다도,
더 선명한 별이 되어 반짝인다.

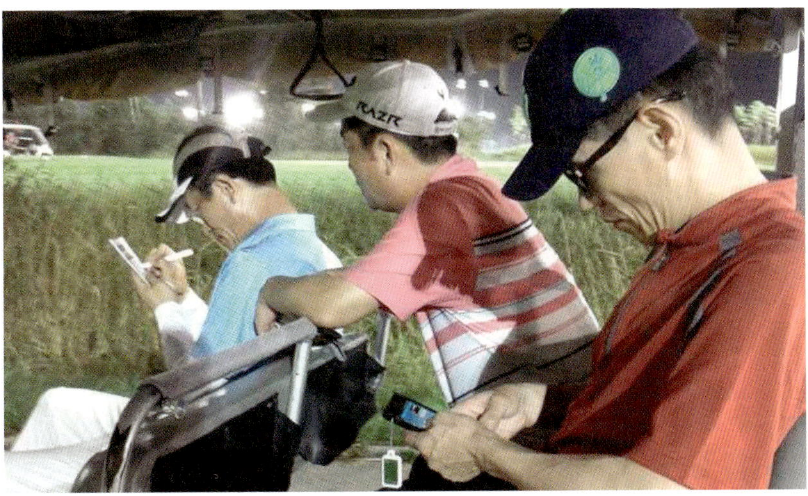

한 마음 가득 채운 보물 같은 추억들

2021년 10월 3일

볼 치는 것을 쉬쉬해야 했던 시절이 있었다.

그때, 그 시절 듬직이 함께했던 전우들이다.

마치 "이제는 말하고 싶다" 라는 프로그램에 출연하여,

그간 말할 수 없었던 사연을 고백하는 심정이랄까?

소싯적 모신 어른들, 함께 일한 친구들,

언제 보고 만나도 즐겁고 행복하다.

지난 20여 년간, 함께 운동하며 즐겼던, 이야기들을 하루도 빼지 않고,

페이스북에 올려왔지만,

이 보물 같은 추억거리는 가슴에 묻고 살아야 했던 시절의 것들이다.

이제 한마음 가득 채운 보물 같은 추억의 보세창고를 열어 본다.

우리들의 전쟁을 담아서……

여기저기서 우리들의 전쟁을 담아 보잖다.

그렇게 세월이 흘렀다.

써보다 접고,

다시 꺼내 쓰기를 여러 차례

더 늦으면 안 되겠다 싶어,

여기에 열정을 담아본다.

필드에서 함께한 추억들……

오랜만이라고,
멀리 떠난다고,
다시 왔다고,
축하한다고,
위로한다고,
날이 풀렸다고,
쾌청하다고,
다시 붙자고,
납회하자고,
그렇게 함께하였다.

언제나 그리운 함께 한 추억들……

새벽에 모여도 재미있었다.

야밤에 모여도 재미있었다.

백설이 쌓여도 재미있었다.

장대비가 와도 재미있었다.

폭풍우가 와도 재미있었다.

눈보라가 와도 재미있었다.

길은 안개껴도 재미있었다.

땡볕 내려쬐도 재미있었다.

골프 컬럼니스트 : 골프 전쟁 참전용사의 응원

최점룡

골프를 전쟁이라 쓰신 책의 제목에 우선 무릎을 쳤다. 운동이든 사업이든, 언제나 진심으로 최선을 다하는 지은이의 인생에도 어울리고, 그분이 장군님이라는 세칭을 받음에도 참 어울린다. 부제로 필드 난중일기라니……

이순신 장군의 일기는 임진왜란이 발생한 임진년 1월1일부터 7년간, 임진일기, 병신 정유 등의 세차를 이름으로 남겼다. 그것을 후세에서 모아 '난중일기' 라고 불렀다. 이순신은 장수이면서도 기자의 자세로 진중일기를 꾸준히 써 유네스코의 세계기록유산으로 남게 되었다.

한 장군님의 글은, 그 깊이와 넓이로 해서 난중일기라는 부제에도 모자람이 없다. 30년 골프에 참전한 이후, 꾸준히 남긴 골프 스윙, 동반자들, 품은 마음, 그리하여 마침내 구도와 수행의 뜻을 이제야 책으로 나오게 되었다. 명저로 길이 남을 큰 가치가 될 것임에 의심하지 않는다.

사실, 이 집필을 가장 크게 부추긴 자는 나다. 페이스북에 꾸준히 남기는 그의 글들을 보며, 이건 그냥 사라지기에는 너무 아까운 글들이었다. 환갑을 훨씬 넘기시며 책을 편다는 것이 민망하다는 지은이에게, 30여 년간 3천 라운드를 넘긴 분으로서 꼭 출판할 것을 강요했다. 세계에서도 유례가 드물고, 특히 한국의 골프계에 이런 기록이 없다. 거의 매일, 때때로 72홀까지 돌며, 초보자와 고수, 그리고 세계를 호령하는 한국의 LPGA 우승선수들, 심지어 생초보 캐디까지 교육 결과를 망라하는 그의 골프 경험은 무척 소중하며, 골프를 사랑하는 우리에게 큰 울림이 된다.

나는 부끄럽지만, 자칭 국민골프칼럼니스트라고 자처하며, 입싱글이라는 필명을 25년간 써왔다. 훌륭해서가 아니라, 딱 국민들의 수준과 시선에서 골프를 어떻게 보고 겪는지를 써보고 싶었기 때문에 자신을 그리 불렀다. 그러나, 오늘 기꺼이 '국민골프칼럼니스트' 라는 내 몸에 맞지 않은 귀한 이름을 기꺼이 지은이에게 헌정한다. 지은이야말로, 거의 모든 국민골퍼를 만나고 이제 골프전쟁에 참전한 진짜 장군이다.

골프를 치는 분들에게, 골프를 치지 않더라도 인생을 함께 살아오는 모든 분들에게 강권한다. 골프를 배우고 싶으신 분들, 치고 있는 분들, 그리고 앞으로 골프를 치게 되실 분들에게 소중한 가치로 남을 것이다. 한국 골프를 보고 싶은 분들에게는, 선물하시기 바란다. 감히 추천사를 남길 수 있음이 영광이요 행복이다. 지은이와 맺은 인연에 감사드린다. 이 책을 곁에 두고 차분히 삶의 지혜를 얻으시기를 추천한다.

국민골프칼럼니스트

골프는 전쟁이다

필드 난중일기

現) 세인관세법인 관세사
前) ㈜씨오텍 회장
스카이72 자문역
관세청(부이사관 명예퇴직)

한 갑 덕 : 지은이

지혜사랑 : 기 획
Gold Spring : Design
김 영 춘 : 삽 화

세인북스 www.seinbooks.com : 발 행
제2013-000007호 : 등 록
서울시 강남구 논현동 114 성암빌딩4층 : 주 소
02-6011-3064 : 전 화

국민은행 207301-04-118008 지혜사랑 : 구 매
0505-877-3355 : 팩 스
0505-477-3355 : 전 화

2021년 11월 11일 : 인쇄일
2021년 11월 22일 : 발행일
33,000원 : 정 가

03690
9 788998 761820
ISBN 978-89-98761-82-0

Gold Spring